21세기 한국사회와 공동체문화

신 용 하

지식산업사

21세기 한국사회와 공동체문화
21st Century Korean Society and National Community Culture

초판 1쇄 인쇄   2004. 10. 5.
초판 1쇄 발행   2003. 10. 10.

지은이   신용하
펴낸이   김경희
펴낸곳   (주)지식산업사
　　　　서울시 종로구 통의동 35-18
　　　　전화 (02)734-1978(대) 팩스 (02)720-7900
　　　　인터넷 한글문패   지식산업사
　　　　인터넷 영문문패   www.jisik.co.kr
　　　　전자우편   jsp@jisik.co.kr
　　　　　　　　　　jisikco@chollian.net
　　　　등록번호   1-363
　　　　등록날짜   1969. 5. 8.

책값   **18,000원**

ⓒ 신용하(Shin Yong-Ha), 2004

ISBN   89-423-3058-4   (93330)

이 책을 읽고 지은이에게 문의하고자 하는 이는
지식산업사 전자우편으로 연락 바랍니다.

머 리 말

사회과학의 임무 가운데에는 과거의 사회문화 전통을 비판 계승하고 미래의 더 나은 사회를 준비하면서 현재의 사회적 과제 해결을 과학적으로 탐구하는 일이 포함되어 있다. 저자도 기회가 있을 때에는 피하지 않고 21세기의 한국사회 발전에 관한 탐구와 논문 집필을 수행하였고 그 동안에 몇 편의 글을 발표하게 되었다. 이 책은 이러한 논문·평론들에서 10편을 뽑은 것이다. 이 책은 2부로 나누어 구성하였다.

제1부는 21세기 한국민족과 한국사회의 발전을 추구하여 저자가 현실문제에 대해 강하게 발언한 평론부분이다. 주로 21세기 한국발전의 비전과 전략, 영세중립화 통일론, IMF의 정책에 대한 철저한 비판, 21세기에 세계에서 가장 오래된 최고수준 대학으로서 국자감대학교의 중흥과 건설, 21세기 한·일관계의 전망과 한국이 주의할 점, 일본 교과서의 한국역사 왜곡 비판, 중국의 고구려역사 침탈 시도와 동북공정 비판, 4월혁명 이념에 비추어 본 21세기 한국의 진로 등에 대한 논문과 평론들을 수록하였다.

제2부는 21세기 제3차 자본주의 세계체제의 '세계화' '신자유주의' 정책과 더불어 물밀 듯이 밀려오는 서양 향락주의·퇴폐주의·이기주의와 '가족해체'의 급류 속에서 한국인들이 어떻게 아름다운 민족문화와 세계에서 가장 아름다운 한국가족제도의 장점을 잘 보전하고 더욱 발전시켜서 21세기의 행복한 사회와 가족제도를 만들 것인가를 탐구한 장편의 논문이다. 이 글은 원래 장경섭 교수와 공저로 모노그라프를

내었던 것을 이번에 저자의 집필 부분을 모아 이 책에 수록한 것이다.

서양문명은 높은 이혼율과 '가족해체'로 문명의 위기 속에 빠져들었는데, 한국이 서양의 가족문화 생활양식까지 모방 추수만 하지 말고 세계 전문학자들도 높이 평가하는 세계에서 가장 아름다운 한국 가족제도를 더욱 합리적으로 개선 발전시켜서 선진고소득사회와 결합시키면 21세기에 한국사회가 세계에서 가장 행복한 삶을 누릴 수 있는 선진문화를 건설할 수 있음을 이 논문에서 설명하였다.

이 책의 출판을 맡아준 김경희 지식산업사 사장님의 우의에 깊이 감사드리며, 편집과 교정에 정성을 기울여준 편집부 여러분들께도 깊이 감사하는 바이다.

이 책이 21세기에 한국인들이 더 훌륭한 한국사회를 건설하고 발전시키는 데 조금이라도 참고가 되기를 간절히 소망한다.

2004년 9월
저자 삼가 씀

차 례

제2부 21세기 한국의 가족과 공동체문화

제 1 부
21세기 한국사회의 발전

1. 21세기 한국 발전의 비전과 전략

1) 한국 발전의 비전과 목표 정립

나라의 발전도 뜻을 세운 개인과 마찬가지로 과학적 추론에 바탕한 미래의 비전과 목표가 정부와 국민들 사이에 합의되어 정립돼 있어야 이룰 수 있다.

예컨대, 21세기 한국 발전의 비전과 목표는 ①세계 최선진 민주국가·문화국가의 건설과 ②민족통일을 양대 목표로 정립할 수 있을 것이다.

물론 이에 대한 하위목표로서 세계 최선진 고소득 국가, 복지사회, 최선진 교육, 최선진 과학기술, 최선진 의료, 환경관리, 법치국가, 도덕사회, 부강국가 등을 얼마든지 설정할 수 있을 것이다. 또한 민족통일을 달성하기 위한 다수의 하위목표를 정립할 수 있음도 물론이다.

한국이 21세기에 최선진 민주국가·문화국가가 되기 위해서는 세계 '시장원리'에 맡겨져 흘러 다녀서는 도저히 목표를 달성할 수 없다. 막연히 민주주의와 시장경제 원리만 구호로 내세워서는 난파당하기 쉽다. 나라에 비전과 목표가 없으면 국민도 불안정하게 되어 이민을 바라게 되는 것이다. 반드시 국민들의 합의에 바탕을 둔 목표를 설정하고 그 실천과 목표 달성을 위한 '목적의식적' 정책 수립 및 실천이 있어야 한다.

한국은 여건이 나쁘지 않으므로, 뜻만 세우면 21세기 1세대 안에 세계 최선진 민주국가·문화국가가 될 수 있다. 구체적으로는 21세기를 주도한다고 공인받고 있는 미국·독일·일본 등을 1세대 안에 따라잡을 수도 있고 추월할 수도 있다. 또 그들보다 더 행복한 사회를 만들 수도 있다. 소원인 민족통일도 달성할 수 있다. 물론 그러한 목표를 설정하고 목표달성 정책을 수립, 실행할 경우에 그러하다. 그러나 만일 목표설정 없이 시장원리 운운하면서 강대국의 정책파도에 떠밀려 다니다가는 중진국 종속국으로 주저앉게 되고 말 수도 있다. 선택은 우리들이 하는 것이다.

여기서는, 21세기 1세대 안에 한국이 세계 최선진 민주국가·문화국가와 민족통일 달성을 목표로 설정했다고 전제하고, 그 목표달성을 위한 시스템 개혁의 몇 가지 방향을 논의하려고 한다.

2) 교육제도·교육내용의 시스템 개혁

21세기는 자원이 아니라 과학적 지식과 첨단과학 기술이 발전을 결정하는 시대이다. 이 대세는 자원이 절대적으로 부족하지만 과학적 첨단적 지식은 세계 정상에 설 수 있는 한국에게는 매우 유리한 여건 변화이다.

한국은 세계에서 '교육열'이 가장 높다. 이 세계 정상의 교육열은 사교육비를 높이는 '망국의 교육열'이 아니라, 한국을 세계 최선진 문화국가로 만들 수 있는 가장 장기적이고 근원적인 원동력이다. 교육열이 없거나 꺼지면 아무것도 할 수 없는데, 한국은 만들기 가장 어려운 '교육열'이 세계 정상이니 기초는 튼튼한 셈이다.

과제는 이 세계 정상의 '교육열'에 걸맞은 세계 정상의 '교육제도'와 '교육내용'을 고안하여 결합시키는 일이다. 최근의 교육정책은 반대로 교육열을 식히려 하고 교육제도와 교육내용은 하향조정(다운그레이드)되었다. 그에 따라 학생들의 학습수준이 두드러지게 낮아졌다. 선진된 것이 아니라 역진된 것이다.

초등교육과 중등교육은 사회화 및 사회도덕 교육을 강화하면서 전인교육과 지식교육이 균형 잡히도록 전면 개혁되어야 한다. 대학·대학원교육은 세계 최고수준 대학들과 같이 열심히 공부·연구하는 체제로 전면 개혁되고, 대학원 박사과정과 포스트 닥터 과정이 세계 정상의 수준으로 개혁되어야 한다. 이것은 국민들의 교육지원 태세가 열정적이므로, 정책만 제대로 수립하면 얼마든지 시스템을 개혁하여 실행할 수 있다.

우리나라와 같이 교육열이 높은 나라에서는 교육제도와 교육내용을 개혁하여 시스템화하면, 미국·독일·일본 등 선진국이 이룩한 수준까지 따라잡는 것은 어려운 일이 아니다. 그것은 기본적으로 학습에 불과한 것이기 때문이다. 그 다음 선진국들보다 앞서서 추월하는 것은 새로운 '창조력'이 전제되기 때문에 다시 이에 걸맞은 교육 시스템이 보완되어야 한다.

일반적 교육 시스템 대개혁과 함께 특출한 인재들을 보호 육성하기 위한 제도와 정책이 반드시 보완되어야 한다. 그들 개인을 위한 것만이 아니라, 그들의 창조력과 발명·발견으로 한국이 최선진국으로 발돋움하기 위한 것이다.

현재의 교육개혁은 참담한 실패로 끝났다. 사전 연구와 준비가 없는 상태에서 정책을 잘못 수립했기 때문이다. 전면적으로 새로운 교육제도·교육내용의 시스템 개혁이 절실히 필요하다.

3) 산업경제의 시스템 개혁

한국이 21세기에 최선진 민주·문화국가로 발돋움하기 위해서는 이를 밑받침할 경제적 부의 창출, 고소득 국가가 되어야 한다. 1995년 WTO(세계무역기구) 출범과 동시에 세계체제가 변동되어 자본의 국제적 자유이동이 제도화되고, '세계단일시장'이 형성되어 그 안에서 '무한경쟁'이 펼쳐지고 있다. 원래 이 '세계단일시장' 체제와 무한경쟁 규칙은 미국을 비롯한 선진부강들이 자기 나라의 이익극대화를 추구하여 만든 세계체제인데, 명분으로 '세계화', '신자유주의'를 구호로 내세우는 것이다.

이 세계체제에서는 국제금융자본의 횡포가 심해지고 자본의 이동속도도 빠르며, 제조기업들에 대한 지배력과 파괴력도 강대해진다. 그러므로 반드시 먼저 이에 대한 대책을 세우고 산업경제의 비약적인 발전을 추진해야 한다. 한국이 1997년 12월 3일 IMF(국제통화기금) 관리체제 아래 들어가서 고난을 겪은 것도 국제금융자본의 활동에 대한 대책이 없었기 때문이었다.

먼저 한국은 국제금융자본이 국내에 들어오는 것은 개방하되 나갈 때는 일정한 절차를 거치고 세금을 내도록 안전장치(safe-guard system)를 설치해야 한다. 남미에서는 몇 차례 미국 국제금융자본의 공격에 교란당한 뒤 이를 고안해 실천하는 나라들이 있다.

다음은 국제금융자본이 한국의 기초산업을 사냥하지 못하도록 대책을 세워야 한다. 전력·철강·철도·통신 등 국민경제의 기초가 되고 전·후방 연관효과가 큰 기초산업들은 외국자본이 아무리 교묘히 파고들어도 해외매각을 해서는 안 된다. 자본주의 경제에서는 소유권이 궁극적으로 투자방향을 결정하므로, 기초산업의 해외매각은 국민경제 기초의 매각과 같은 위험한 것이다. 일본과 외국의 경제종속국이 되지 않도록 항상 주의하고 대책을 수립하여야 한다.

한국은 이러한 전제 아래 새로운 유형의 중장기 사회경제개발계획을 수립 집행해야 할 것이다. 만일 WTO에서 협정 위반이라고 간섭해 들어오면, 경제 이외의 더 포괄적인 '중장기 국가발전계획'의 형태로 바꾸어 수립 집행해도 된다. (미국은 WTO규정에 사실상 위반되는 슈퍼 301조가 WTO 규정을 위반하지 않는다고 판정한 뒤에 미국 국가이익 극대화를 위해 현재도 이를 휘두르고 있다.) 중장기 발전계획이 수립 집행되지 않으면 민간 자유투자도 방향감각을 상실하고, 심지어 발전에 역행하는 투자가 장려될 위험도 있다. 방향과 속도만을 간접표시한 총괄기획(master plan)만이라도 반드시 수립하여 방향을 제대로 바로 잡고, 미래에 대한 비전과 전망을 제대로 갖추도록 해주어야 한다.

한국은 투자의 우선순위를 최첨단 제조업에 두어야 한다. 한국이 경제적으로 발돋움하려면 선진국들이 미래의 최첨단산업으로 평가한 최첨단 제조업 부문에 같은 시대에 선행투자하여 처음부터 최첨단 제조업에서 세계 선진그룹으로 시작하는 전략을 채택하는 것이 매우 효율적일 것이다. 예컨대, 생명공학·정보통신·신소재·반도체 등 선진국들이 21세기 최첨단산업 업종으로 선택한 부문들이 그것이다.

또한 한국은 현재의 제조업 여건과 관련된 전략산업 제조업을 선정하여 이에 투자하고, 이 부문은 해외매각을 막아야 한다. 예컨대, 자동차공업·조선공업·가전공업·정밀공업 등 세계시장 수요가 큰 다수의 전략산업에 대해서는 이를 체계적으로 육성해야 할 것이다. 대우자동차를 해외매각하면 국내 자동차시장을 점령당하여 현대자동차도 위축되며, 전략산업인 자동차공업 자체를 잃어버릴 위험이 매우 크다.

한국은 중소기업·농업·목축업·수산업에 대한 특단의 보호정책을 실행해야 한다. 한국은 상대적 인구과잉국가이므로 고용량이 높은 중소기업 보호가 필수적이다. 또한 식량의 일정 부분은 비상사태를 고려하여 반드시 국내 공급해야 하므로 특정 농업·목축업·수산업 등의 보호육성이 반드시 필요한 것이다.

또한 유통부문은 발전시키되, 유통부문에서 투기산업과 퇴폐 향락산업은 일정하게 규제하고 통제해야 한다. WTO체제에서는 중진·후진국에서 유통·투기·퇴폐·향락산업을 부추겨 선진국 상품의 판매를 촉진하려 하기 때문에 이 부문이 번성한다. 그러나 이 부문에서는 개인적으로 화폐적 부가가치는 창출될지 몰라도 사회적 실질부가가치는 창출되지 않으며, 성실한 근로를 기피하여 해독을 확산시키는 경우가 대부분이다. 실질적 부가가치를 창출하는 것은 제조업이 대종이며, 투기산업·향락산업은 이러한 기능이 없으므로, 투자의 낭비와 발전에 대한 해독을 규제해야 한다.

한국은 세계단일시장체제에서 국제금융자본의 교란 방지장치를 수립한다는 전제 아래 국제수지 흑자의 확대 방향으로 ①최첨단 최선진 제조업 ②고부가가치 생산 제조업 ③전략산업 제조업 ④성공 가능한 벤처산업 ⑤최선진 서비스산업을 결합시킨 산업체제를 정책적으로 밀어주면 중장기 고도성장의 순항을 기할 수 있을 것이다.

4) 민족적 사회·문화의 발전

인류의 사회·문화는 보편적인 것 같지만 사실은 매우 민족적인 것들의 총화이다. WTO체제는 경제무역 부강국들의 문화와 사회규범을 상품·금융과 함께 전 세계에 쏟아부어, 민족적 사회가치와 문화를 쇠퇴·소멸시키고 부강국들의 사회가치와 문화를 마치 '보편적' '세계적'인 것처럼 이식 확산시키고 있다.

그러나 이것은 사회·문화적으로 인류의 미래에 행복을 가져오는 추세는 아니다. 예컨대 한국과 미국을 비교해보면, 과학기술과 상품에서는 미국제가 우수한 것이 많지만, 사회규범과 문화에서는 도리어 한국문화와 사회규범이 미국의 그것보다 훨씬 우수한 것이 많다. 따라서 최근의 사회·문화 변동의 풍조는 저급한 것이 우수한 것을 쇠퇴·소멸시키는 그레샴 법칙의 광풍과 같은 것들이라고 볼 수 있는 측면도 있다.

한국은 유구한 민족사를 가진 나라이며, 찬란한 독자적 민족문화를 창조하여 축적한 나라이다. 이 문화유산에는 21세기 미래에 웅비의 원동력으로 활성화해 활용할 수 있는 요소가 매우 많다. 그러므로 우리는 21세기에 세계 각국과 활발한 개방적 문화교류를 해서 외국문화를 취사선택하여 발전의 자극과 자원으로 삼음과 동시에 민족문화와 사회규범 가운데서 아름다운 요소들은 더욱 우리 시대에 맞게 계승 발전시켜 행복하게 살 수 있는 나라를 만들어야 한다.

한국의 가족제도, 상부상조제도와 문화, 한국어와 한글, 효사상과 선비정신, 세계에서 가장 오래된 대학들, 의식주 생활문화의 장점들, 민족음악·예술의 특징 등은 그 가운데 일부이다. 이러한 민족문화와 사회규범들은, 예컨대 미국과 같은 부강국은 갖지 못한 것이니, 21세기에도 간직하고 시대에 맞게 더욱 발전시켜서, 경제와 과학수준이 선진 부강국과 같은 수준이 되었을 때, 한국은 이 민족문화의 요소를 더하여 갖고 있기 때문에 더욱 독자적이고 선진적이며 행복한 나라와 사회를 만들 수 있고 전 인류로부터도 더 존경받을 수 있는 것이다. '한국형 최선진 민주·문화국가'의 모형이 지극히 중요한 것이다.

5) 민족통일과 세계 속의 한국

민족통일은 21세기 첫 세대에 우리가 반드시 이룩해야 할 과제이다. 이 과제도 우리가 정책과 전략을 잘 수립 실행하면 물론 성취할 수 있다. 통일방법으로서 반드시 '평화통일'을 자주적으로 달성해야 함은 더 말할 필요가 없다.

여기에 더하여 궁극적인 원칙 문제를 제기하고 싶다. 많은 분들이 민족통일 뒤의 체제문제를 둘러싸고 논란을 많이 벌여서 국론이 통일되지 않고 있다. 먼저 통일 뒤의 국내체제는 '자유민주주의' 체제일 수밖에 없다. 정치적으로 각종 중도파들을 중핵으로 하고, 한편으로는 극우파와 다른 한쪽으로는 극좌파까지 모두 포용해야 '민족통일'이 되는데, 현재 인류가 고안한 정치체제 중에서 이것이 가능한 체제는 '자유민주주의체제'밖에 없는 것이다. 현재는 유럽의 거의 모든 나라들이 이러한 '자유민주주의체제'를 유지하고 있다.

대외적으로는 '영세중립국가체제'가 가장 바람직하다고 본다. 통일한국은 부강한 나라가 될 것이 자명하므로, '영세중립국가'가 될 것임을 사전 선언하지 않으면 주변 열강이 말로는 통일을 돕는다고 하면서 실제로는 통일을 방해할 것이다.

만일 통일한국이 '영세중립국가'가 되면 유럽에는 스위스와 오스트리아, 아시아에는 통일한국, 이렇게 세 개의 영세중립국이 존재하여 세계평화에도 크게 이바지할 것이다. 현재 스위스의 1인당 국민소득은 주변의 독일·프랑스·이탈리아보다 약 1만 달러 가까이 더 높은데, 그들은 이 1만 달러 차액을 영세중립국의 효과라고 설명한다. 통일한국이 영세중립국이 되면 일본을 금방 따라잡을 뿐만 아니라, 나아가 항상 1인당 약 1만 달러 정도 일본보다 더 높은 고소득국가가 될 것이다.

필자는 우리나라가 21세기 30년대에는 통일국가가 되고, 미국·독일·일본을 따라잡아 추월하며, 세계 최선진 민주·문화국가가 되어, 우리 후손들이 세계 속에서 당당하게 평화와 번영을 위해 활동할 것을 기대한다. 우리가 뜻을 세워 그 정책을 수립 실행하면 이것은 달성할 수 있다.

(《신동아》 지령 500호 기념 특집, 〈21세기 한국대개조론〉. 2001. 5.)

2. 21세기 한국의 영세중립화 통일론의 전망

1) 21세기 한국 민족통일과 국제환경

한국은 교육열과 학습열이 세계에서 가장 높고 인구도 남북한 합쳐 7천만에 달하는 민족이므로, '통일'만 달성되면 단시일에 바로 미국·독일·일본 등 선진국을 따라잡고 막강한 최선진국의 하나가 될 것임을 세계 전략가들은 모두 알고 있다. 그래서 미국·중국·러시아·일본 등 한반도 주변 4강을 비롯한 열강들은 한반도의 '통일'에 대해 민감하다.

한국민족이 21세기 초엽에 자주적 평화통일을 성취하려면, 내부 체제의 교류와 조정뿐만이 아니라, 대외적으로 주변 열강들의 부정적 방해를 물리치고 '통일'에 대한 실제의 지지를 획득 확충해야 한다.

한국민족의 통일이 주변 4강 가운데 어느 한 나라의 이익을 훼손하는 통일이 될 경우에는 그 나라의 방해공작 때문에 통일 달성에 심대한 타격과 저지작용을 받을 수 있다.

이 모든 국제환경의 장애요인을 한번에 떨쳐버리고 국제적 이해와 지지를 확충하면서 통일을 앞당길 수 있는 방안으로 대외적 '영세중립화통일'이 논의되기 시작한 것은 주목할 만한 일이다.

2) '영세중립국'의 특징

국제사회에서 '중립'에는 기본적으로 세 가지 유형이 있다. 첫째는 '전시중립'이다. 특정 국가들 사이에 전쟁이 일어났을 경우 어느 편에도 가담하지 않고 종전 때까지 엄정 '중립'을 지키는 것이다.

다음은 특정 사안에 대한 중립이다. 이것은 국제적 특정 분쟁 사안에 대해 '중립'을 지키는 것이다. 예컨대 미국이 '이라크전쟁'을 일으켰을 때 찬반 어디에도 참가하지 않고 엄정 중립을 지키는 것이 그 예이다.

셋째는 '영세중립'이다. '영세중립'은 주로 어떤 나라가 국가체제를 대외적으로 '항구적 중립체제'로 정책화하고 체계화하는 것이다. '영세중립'은 대체로 국가의 대외정책이기 때문에 '영세중립국(永世中立國)'의 형태로 나타난다.

'영세중립국'은 전 세계 모든 나라와 오직 친선·우호·교역·교류를 차별 없이 균등하게 실행하고, 절대로 어느 나라와도 군사동맹·침략·전쟁·봉쇄 등의 연대에는 참여하지 않는 항구적 중립과 평화 외교정책 및 평화 국가체제를 채택한다.

3) 일본·중국의 패권 경쟁과 중립화 문제

동북아시아의 21세기 전반기 국제환경은 국제협력이 전개되는 속에서도 일본의 급속한 재무장과 군사대국화 추진으로 '소패권' 경쟁이 예상되고 있다. 일본의 연간 군비예산은 약 400억 달러를 초과하는데, 이는 중국·한국·북한·대만·동남아 모든 국가들의 군비예산 총합계와 동등하다. 일본은 자기 한 나라의 군비예산이 동아시아 모든 나라의 군비예산과 맞균형을 갖도록 편성하고 있는 것이다.

그 밖에 일본의 외교정책은 아시아를 블록화하고 일본이 아시아권(圈)의 맹주가 되고자 하는 것이다. 이를 위해서는 초강국 미국의 승인이 필요하다고 생각하므로 일본은 미국에 밀착하여 미국의 세계정책을 무조건 추종하면서 자기의 대외팽창을 추구하고 있다.

미국의 요구에 응한 자위대의 해외 파견, 말라카해협 해상관리 요구, 핵무장 승인 요구 등이 그 예이다. 일본의 패권주의 대외정책이 급속히 강화되고 있는 것이다. 일본 총리의 각종 구(舊) 일본군국주의 긍정과 미화 발언, 행동도 이러한 추세의 단면적 반영이라고 볼 수 있다.

중국은 일본에게 침략을 당했던 역사적 경험을 반추하면서, 일본 패권주의에 대응하기 위한 군비 증강과 군사기술 첨단화를 '군사의 현대화' 정책으로 급속히 추진하고 있다.

미국은 중국의 발흥과 '미국 대패권'(Pax Americana)에 대한 도전을 경계하여, 중국 견제에 활용할 목적으로 일본의 급속한 재무장과 군사대국화를 승인하고 있는 추세이다.

러시아는 혼란을 아직 다 수습하지 못했지만 조정이 끝나고 발전이 시동되면 21세기 전반기에 다시 강대국으로 부상할 전망이다.

이러한 국제환경 추세 속에서 북한은 중국에 종속되지 말아야 하며, 한국(남한)은 일본에 종속되지 말아야 한다. 만일 북한이 중국에 종속당하고 한국이 일본에 종속당하면 21세기의 중·일 소패권 경쟁에서 '분단된 한국'은 희생당할 위험이 큰 것이다. 이러한 국제환경 추세 속에서 한국민족이 '통일'을 조속히 성취하려면, 남북이 다같이 자주노선을 걸으면서 '평화통일'과 통일의 '대외적 방식'을 현명하게 입안·정립해야 한다.

4) '영세중립국'과 21세기 통일한국

한국민족이 국제환경과 주변 열강의 방해를 받지 않고 21세기에 통일을 자주적·평화적으로 성취하려 할 때 통일한국의 '영세중립국' 체제는 반드시 검토해 보아야 할 여러 좋은 통일방안들 가운데 하나라고 생각한다. 그리고 이 방안이 선택되는 경우 자주적 평화통일을 이루기 위해 남·북정상이 통일 후 체제가 '영세중립국'임을 합의하여 세계에 발표·선언하면 그 효과는 매우 클 것이다.

21세기에는 통일한국이 '영세중립국'이 되는 이점으로서 먼저 다음을 들 수 있다.

첫째, 주변 열강의 방해공작을 최소의 노력으로 배제하고 도리어 국제적 이해와 지지를 확충하면서 '평화통일'을 달성할 수 있다.

둘째, 통일한국은 아시아 평화와 세계평화에 중요한 기여를 하는 더욱 중요한 나라가 될 수 있다.

셋째, 세계 부강국들의 상호 갈등 속에서 더욱 완전한 자주독립국가를 실현 운영할 수 있다. 통일한국이 영세중립국가가 되면 한국은 열강과 불평등관계가 없는 가일층의 완전자주독립국이 될 것이다.

넷째, 영세중립국체제에서는 국내정치도 외부영향으로 인한 이데올로기 대립을 극복하여 각 정파가 서로 존중하는 진정한 정치적 민주주의 실현에도 도움을 줄 것이다.

다섯째, 영세중립국가로서 통일한국은 전 세계 모든 나라들과 더욱 균형 있게 활발한 교류를 하여 문화발전에도 더욱 유리한 환경이 조성될 것이다.

여섯째, 영세중립국가로서 통일한국이 실현되는 경우에는, 한국이 세계 속에서 중심국가가 되는데 가장 유리한 대외체제를 갖추게 될 것이다.

일곱째, 영세중립국가로서 통일한국은 세계 모든 나라들과 균형 무역 그리고 문화교류를 확대·증가시켜 훨씬 빠른 경제발전을 성취할 수 있을 것이다.

현재 유럽의 영세중립국인 스위스는 1인당 국민소득이 3만 5천 달러에 달하는, 유럽 최고 소득국가들 가운데 하나이다. 스위스가 유럽에서도 특출하게 가장 부유한 민주국가로 발전한 요인들 가운데 영세중립국체제가 매우 큰 비중을 차지했다고 스스로 평가하고 있다.

종합적으로 이러한 점들을 고려할 때 한국이 통일방안으로서 대외적 '영세중립국'을 검토하는 것은 결코 불온한 것도 아니고 위험한 것도 아니다. 통일한국의 대내체제가 자유민주주의면 되는 것이지, 대외적으로 '영세중립국'을 약속하고 선언하여 통일을 앞당기는 것까지 막을 필요는 전혀 없다고 본다.

여기서 주의할 것은 통일한국은 '영세중립국'이 되더라도 주변 열강이 첨단무기로 중무장하여 패권 경쟁을 계속한다면, 독립된 '영세중립국'을 지킬 수 있는 군대와 무장을 갖춘 중립국이 될 수밖에 없을 것이라는 점이다. 즉, 이 경우 통일한국의 '영세중립국'체제는 '무장중립', '무장영세중립국'이 되어야 할 것이라는 점이다.

통일한국의 국가체제가 대외적으로 '영세중립국'이 될 것임을 천명하면 전 세계 200여 개 국가들이 모두 한국민족의 통일을 지지 성원할 것이며, 내심 한국통일을 달가워하지 않는 열강도 명분을 잃고 통일지지 쪽으로 돌아설 것이다.

만일 통일한국이 '영세중립국'으로서 통일되면 한국은 아시아와 전 세계 평화의 중심 국가로서 크게 부상할 것이다.

(경제정의실천연합 통일협회 주최 '제11기 화해아카데미', 2001. 4. 19.)

3. 세계체제론의 관점에서 본 IMF의 한국에 대한 정책

1) 역사적 세계체제론 관점의 필요

한국이 현재 당면해 있는 IMF관리체제 아래서 총체적 위기는 역사사회학이 정립한 세계체제론(世界體制論)의 관점에서, 또는 사회경제사적 관점에서, 반드시 역사적·거시적으로 고찰해볼 필요가 있다. 세계체제론의 관점에서 본 고찰은 미시경제학이나 화폐이론에서 나무만 본 관점이 못 보는 숲의 부분들과 그밖에 놓쳐버린 것들을 여러 가지 측면에서 보충할 수 있다.

한국이 1997년 12월 3일 IMF의 구제금융차관을 받음과 동시에 한국경제가 IMF의 관리 아래 들어간 것은 세계체제로서 WTO체제 출범과 직접 관련되어 있다. 1995년 1월 WTO체제의 출범은 최초의 세계체제 성립이 아니라, 제3차 자본주의 세계체제의 출범이었다.

제1차 자본주의 세계체제는 16세기부터 18세기 전반기까지 중상주의적 팽창(mercantilistic expansion)에 바탕을 둔 자본주의적 세계체제의 형성이다. 이 시기에는 스페인, 포르투갈, 네덜란드, 프랑스, 영국 등이 중상주의적 선진국이 되어 전 세계를 돌아다니면서 금·은 등 귀금속과 차·향료, 기타 토산물의 국제무역을 전개하여 막대한 중상주의적 양도이윤을 축적하고, 또 약한 나라들과 민족을 식민지화하였다.[1]

그러나 이 단계는 아직 산업혁명 이전이어서 교통운수 능력과 무력의 부족으로 높은 문명을 가진 아시아의 나라에 대한 식민지화는 추진하지 못하고 있었다. 중국과 통상무역을 집요하게 추진하다가 거절당했으며, 일본의 경우 히라도(平戶)에 네덜란드인의 상관을 설치하여 기항과 통상무역의 거점을 확보한 정도였다.

이 단계에서 서양 중상주의 팽창 도전은 아직 한국에는 직접적으로 밀려오지는 않았으며, 한국은 간접적으로 그 영향을 받았다. 임진왜란(1592~1598) 때 일본군이 조선을 침략하여 네덜란드인으로부터 제조술을 배워 만든 조총을 사용했으므로 육전에서 활을 사용했던 조선군은 패배할 수밖에 없었다. 임진왜란 때 조선 육전에서 입은 참화는 간접적으로 서양 중상주의 팽창의 영향과 관련되어 있었다. 그 뒤 제1차 자본주의 세계체제 형성의 물결이 조선 해안에 표류해 온 적도 있었으나 아직은 미미한 것이었다.[2]

제2차 자본주의 세계체제는 서유럽에서 18세기 중엽 이후 산업혁명(industrial revolution)이 일어난 때부터 1990년대 초 전후까지 제2차 자본주의 세계체제의 형성과 발전에 의한 도전이다. 이 시기에는 동력

---

1) 또한 이 제1차 자본주의 세계체제 단계에서는 국책회사로서 1600년에 영국 동인도회사, 1602년에 네덜란드 동인도회사, 1604년에 프랑스 동인도회사가 설립되어 치열한 생존경쟁을 하면서 인도와 서남아시아 일대의 식민지화를 추구하는 본격적인 활동을 시작하였다.

2) 예컨대, 1628년 네덜란드인 웰테브레(Weltevree)가 표류해 왔으므로 이름을 박연이라고 지어 주고 훈련도감에 배속시킨 일이 있었다. 또 1653년에는 역시 네덜란드인 하멜(Hamel) 일행이 표류해 온 것을 잘 쓰지 못하여 탈출해서 돌아가 《하멜표류기》를 쓴 일이 있는 정도였다.

으로서 증기기관과 전력이 발명되고 공장제도(factory system)라는 새로운 기계적 생산제도가 채택되어 값싸고 품질 좋은 상품들이 대량생산되기 시작하였다. 또한 운송수단으로서 증기선과 철제 군함이 발명되어 대량수송이 가능하게 되었다. 이에 영국, 프랑스, 미국, 독일, 러시아(후에 이탈리아와 일본이 참가) 등 열강들은 철제 상선과 군함에 자본주의 공장제 상품과 함포를 싣고 그들의 상품 판매시장과 값싼 원료공급처를 확보하기 위하여 전 세계 방방곡곡을 돌아다니면서 아직 개방하지 않은 세계 각국을 개항시켜 자본주의 세계체제 안에 편입시켰으며, 동시에 편입된 나라와 지역들의 식민지화를 추진하였다.

이 단계에서 영국, 프랑스, 벨기에, 네덜란드 등 열강들에 의하여 아프리카 대륙이 거의 모두 식민지로 분할되었으며, 중동의 모든 나라들도 식민지가 되었다. 그리고 아시아의 모든 나라들이 개항되어 제2차 자본주의 세계체제가 완성되었으며, 이어서 식민지·반식민지의 상태로 떨어지게 되었다.

오직 일본만이 미국 포함외교의 위협에 굴복하여 개항했으나 곧 개화당이 집권하여 '메이지유신(明治維新)'을 통해 위로부터 대대적인 자본주의적 개혁을 급속히 단행해서 열강의 대열에 끼기 시작하였다.

한국은 어이없게도 이러한 일본의 포함외교 위협에 눌리어 아무런 대비 없이 1876년 2월 개항·개국함으로써 제2차 자본주의 세계체제에 편입되었다. 1876년 한국의 개항은 전 세계에서 마지막 개항이었으며, 한국의 개항으로 말미암아 제2차 자본주의 세계체제가 완성된 것이었다. 그러나 한국은 개항하여 제2차 자본주의 세계체제에 편입된 뒤 일본의 침략을 극복하지 못하고 1910년 그의 식민지로 강점당하고 말았다.

제2차 자본주의 세계체제는 다시 그 안에서 3개의 소시기를 구분할 수 있다. 즉 ①산업자본주의 지배시기(공장제 상품 판매시장의 세계화와 식민지의 추가 설치시기), ②금융자본주의 지배시기(식민지 대상

자본수출에 의한 초과이윤 획득에 열중하는 가운데 열강 사이에 두 차례의 세계대전이 벌어지고 사회주의·공산주의의 도전을 받은 시기), ③1945년 제2차 세계대전 전후부터 1993년 무렵까지의 시기[식민지가 대부분 해방되어 독립국가가 건설되고 세계체제는 가트(GATT: 관세와 무역에 관한 일반협정)를 골간으로 하여 공업제품의 자유무역체제를 수립한 시기] 등이다. 이 셋째 시기의 최종 순간에는 소련·동구 공산권이 붕괴됨으로써 자본주의 세계체제에 대한 본질적 도전세력은 사라지게 되었다.

2) 제2차 세계체제 말기의 한국의 비약적 발전

한국은 제2차 세계체제 시기인 19세기 중엽부터 일본 제국주의의 침략을 받고 1910년에는 결국 일제의 식민지로 강점당하는 비극을 겪었다. 일제의 식민지 통치는 한국의 자주적 근대화를 극도로 저지·탄압하고 수탈을 극대화했으므로, 이 기간에 한국사회와 경제는 근대화와 발전을 성취하지 못한 채 억압되어 있었다.

한국은 1945년 8월 일본 제국주의로부터 해방되어 자유로운 발전의 계기를 맞았다. 그러나 연합국은 한국을 남북으로 분단하는 데 합의하여 한국민족은 또다시 시련에 부딪히게 되었다. 1948년 8월, 남한에는 대한민국 정부가 수립되고, 이어서 북한에도 북한정권이 수립되었다. 1950년 6월 북한정권의 남침으로 '한국전쟁'이 일어나면서 3년의 전쟁 기간에 한반도는 다시 초토화되고 말았다.

이 시기 세계체제는 제2차 세계체제의 최종 단계인 GATT(관세와 무역에 관한 일반협정)을 바탕으로 운영되고 있었다. GATT체제는 제조업 상품의 전 세계적 자유무역 보장을 기둥으로 하여 세계를 하나로 묶은 체제였다. 물론 이 시기에도 산업자본주의는 완숙 단계에 도달했

고, 세계 경제는 종합적으로 '자본잉여' 상태에 들어간 지 오래되어서
금융자본이 산업자본을 지배하고 있었으며, 대체적으로 선진국들은 과
소소비 상태에 있었다. 따라서 학자에 따라서는 이 시기를 '금융자본
주의 시기'라고 부르기도 했다. 그래도 이 시기에는 금융자본의 운동
'범위'가 국가주권에 의해 제약받고 규정되었기 때문에 '금융자본'이
설사 국내에서 거대한 힘을 발휘할 수 있는 경우에도 국제적으로는
'국가주권'에 제약되어 큰 힘을 발휘할 수 없었다. 이 시기에 금융자본
의 이자율은 연평균 3퍼센트 이하였으며, 외국에 대출되어 장기 거치
후에 분할 상환되는 장기 차관의 경우에도 연평균 6퍼센트를 넘지 못
하였다.

그러나 제국주의 지배로부터 갓 해방된 국가들은 극도의 후진적 상
태에 있었다. 자본과 기술은 선진국에 집중 축적되어 있었고, 후진국
에는 축적된 자본과 기술의 어느 것도 없었다. 아시아의 후진국들도
모두 그러하였다. 아시아·아프리카·라틴아메리카의 여러 나라들은
비록 새로이 독립을 쟁취했다 할지라도 사회·경제적으로 매우 낙후
되어 있었고, 국제적 불평등이 매우 심하였다.

이 속에서 한국전쟁까지 겪어 극도로 피폐한 상태에서도 대한민국
은 4·19 직후 사회경제개발을 계획적으로 추진하기 시작하여 1960년대
부터 눈부신 발전을 이루었다. 1960년대 초~1990년대 초까지의 30여
년 동안 연평균 경제성장률이 약 10퍼센트 내외에 달했으니 이 시기
에 한국이 얼마나 눈부신 발전을 장기간 지속했는지 알 수 있다.

이제는 전 세계적으로 '일본의 고도성장 모델'을 '한국의 고도성장
모델'이 대체하게 되었다. 전 세계가 한국뿐만 아니라 대만·홍콩·싱
가포르를 '아시아의 네 용'이라고 부르면서 급속한 발전의 '모형'으로
생각하기에 이르렀다. 1980년대에 들어서자 ①타이랜드 ②인도네시아
③필리핀 ④말레이시아 등 아세안 네 나라가 한국의 성장 모형을 참
작해 가면서 적극적인 '고도성장' 개발정책을 수립하여 실시하였다. 인

구 13억의 중국도 '개혁'과 '개방'을 시작하면서 심천 특구를 선두로 해서 고도성장을 추구하였다.

동북아시아 및 동남아시아 국가들의 발전정책은 1995년 이전까지는 모두 다 대체로 성공하였다. 실로 1960년~1994년 사이 '동아시아의 대약진'은 세계사에 유례가 없는 눈부신 것이었다. 이에 다수의 미래학자들과 사회과학자들이 21세기는 '아시아·태평양시대'가 될 것이라고 낙관적으로 예견하였다. 그리고 이러한 놀라운 발전의 문화적 배경은 역사적으로 정립된 '아시아적 가치'라며 이를 높이 평가하였다.

이 시기 '아시아의 대약진' 추진력의 구성적 특징을 보면, ①상대적으로 높은 국민의 교육수준과 문화수준을 배경으로 하여 ②자본은 차관 및 직접투자 방법으로 자본 잉여국가로부터 차용하고 ③기술도 선진국으로부터의 무상 '차용기술'(borrowed technology)이었으며 ④노동력은 자기 나라의 풍부하고 우수한 노동자들에 의존하고 ⑤우수한 학자들과 관리들이 협력하여 수립한 발전계획과 정책에 따라 주로 현대제조업(공업)을 일으켜서 전통적 농업국을 첨단 공업국으로 전화·발전시키는 것이었다.

이 방향의 발전이 GATT체제 말기에 크게 성공하자, 아시아뿐만 아니라 전 세계가 21세기는 '아시아의 세기'가 될 것이라는 예언에 동의하였다. 그러나 이 모든 것은 제2차 세계체제의 존속을 전제로 한 것이었다.

3) 제3차 세계체제의 출범과 이 체제의 본질

제3차 자본주의 세계체제는 소련·동구권의 공산주의체제가 붕괴되고, 이어서 1993년 우루과이라운드 협정 성립을 골간으로 하여 1995년 1월부터 세계무역기구(WTO: World Trade Organization)가 출범함으로써 형성되기 시작한 체제였다.3) 이 제3차 자본주의 세계체제가 종전의 1, 2차 세계체제와 다른 점은 자유무역의 범위를 제조공업 상품으로부터 종래 주권국가의 관리 아래 있던 농축산물 및 금융·자본·보험·교통운수·통신·광고·정보·교육·문화 등 자본과 서비스, 문화·교육 부문까지 전 부문으로 확대한 것이었다. 즉 모든 부문의 산업뿐만 아니라 문화·교육 등도 상품으로 간주하여 전 세계에 개방토록 한 것이다.

우루과이라운드 협정을 골간으로 한 제3차 자본주의 세계체제는 공업제품뿐만 아니라 자본·서비스·교육·문화에 이르기까지 전 부문에 압도적 비교우위를 가지고 있는 선진국에게 유리하고, 이 부문에서 비교우위가 없는 후진국에게는 비록 타국의 모든 시장이 개방되어 있다고 할지라도 경쟁능력이 없기 때문에 지극히 불리한 체제로 시작되었다. 따라서 이 체제 아래에서는 선진국과 후진국 사이에 부익부 빈익빈 추세가 강화되어 상대적 격차가 더 벌어지게 될 것은 명백히 예측되는 것이었다.

모호한 위치에 놓인 것은 한국과 같은 중진국들이었다. 이제 한국은 그때까지 외국에게 개방할 필요가 없었던 농축산물과 금융·자본·보험·교통운수·통신·광고·정보·지적 소유권·교육·문화 등 모든 부문을 개방하여 국내에서도 선진국과 전 부문에서 무한경쟁을 전

---

3) 우루과이라운드 체제는 원래 1983년 미국 윌리암즈버그에서 개최된 선진 7개국(G7) 정상회담에서 합의한 것이었다. 농축산물, 금융·자본·서비스와 교육·문화 부문에서 전 세계적 시장개방체제는 선진국들에게 종래 닫혔거나 제한되었던 후진국·중진국들의 국내시장을 개방하여 선진국들에게 제공해 주는 것이었기 때문에, 그들은 이 부문에서 시장의 전지구화(globalization)를 추구한 것이었다. 이어 1986년 9월 우루과이의 푼타 델 에스테(Punta del Este)라는 도시에서 가트 회원국 통상각료 대표들이 모여 공산품만이 아니라 농산물·금융 및 서비스 부문의 자유무역을 위한 규범 제정을 위해서 다국간 협상을 개최하기로 합의한 각료선언을 채택하였다. 이것이 우루과이의 도시에서 채택되었기 때문에 통칭 '우루과이라운드'라고 부르게 된 것이다. 그리고 이 우루과이라운드 체제의 실제 내용에 합의하는 데 다시 7년이 걸려 1993년 12월 15일 주요 내용에 대한 합의와 협정이 성립된 것이다.

개해야 했다. 반면에 한국에게도 선진국과 경쟁할 수준의 국력과 국제경쟁력이 있다면 세계 각국의 국내시장이 개방되어 세계단일시장에서 경쟁 승리와 부의 축적 기회가 주어지는 것이다.

만일 한국이 선진국과의 무한경쟁 능력이 없어서 국내시장만 선진국들에게 내어주고 해외에서도 선진국과 무한경쟁에서 패배한다면, 그동안 가트체제 속에서 고도성장을 계속해 오던 한국은 여기서 타격을 받고 주저앉게 된다. 즉 제3차 자본주의 세계체제의 도전을 받고 이겨내지 못하여 이번에도 실패하게 되고 중진국 상태에서 주저앉아 버리게 되는 것이다. 또 만일 한국이 실패하게 되면, 선진 열강이나 또는 지척에서 1년에 무역흑자만도 1천억 달러 이상씩 축적하면서 한국을 속속들이 파고들어 알고 있으며 아시아 최대의 좋은 상품시장으로 여기고 있는 일본의 경제적·문화적 종속국이 될 커다란 위험성이 도사리고 있는 것이다.

그러나 만일 한국이 제3차 자본주의 세계체제 속의 국제경쟁에서 선진국과 경쟁할 수 있는 국제경쟁력을 단기간에 배양할 수만 있다면, 제3차 자본주의 세계체제의 형성은 한국에게도 세계시장 제공의 기회가 되어 선진국 진입 도약을 앞당겨 성취할 수도 있는 것이었다. 즉 한국이 적절한 대책을 기민하게 수립하여 실천하기만 한다면, 한국에게는 너무 일찍이 밀어닥친 이 도전을 기회로 바꾸어 전화위복의 계기로 삼을 수도 있는 것이었다.

따라서 제3차 자본주의 세계체제의 새로운 본격적 도전에 대응해서 한국이 수립해야 할 대책의 방향은 '국제경쟁력 강화'로 되지 않을 수 없었다.

1995년 1월부터 출범한 WTO체제는 전체 인류의 공평한 발전을 위해 세계경제공동체를 만든 것이 전혀 아니라, 선진부국들의 이익 극대화를 위해 '세계단일시장체제'를 만든 것에 불과하였다.

WTO체제는 부문별로 선진부국이 유리한 부문은 국가별 울타리

(fence)를 걷게 해서 자유이동을 보장하였다. 예컨대 '자본', '금융자본'의 국제적 자유이동 보장이 대표적인 것이었다. 이것은 '자본잉여국'과 선진부국의 '국제금융자본'에게 전 세계에서 자유로운 이자·이윤 취득활동을 보장한 가장 중요한 세계체제 내용 변화들 가운데 하나였다.

반면에 WTO체제는 국제적, 전 세계적 자유이동이 선진부국에게 불리하리라고 전망되는 부문에 대해서는 자유이동을 보장하지 않고 국가주권의 제약을 존속시키거나 강화하였다. 예컨대 '노동' '노동력'은 후진국(특히 동남아시아 후진국)이 압도적으로 많이 가진 생산요소이므로 그 자유이동이 선진국의 국민소득분배 몫을 줄일 것이라고 판단하여 국제적 자유이동을 보장하지 않았다. 그 결과 WTO체제 출범 이후 후진빈국으로부터 선진부국으로의 '노동력 송출'이나 '노동자 이민'은 오히려 더 울타리가 높아지고 장벽이 강화되었다.

한편 WTO체제는 종래 GATT체제 아래에서 국제적 자유이동을 보장해오던 부문도 '금지'해서 '장벽' '울타리'를 올리는 것이 선진부국에게 더 유리한 경우에는 이를 더 높이도록 하였다. 예컨대 '기술'은 종래 GATT체제 아래에서는 국제적 자유이동이 완전히 보장되었다. 그리하여 일본·한국 등은 그들의 학습능력을 발휘하여 선진국의 기술들을 도입·차용해서 고도성장에 필요한 '기술'요소를 국제적으로 자유롭게 공급할 수 있었다. 그러나 WTO체제는 이른바,'지적 재산권' '지적 소유권' 제도를 설정하여 '기술도입'에는 반드시 특허권자의 허가와 '로얄티' 지급을 조건으로 하였다. 그 뿐만 아니라, 후진국이 신기술을 발명하는 경우에도 그 신기술이 토대를 둔 이론이 이미 (선진국 등에서) 정립되어 학술잡지에 게재된 과학이론이면, 그 과학자의 허가와 '로열티' 지급을 요건으로 붙여서 이중적 장치를 하였다. 그 결과 '기술'의 국제적 자유이동은 극심하게 저해되고, 국제적 기술이동에 대한 매우 높은 '장벽'과 '울타리'가 쳐진 것이다.

그러므로 제3차 세계체제인 WTO체제에서 국가별 국경(border)이 없어진 것은 전혀 아니었다. 울타리를 걷거나 낮출 경우 선진부국이 유리한 부문에서는 울타리가 걷히거나 낮추어지고, 자유개방할 경우 선진부국이 불리한 부문에서는 울타리가 도리어 쳐지거나 높아졌을 뿐이었다.

종래 GATT체제 아래에서는 세계 여러 국가들은 공항과 항구의 세관이 성문이 되고, 성문만 잘 지키면 일단 나라의 경제를 지키게 되는 단순한 체제였다. 그러나 WTO체제는 '자본' '금융'과 서비스 부문에서는 울타리가 걷히고, 기타 부문은 여전히 울타리를 두거나 높이는 새로운 체제이기 때문에 나라의 경제를 지키는 일은 더욱 고도의 관리기술이 필요한 어려운 과제가 되었다.

그럼에도 WTO체제를 추진한 선진부국의 일부 이데올로그와 일부 경제학자나 사회과학자들은 WTO체제가 출범함으로써 국경이 없어지고, 민족과 국가도 곧 소멸되어 하나의 세계공동체가 이루어지는 것이라는 환상을 선전하고 주입하려고 하였다. 그 대표적 개념이 예컨대 '국경없는 경제'(borderless economy), '국경없는 세계'(borderless world)의 도래라는 것이었다.

그러나 이러한 개념들은 WTO의 이데올로기이고 허구에 불과한 것임은 위의 '노동력'과 '기술'에 대한 국경 장벽 설정에서 잘 알 수 있다. '국경'과 '국가'는 21세기에도 변함없이 존속하는 것이다.

제3차 세계체제·WTO체제에서 크게 변동한 것은 '울타리(fence)의 높이'에 불과한 것이다. 세계가 하나의 '세계공동체'를 형성하는 것은 몇 백 년, 몇 천 년 뒤에나 올지 모르는 먼 미래의 일이고, 우리가 전망가능한 적어도 21세기 말까지는 민족·국가·국경이 모두 엄존하여 가장 중요한 생활단위로서 큰 힘을 발휘할 것임은 명백한 것이다.

제3차 세계체제·WTO체제가 추진하는 것은 '국가' '국경'의 소멸이 아니라, 도리어 엄존하는 '국가'들 사이의 더욱 치열한 경쟁이며, 선진부국에 유리한 부문부터 '울타리'를 없애거나 낮추게 하는 '울타리 없는 경제'(fenceless economy) '울타리 없는 세계'(fenceless world)의 부분적 형성일 뿐이라고 필자는 일찍이 설파한 적이 있다.

그럼에도 선진부국의 WTO체제 이데올로그들이 '국경없는 경제', '국경없는 세계'의 환상을 선전하자, 후진국의 일부 사회과학도들은 선진부국의 새 주장을 재빨리 번역·요약·소개하는 것을 능사로 하는 관습에 젖어, WTO체제를 마치 상부상조하는 세계공동체 형성인 것처럼 착각하고 있고, 자기 국가와 국경 방어에 소홀히 하는 정치가들과 학자들이 많이 나타나게 되었다.

4) 선진국 금융자본의 세계경제지배와 투기적 단기금융자본

제3차 세계체제·WTO체제에서 '제 세상을 만난 것'이 선진부국의 '금융자본'이다.

세계자본주의가 자본잉여 상태에 들어간 뒤 국제금융시장에는 반드시 구분해 보아야 할 두 개의 계열이 형성되었다. 그 하나는 전통적으로 산업자본(또는 기업)에 대부를 해 주는 '상업은행 계열'의 선진국 금융자본이다. 이것은 장기대부와 단기대부를 모두 해주면서 국내는 물론이요 제3차 세계체제의 시작 이전부터 세계 각국 특히 개방된 후진국에 들어가 경제를 지배하는 금융자본이다.

다른 하나는 '투기적 단기자본 계열'의 금융자본이다. 통칭 '헤지 펀드'라고 부르는 것이 그 대표적인 것이다. 자본잉여 상태의 선진부국(예컨대 미국)에서, 예컨대 100만 달러 이상의 자산소유자 약 1백 명으로부터 잉여자금을 모집하여 금융회사를 조직하여 주로 주식·채권·외환 시장에 투자해서 단기 고수익을 취득하거나, 1～3개월의 투기적 단기대부를 하는 비교적 새로운 유형의 사금융회사 계열이다.[4]

이 투기적 단기금융자본 회사들은 국가나 정부의 통제는 거의 받지 않고 사적으로 결합하여 주로 국내에서 활동하다가, 각국이 자본 금융 부문을 개방하고 이어서 WTO체제가 출범하자 전 세계를 활동무대로 하여 '국제적' 투기 단기금융자본이 되었다.

현재 전 세계적으로 투기적 단기금융자본 회사의 수는 약 3천 개 이상이고 투기 자본금은 공칭 약 3천 억 달러라고 하지만 실제는 그 몇 배이다. 이 가운데 다수가 미국 회사이고 미국 자본이다. 실제로 헤지 펀드 등 투기적 단기금융자본 계열은 월스트리트가 출산한 특이한 금융자본 형태라고 할 수 있다.

투기적 단기금융자본은 WTO체제 출범을 전후하여 전 세계에 밀려 다니며 일확천금을 노리는 투기를 자행해서 투기대상지역의 금융위기를 조성해 왔다. 예컨대 그들은 1992년 영국 외환시장에서 스털링화를 공격 투매하여 스털링화 방어에 나선 영국중앙은행을 결국 굴복시키고 빠져나왔다. 1995년에는 멕시코의 페소화를 공격 투매하여 멕시코의 금융위기를 조성하였다. 그밖에 투기적 단기금융자본이 전 세계에 밀려다니면서 문제를 일으킨 지역은 매우 많다.

투기적 단기금융자본은 공칭 자본금만도 3천억 달러 이상에 달할 뿐 아니라, 그 파생금융상품을 이용하여 자본금의 수십 배 이상 영향을 끼칠 수 있으므로, 달러 발권력을 가진 미국을 제외하고는 각국 중앙은행도 외환보유고만으로는 투기적 단기금융자본의 공격과 조작을 이겨내기가 어렵다. 특히 컴퓨터의 혁명적 발전에 기초한 정보·통신 기술의 발전으로 투기적 단기금융자본은 전 세계적으로 단기적 투기를 자유자재로 할 수 있도록 되었다.

---

4) 세계의 대표적 헤지 펀드들은 예컨대 조지 소로스가 직접 관리하는 퀀텀 펀드, 퀀텀 이머징 펀드와 퀘이사 인터내셔널 펀드, 쿼터 펀드, 타이거 펀드, 재규어 펀드, 하우스만 홀딩스, 포멀 인베스트먼트 홀딩스, 킹돈 오프쇼어 가무트 인베스트먼트 등 이른바 10대 헤지 펀드 같은 것들이다. 이 밖에도 스스로 '투자은행'이라고 주장하지만 그 정관과 실제운영에서는 주로 투기적 단기대부를 하는 골드만 삭스, 모건 스탠리, L. P. 모건, 메릴 린치, 솔로몬 브라더스 등도 투기적 단기금융자본 회사들이다.

　또한 투기적 단기금융자본이 밀려가는 곳은 대체로 외환금융 위기와 뒤이어 공황, 경제위기가 따라오기 때문에, 산업자본시설과 관련된 장기투자자본은 이를 회피하는 상충관계에 있는 것이다.

　이러한 상황 속에서도 동남아 국가들은(예전에 ASEAN 4개국)은 한국의 고도성장이 장기간 지속한 데 자신감을 얻고 1990년대 전후부터 정부 주도 아래 고도성장정책을 강력히 추진하여 대체로 지속적인 고도성장을 이룩하였다.

　동남아 국가들은 인구(노동력)는 과잉되어 있으나, 자본과 기술이 절대적으로 부족하므로 아시아의 자본잉여국인 일본의 잉여자본과 기술을 도입해서 이를 해결하고자 하였다. 일본은 동남아 각국에 잉여자본의 장기 대부 및 직접투자를 능동적으로 시행하여 임금이 매우 저렴한 동남아를 일본 상품의 생산기지로 전화·성장시키는 정책을 실시하였다. 양측의 이해관계가 일치하여 1994년까지는 아세안 국가들의 성장은 순조롭게 진행되었다.

　아세안(동남아국가연합) 국가들이 우루과이라운드의 내용과 WTO 체제의 본질을 지극히 낙관적으로 해석하여 자본 및 금융부문의 시장개방을 선진부국의 압력대로 따라 시행하자, 1995년부터는 과다한 외화차입이 진행되었다. 특히 잉여상태에 있는 사적 국제금융자본인 투기적 단기자본은 1993년까지는 아시아보다 중남미 국가들에 더 많이 투자하더니, 1994년부터는 이를 철수하여 중남미 국가들에 금융위기를 발생시키면서 이번에는 아세안 국가들에 투입하였다. 세계은행에 따르면, 아시아에 유입된 사적 국제금융자본은 1994년에 751억 달러, 1995년에 989억 달러, 1996년에 1천68억 달러에 달하였다.[5]

　특히 동남아 국가들의 자본도입 자유화와 개방화에 편승하여 헤지펀드 등 투기적 단기금융자본이 1995년부터 대대적으로 동남아 각국

---

5) World Bank, *Private Capital Flows to Developing Countries*, 1997. p.29 참조.

에 들어왔다.

동남아에 들어온 투기적 단기금융자본은 일확천금을 거두고 내빼기 위하여 경제 기초여건이 가장 취약한 나라부터 공략하기 시작하였다. 조지 소로스의 헤지 펀드가 가장 먼저 1996년 11월 태국 방콕에서 바트화 투매를 시작하였다. 태국 중앙은행은 바트화를 방어하였다. 조지 소로스의 헤지 펀드는 1997년 2월과 5월에 다시 두 차례 바트화 투매를 대규모로 강행하였다. 태국 중앙은행은 2월 투매에는 방어했으나 5월 대규모 투매에는 방어능력을 상실하였다. 타이거 펀드 등 투기적 단기 자금들이 일제히 바트화를 투매하고 빠져나갔을 뿐 아니라, 국내 비애 국적 부유층들이 바트화 투매와 달러 구입에 가세했기 때문이었다. 결국 헤지 펀드들은 수십억 달러의 폭리를 단기간에 취득한 뒤 재빨리 태국을 빠져나갔고, 태국 중앙은행은 외환시장 개입을 포기했다. 태국 정부는 1997년 7월 2일 환율제도를 변동환율제로 바꾼 데 이어 IMF 구제금융차관을 받기로 약정하고 IMF 관리를 승낙하게 되었다.

그 뿐만 아니라 헤지 펀드들은 태국 사태의 영향이 널리 파급되기 전에 행동을 개시하여 다음달인 1997년 8월에는 인도네시아 외환시장에서 링깃화 투매를 자행하였다. 인도네시아는 아세안 4개국 가운데서도 국제수지 적자가 가장 커서 저항능력이 약했으므로 곧 광범위한 금융위기 속에 빠져들었다.

1997년 1년 동안 아시아에서 철수하여 뉴욕 월가로 돌아간 달러화가 약 1천억 달러나 되는 것을 고려하면, 동남아의 금융위기가 투기적 단기외국자본의 급속한 일거 철수에 있었다는 점은 명백한 사실이다. 물론 동남아 각국의 사회경제적 취약점, 특히 금융기관의 부실, 환율 운용의 경직성, 부동산 투자, 저기술 등의 요인들이 있으나, 이것은 실제로는 부차적인 것이었다고 볼 수 있다.

5) 한국의 외환위기와 IMF 관리

한국의 외환위기는 헤지 펀드들이 직접 한국을 찾아와 조성한 것은 아니었다. 한국은 1960년대 사회경제 개발정책을 시작한 이래 체계적인 외국자본 도입정책의 틀을 확립해 유지하고 있었기 때문에 투기적 단기국제금융자본이 투기행위를 할 마당을 제공하지 않고 있었다.

예컨대 외환시장은 변동환율제를 채택하고 있긴 했지만, 1일 변동폭을 2.25퍼센트(뒤에 2.5퍼센트, 10퍼센트로 확대)로 제한하고 있었다. 또한 주식시장에서도 외국자본의 소유상한을 20퍼센트 이하로 한정하고 있었다. 따라서 외환시장에서는 투기적 외국금융자본이 환투기를 할 수 있는 여지가 원천적으로 봉쇄되어 있었고, 주식시장에서는 외국이 의도적으로 단기자본을 한꺼번에 철수하지 않는 한, 외환위기를 조성하기는 어렵게 되어 있었다.

한국의 외환위기는, 동남아의 외환금융위기가 다른 형태와 통로로 파급되어 외부적 요인을 형성하였고, 김영삼 문민정부가 이른바 '세계화' 정책의 일환으로 추진한 방만하고 체계 없는 경제정책과 외환정책이 내부적 요인을 형성하여, 양면의 요인들이 합쳐져서 조성된 것이었다.

1993년 2월 김영삼 정부가 집권하게 되자, 우루과이라운드 체제(WTO체제)에 대비하기 위하여 국가정책의 대강령을 '국제경쟁력 강화'로 정립하였다. 이것은 제3차 세계체제·WTO체제의 도전 속에서 한국이 희생당하지 않고 정상적 생존을 유지하며, 세계단일시장에서 민족적·국가적으로 대발전을 추진할 수 있는 합리적·과학적 강령이었다.

그런데 김영삼 정부는 다음해인 1994년에 어떠한 영향을 받았는지 '국제경쟁력 강화'는 민족주의적 성격의 강령과 정책이라고 스스로 비판하면서 갑자기 '세계화'를 대강령으로 제시했으며, 모든 국가정책을 이에 맞춘다고 하면서 대통령 직속으로 '세계화추진위원회'까지 만들어 정책 전환을 추진하였다. 이것은 처음부터 오도된 것이었다. 왜냐하면 WTO체제 자체가 세계화를 강제 추진하고, 강력한 선진부강국의 힘으로 세계의 단일시장화를 추진하는 체제였기 때문에, 중진국인 한국이 '세계화'를 내걸어 맞장단을 치지 않더라도 '세계화'는 강력하게 추진되도록 압력이 올 것이었기 때문이다. 한국의 정책은 국제환경이 요구하는 '세계화'의 압력 속에서 자기의 '국제경쟁력'을 강화하여 국가와 국민경제의 발전을 추진하는 것이 절실한 과제였다. 따라서 김영삼 정부가 처음에 추진한 '국제경쟁력 강화'는 국가 수준의 정확한 강령과 정책의 정립이었고, 다음의 '세계화'는 당시의 상황에서는 부정확하고 오도된 강령과 정책이었다.

그럼에도 김영삼 정부는 '세계화'를 경제정책에 적용한다고 하면서 지금까지 제한했던 부분에 대한 '개방'의 폭과 속도를 갑자기 넓히고 강화하였다. 그 대표적 '세계화' 정책이 단기외국자본의 도입 자유화정책이었다.

한국은 그때까지는 장기외국자본 도입을 개방하고, 단기외국자본에 대해서는 산업자본화 연결이 취약한 반면에 투기성은 높다고 판단하여 이를 제한해 왔었다. 그런데 김영삼 정부의 '세계화' 정책은 단기외국자본에 대해서도 '개방'하여 도입을 '자유화'하도록 바꾸었다. 그리고 기존의 대형 은행들(제1금융권) 뿐만 아니라, 내자조달을 돕던 국내 단자회사들(제2금융권)에게도 단기외국자본 등 외자의 자유도입권을 주었다. 또한 이들 단자회사(신탁회사)들에게 '종합금융회사'('종금사')라는 아름다운 명칭을 주었다.

당시 단기외국자본의 연평균 이자율은 약 3퍼센트였고, 거치기간과 상환기간이 긴 산업자본용 장기외국자본의 이자율은 약 6퍼센트였다. 세계자본주의는 자본잉여 상태가 된 지 오래이므로 단기적 국제금융자본은 한국경제가 순조롭게 고도성장을 계속하고 있다고 보아 시중 은행의 보증 아래 자기들 단기자본을 빌려가도록 한국종합금융회사 및 은행들을 유도하였다.

이에 따라 한국의 종합금융회사들은 손쉽게 단기외국자본을 도입해서 큰 이익을 얻었다. 그 뿐만 아니라, 그들이 도입한 단기외국자본을 이자율이 높은 장기적 시설투자에 대부해 주었을 때에는 더욱 큰 수익을 얻었다. 도입한 단기외국자본의 만기가 도래하는 경우에는 연장신청만 하면 외국 단기자본회사들은 즉각 이를 승낙하였다. 한국경제가 고도성장을 계속하고 있고 신용도 AA급이었기 때문이었다. 재벌들도 연리 6퍼센트의 장기외국자본을 도입하는 것보다는 직속 종합금융회사를 설립하여 연리 3퍼센트의 단기외국자본을 손쉽게 도입해서 장기투자 등에 활용하는 것이 수익이 높다고 판단하여 다투어 '종합금융회사'들을 설립하였다. 그 결과 당시 6개의 종합금융회사가 무려 30개로 급증하였다. 재벌들은 도입한 단기자본을 생산시설 등 장기 사업에 투입하였다. 경쟁적인 재벌들은 서로 지지 않으려고 동종 업종들에 단기외국자본으로 최신 생산설비들을 다투어 들여와서, 전자·자동차·화학공업 등 많은 경쟁적 부문에 광범위하게 과잉투자를 전개하였다.

종합금융회사들과 외환거래 은행들은 연리 3퍼센트의 단기외국자본을 자유로이 도입해다가 재벌들뿐만 아니라 중소기업들에게도 연리 6퍼센트의 대부를 해주고 제자리에 앉은 채 연리 3퍼센트 포인트의 이자 차액을 일단 수취하였다. 심지어 일부 종합금융회사와 은행들은 연리 3퍼센트의 단기외국자본을 도입해다가 이자 차액을 수취하려고 외환위기에 들어가기 시작한 동남아 국가들과 러시아 등에게도 연리 6~8퍼센트의 이자율로 대부해주기까지 하였다.

그 결과 외국으로부터 엄청난 규모의 단기외국자본이 도입되었는데, 한국정부는 외환위기가 온 시점까지 얼마나 되는 액수의 외국자본이 도입되었고, 그 가운데 단기외국자본과 장기외국자본의 도입액은 각각 얼마나 되었는지 알지도 못하고 있었다.

또한 김영삼 정부는 '세계화' 정책의 일환으로 방만한 외환관리 정책을 실시하였다. 전 국민에게 여권을 내주어 해외여행을 장려하고 중등학생의 외국유학을 허용했으며, 어학연수여행을 장려하고, 해외이민의 자산반출 한도를 폐지하여 자유화하였다. 그 결과 외화의 낭비가 극심하게 되었다.

김영삼 정부의 이러한 '세계화' 정책은 즉각 국제수지를 기하급수적으로 악화시켰다. 1993년에는 국제수지 적자가 별로 없었는데, 1994년에는 45억 달러, 1995년에는 90억 달러, 1996년에는 237억 달러로 국제수지 적자가 해마다 2배씩 격증하였다. 김영삼 정부는 이 위에다 한보사태에서 극명하게 드러나는 바와 같은 관치금융을 자행하여 은행 부실화를 조장하였다. 김영삼 정부의 '세계화' 정책이 방대한 규모의 외화를 낭비하고 외환관리도 전혀 제대로 하지 못한 것이었다.

외환위기로 IMF 관리체제 아래 들어간 직후 내본 통계이지만, 1996년 12월 말 현재 한국의 외자도입(대외 부채) 규모를 보면, 모두 약 1천575억 달러였는데, 그 가운데에서 장기자본이 약 575억 달러였고, 단기자본이 무려 1천억 달러였다. 그러나 이것은 그 뒤 계산한 통계이고, 1997년 12월 IMF 구제금융을 받기로 했을 당시에는 한국 정부는 외자도입이나 대외부채의 규모도 파악하지 못하고 있었다.

외환위기로 말미암아 동남아 각국 경제위기가 심화되고, 동남아에 투자한 자본이 잠기게 되자. 일본은 1997년 8월부터 한국시장에 들어와 있던 일본자본을 한꺼번에 철수시키기 시작했다. 일본은 한국 증권시장과 외환시장 등 단기자본시장에서 9월 초까지 짧은 기간에 약 80억 달러를 철수시켰다. 일본 단기자본이 한국 외환위기에 불을 지른 것이었다.

세계 각국의 단기자본회사들은 한국은행과 종금사 등에 담보 없이 단기자본을 대부해 줘놓고는 한국경제 동향 측정 지표의 하나로 일본자본의 동향을 항상 주의 깊게 관찰하고 있었다. 왜냐하면 그들은 일본 금융자본이 한국을 가장 잘 알고 있다고 생각하고 있었기 때문이다. 일본 단기자본이 대규모로 철수하는 것을 보고 불안해진 서양선진국 단기자본들은 1997년 9월부터는 한국 종금사 등에게 대부자본의 '만기연장'(roll over)을 해주지 않고 원리금의 상환을 요구하기 시작하였다.

종금사들은 외국 단기자본의 원리금을 상환하여 신용을 지키려고 국내 외환시장으로 밀려갔다. 원·달러 교환율이 800대1 선에서 금방 900대1 선을 돌파했다. 정부가 시장 개입을 하지 않을 경우에는 곧 1,000대1로 달러 값이 치솟을 것은 불을 보듯 뻔하였다.

이때 한국 정부는 외환보유고(당시 약 320억 달러)의 외환을 국내 외환시장에 풀어서라도 800대1의 환율을 유지하려는 정치적 결정을 한 것으로 보인다. 왜냐하면 당시 김영삼 정부는 1인당 국민소득 1만 달러 달성을 큰 업적의 하나로 자랑하고 있었기 때문이다. 원·달러 환율이 1,000대1 이상으로 될 경우에 1인당 국민소득은 1만 달러 이하로 다시 떨어지는 계산이 나올 것을 싫어했던 것이다.

그러나 1997년 10월 23일 헤지 펀드들의 투기로 홍콩 증권시장에 대란이 일어나고 홍콩 주가가 하루에 14퍼센트나 폭락하면서 외부 상황은 극악상태에 빠지게 되었다. 외국 단기자본들은 한국의 은행과 종금사들에게 만기연장을 거의 대부분 중단하였다. 한국 증권시장의 주가도 10월 24일 대폭락하였고, 스탠다드&푸어스와 무디스 등 신용평가회사들은 한국의 신용평가를 한 등급 낮추었다. 10월 27일에는 모건 스탠리 증권회사가 전 세계 투자자들에게 긴급전문을 발송하였다. 그 내용은 "긴급: 아시아 지역에 투자한 자금을 회수하라. 현 단계에서 설혹 손해를 보고 있더라도 즉시 팔아치우고 빠져나오라"로 되어 있었다.

서양 헤지 펀드들의 이러한 합동작전으로 10월 28일부터 외자 차용에 의한 위기극복의 가능성은 아시아 모든 나라에서 무산되었다. 오직 자체 실력으로 외환보유고가 단기자본 차입 규모보다 큰 나라들만이 이 위기를 극복할 수 있게 되었다.

한국 정부는 IMF의 구제금융을 신청하기 이전에 미국과 일본의 정부 또는 금융기관의 도움으로 이 난관을 극복해 보려고 접촉하였다. 그러나 미국 정부의 반응은 IMF 차관을 권고하는 것이었고, 일본은 한국측이 수용할 수 없는 조건을 내세우면서, 역시 대동소이한 권고를 하였다.

김영삼 정부는 미셸 캉드쉬 IMF 총재가 비밀리에 방한한 뒤, 11월 19일에는 경제기획원장관(부총리)을 경질하고, 11월 21일에는 공식적으로 IMF 구제금융을 신청하였다.6)

이에 응해 IMF 실무협의단과 미국 재무차관이 내한하여 정부당국과 오랜 시간 협의하게 되었으며, 한국 정부는 IMF의 요구를 거의 그대로 수용하여 다음과 같은 거시지표의 협정을 대한민국 정부와 IMF 사이에 협약하게 되었다.

IMF와 한국 정부가 약정을 체결한 뒤, 한국의 대외부채 규모가 얼마인지를 아무도 모르므로, 먼저 IMF · 재경원 · 한국은행의 3자가 공동으로 외채 규모를 조사하기로 하였다. 17일 동안의 조사 후, 12월

---

6) IMF(International Monetary Fund: 국제통화기금)는 1944년 7월 미국 뉴햄프셔 주의 브레튼우즈에서 연합국(44개국) 재정대표들이 모여 〈국제통화기금 설립협정문(Agreement the International Monetary Fund〉을 채택하고, 제2차 세계대전 종결 후의 국제무역 확대 균형을 위한 국제통화의 지원과 안정을 목적으로 설립한 국제통화협력기구이다 1945년 12월 27일 35개국이 이 협정문을 비준함으로써, 1946년 5월 IMF는 본부를 미국 워싱톤DC에 설립했으며, 1947년 3월 1일부터 업무를 개시했다. IMF의 특징은 각국이 출자금의 지분 비율에 따라 투표권을 갖는다는 사실이다. 현재 GATT 가맹국은 거의 모두 IMF에 가입해 있으며, 한국은 1955년 8월 25일 가입하였다. 97년 8월 1일 현재 IMF기금 지분율은 미국이 18.25퍼센트, 일본과 독일이 각각 5.67퍼센트, 영국과 프랑스가 각각 5.1퍼센트, 중국이 2.33퍼센트, 멕시코가 1.20퍼센트, 인도네시아가 1.03퍼센트이고, 한국은 7억 9천9백60만 달러를 출자하여 0.55퍼센트의 지분율을 갖고 있다. IMF는 1976년 정관을 개정하여 금의 국제화폐제도를 폐지했다. 이에 따라 국제화폐에서 차지하는 달러의 지위가 전 세계에서 압도적으로 높아지게 되었다. 현재 IMF는 사실상 미국의 지배 아래 있는 국제금융기구이다. IMF의 주요 기능 가운데 하나는 국제적 금융지원 기능인데, 그 지원 · 인출 방법은 ①자동인출 ②정규신용 ③특별신용 ④양허성 융자 ⑤긴급구제금융 ⑥환율안정기금 등이 있다. 한국이 이번에 IMF에 신청하여 약정한 것은 '긴급구제금융'이다.

20일 발표한 통계에 따르면 총 외채는 1천530억 달러였는데, 이 가운데에서 장기외채가 약 728억 달러, 단기외채가 약 802억 달러였다. 이밖에 5대 그룹의 현지 외채가 약 372억 달러 있었다. 재벌들의 현지외채 대부분이 단기외채였음은 더 말할 필요가 없다.

<표> 한국정부와 IMF의 거시경제지표 주요 합의내용

지 표	당초 합의(1997. 12. 3.)	2차 수정(1998. 2. 17.)
경제성장률(GDP기준)	3% 수준	1%(마이너스 성장 가능)
소비자물가 상승률	5% 이내	9%대
총통화 증가율(M^3)	연 9%	3.5%
이자율(콜금리)	25% 유지	25%(이자율 인하 고려)
재정	균형 또는 소폭 흑자	GDP의 0.8% 적자재정
가용외환보유고(98년 말)	·	391억 달러
원화환율(98년 말)	·	1,300원
실업률(비합의 추정)	3.9%(85만 명)	6%(130만 명)

한국의 외환위기는 외국자본을 차용하지 못하여 발생한 것이 아니라, 지나친 외자도입 개방화와 과도한 단기 외국자본 도입으로 말미암아 발생한 것이었다.

6) 한국에 대한 IMF 정책의 특징

IMF는 한국경제에 대한 정책으로써 먼저 다음과 같은 긴급정책을 실시하였다.

첫째, IMF는 한국에 총 210억 달러의 차관을 분할하여 공급하기로 하였다. 또한 세계은행(IBRD)과 선진부국들에게 약 300억 달러의 차관을 알선·권고할 것이라는 의사도 발표하였다. 그리하여 IMF는

1997년 12월 6일 제1차분으로 긴급차관 52억 달러를 한국은행에 입금시켰다.

IMF의 210억 달러 차관은 비록 분할 공급된다 할지라도 외환 고갈의 절박한 상황에 있던 한국에게 큰 도움을 준 것이었다.

둘째, IMF는 한국경제 각 부문의 문제점을 지적하고 '구조조정 권고'안을 제시하였다. 이것도 장기적 관점에서 목표를 설정하여 스스로 구조조정을 수행하는 방향으로 나아가도록 하는 권고안이라면 한국경제의 장기 발전에 도움을 줄 수 있는 것이었다. 그러나 만일 불투명한 목적 아래 단기적 특정시한을 설정해 놓고 강행하도록 하면 경제순환을 저해할 위험요소도 내포한 것이었다.

그럼에도 한국경제의 각 부문이 구조적으로 개혁할 과제가 쌓여 있었기 때문에, IMF의 구조조정 권고안은 일단 긍정적인 것으로 평가될 수 있는 것이었다.

그러나 한국경제에 대한 IMF 정책은 긍정적 측면만 있는 것은 아니었다. 오히려 한국경제의 실정과 괴리되어 큰 문제점을 드러내고 노정시킨 부정적 측면도 매우 많았다. 그 가장 큰 문제의 정책들을 들면 다음과 같다.

첫째, 고이자율, 고금리 정책이다. IMF가 강요한 약 25퍼센트의 이자율은 자본주의적 기업경영을 불가능하게 하는 '기업 죽이기'의 고이자율이라고 볼 수 있다. 자본주의적 기업은 자기자본보다는 은행 등 금융기관이나 자본소유주로부터 자본을 더 많이 차입하여 기업을 경영하는 것인데, 이러한 25퍼센트 이상의 고이자율로서는 이윤은커녕 이자 부분 자체를 지불할 수 있는 부가가치조차 창출하지 못하여 기업은 도산하거나 문을 닫게 되는 것이다.

IMF가 한국 기업들에 대하여 25퍼센트의 고이자율을 강요할 당시에, 세계 자본주의의 기업 대출 이자율은 평균 3퍼센트 이하였다. 일본과 같이 고도성장정책을 실행한 나라에서는 1퍼센트 이하의 이자율을 지속적으로 유지하였다. 이러한 세계 자본주의체제 속에서 IMF가 한국경제에 대해 25퍼센트의 고이자율을 강요한 정책을 택한 것은 한국 기업들 가운데 자기자본으로 경영하는 기업 이외에 차입자본이 많은 모든 기업들을 도산시켜 퇴출시키는 정책이었다.

한국 기업들은 그동안 정부의 고도성장정책으로 대부분 자기자본에 대한 차입자본비율이 200퍼센트 이상이었기 때문에, IMF의 고이자율정책은 모든 한국 기업들에게 치명적 타격을 주었다.

둘째, 과도한 긴축정책이다. IMF의 과도한 초긴축정책은 통화긴축정책과 재정긴축정책의 양면에서 강요되었다.

IMF가 강요한 통화긴축정책의 예를 들면, 한국경제는 그동안 총통화증가율을 연평균 약 19.5~19.8퍼센트씩 증가시켜 왔는데, IMF는 이를 긴축하여 9퍼센트 증가에 한정하도록 강요하였다. 이것은 한국화폐의 총통화증가율을 2분의 1 이하로 줄여 총공급을 극도로 감축하는 정책이었다.

또한 IMF는 BIS(국제결제은행)의 자기자본 준비율을 미국과 유럽 기준인 8퍼센트에 맞추도록 강요하였다. 아시아 개발도상국들은 은행의 가치퇴장 부분을 줄이고 산업자금으로의 대출비율을 높이기 위하여 BIS 기준을 약 6퍼센트로 유지해 왔다. 이것을 갑자기 6퍼센트로부터 8퍼센트로 높이도록 강요당한 것이다.

그러므로 한국은행이 절반으로 감축된 총통화증가율을 바탕으로 시중은행에 화폐유동성을 축소 공급한 것을, 시중은행들은 이를 받아 또 떼어 내어서 자기은행의 BIS 기준을 8퍼센트로 높이기 위해 자기은행 금고에 한국화폐 퇴장분을 더 높이지 않으면 안 되는 상황에 처했다. IMF로부터 부실은행으로 판정받지 않기 위해서였다.

그 결과 한국은행에서 축소 공급한 한국화폐가, 시중은행에서 다시 자기 금고에 퇴장되어, 기업들에게 공급되는 한국화폐는 극도로 축소당하게 되었다.

그리하여 IMF 관리 아래서 한국의 기업들은 외자를 공급받지 못함은 물론이오, 한국은행의 한국화폐까지 공급받지 못하여 화폐기근 상태에 빠지게 되었으며, 먼저 화폐자본의 공급 부족, 운영자금의 두절로 연일 도산하게 되었다.

IMF는 왜 한국 기업들을 도산·퇴출시키는 정책을 강행했는가? IMF가 한국에 긴급구제금융 차관을 제공하기로 결정했을 때, 미국 무역대표부 전 대표가 "IMF는 미국 기업들을 위해 아시아 시장의 빗장을 열어주는 공성(攻城)의 망치이다"라고 설명한 것을 상기할 필요가 있다. 또한 클린턴 미국 대통령이 재선되어 향후 4년 동안 경제정책 구상을 발표할 때 미국을 위한 10대 시장을 개척하는 것이 2차 임기 경제정책 목표의 하나라고 하면서 10대 시장을 발표한 바 있다. 그 10대 시장은 ①대한민국 ②중국(홍콩 포함) ③인도 ④인도네시아 ⑤멕시코 ⑥브라질 ⑦아르헨티나 ⑧터키 ⑨남아프리카공화국 ⑩폴란드 순이었다. 대한민국은 2기 클린턴 행정부 기간에 미국의 시장으로 개편할 대상지역으로 맨 먼저 꼽힌 것이었다. 혹시라도 IMF의 한국 기업 퇴출정책이 미국의 이 목표와 연관되어 있는 것은 아닐까? 한국 정부와 IMF가 협약을 체결할 때 미국 재무차관이 서울에 와서 일일이 협상과정을 배후 감독했던 사실도 혹시 이와 관련된 것은 아닐까?

7) IMF관리 아래 한국의 총체적 위기

한국에 대한 IMF 정책의 문제점은 비단 여기에 그치지 않는다.

셋째로 들어야 할 것은 외국자본을 위한 과도한 자본시장 개방이다.

IMF는 한국의 주식시장이 종래 외국자본에게 20퍼센트 한도로 개방되어 있는 것이 부족하다고 지적하면서, 1997년 12월 10일 외국인 주식보유한도를 55퍼센트로 확대하고, 연말까지는 100퍼센트 개방하도록 강요하였다. IMF는 또한 1997년 12월 12일 한국의 채권시장에서 외국자본의 보유한도제를 철폐하여 외국자본에게 100퍼센트 전면 개방하도록 강요하였다.

더욱 놀라운 일은, IMF는 1997년 12월 16일 한국 외환시장에서 지금까지 적용해온 1일 환율변동폭(2.25퍼센트에서 2.5퍼센트로, 다시 10퍼센트로 수정조치) 제한제도를 완전히 철폐하여, 무한변동폭을 강요한 것이었다. 그리하여 한국은 1997년 12월 16일부터 외환시장에서 환율이 하루에 30퍼센트, 50퍼센트, 100퍼센트 폭등·폭락해도 개장을 유지하도록 하였다.

그 결과 IMF 관리 아래서 한국의 주식시장·채권시장·외환시장은 투기적 단기외국자본이나 외국유통자본에게 제도적 무방비 상태로 한번에 완전 개방되었다.

투기적 단기외국자본이 이제는 한국의 주식시장·채권시장·외환시장에서 뜻만 있으면 얼마든지 투기행위를 할 수 있게 되었고, 만일 외국자본이 한꺼번에 철수하면 하루아침에 제2, 제3의 외환위기, 환란, 자본금융위기, 경제위기가 되풀이될 수 있는 취약한 제도와 구조를 강요받게 되었다.

넷째, 외국자본의 적대적 M&A(기업인수·합병)에 대한 승인 강요이다. 우호적 M&A는 현재 이사회의 동의 아래 대상 기업을 인수·합병하는 것이지만, 적대적 M&A는 현재 이사회의 동의 없이 제1주주나 그 집단이 임의로 새 이사회를 구성하여 대상 기업의 운영권까지 인수·합병하는 것이다.

따라서 외국자본에게 적대적 M&A를 허용하는 것은 주식시장에서 외국자본이 한국 주요기업들의 주식을 구입한 뒤 적대적 M&A를 단행하여 대상 기업을 소유, 경영하는 기업으로 강제 인수할 수 있도록 제도화하는 것이다. 한국경제가 외환위기·금융위기·경제위기에 처하여 원·달러 교환율이 1달러 당 1천300원으로 한국화폐의 가치가

폭락하고 주식 가격도 지수 300선으로 폭락한 조건 속에서 IMF가 외국자본의 적대적 M&A를 허용토록 강요한 것은 주식시장을 통해서 외국자본이 한국의 국제경쟁력 있는 최우수 기업들을 헐값으로 사버릴 수 있게 만드는 제도라고 할 수 있다.

따라서 IMF가 자기 관리 아래 놓인 한국경제 최악의 위기상황 속에서 외국자본의 적대적 M&A를 허용토록 한 것은 한국을 외국자본의 기업 사냥터로 만드는 위험성을 가진 것이다. 이것은 극단적 불공정거래를 외국자본을 위해 한국에게 강요하는 것과 같다.

IMF의 한국에 대한 이러한 정책으로 한국은 경제뿐만 아니라, 전 분야에서 총체적 위기에 직면하게 되었다. IMF가 외환위기의 늪에 빠진 한국경제에 210억 달러의 차관을 제공하여 긴급구제금융 조치를 해준 것은 큰 도움이 되었지만, 그 뒤 IMF의 간섭과 정책은 한국을 더 큰 총체적 위기로 몰고가는 위험이 있는 것이다.

국제금융기구로서의 IMF는 긴급차관을 제공하는 대상국에 대하여 이렇게 경제총독처럼 군림하여 약속을 강제하고 경제내정에 일일이 간섭할 권리가 없는 기관이다. IMF는 한국에 대하여 본질적으로 월권을 하고 있는 것이다.

IMF는 한국의 외환위기에 대해 긴급구조를 한 다음 바로 한국의 기업들에게 살인적 고이자율을 강요하고 화폐공급을 극도로 축소시킴으로써, 자기자본으로 경영하는 기업만 살아남도록 하고 차입자본으로 움직이는 자본주의적 기업들은 날마다 도산·퇴출시키고 있다. 이제는 IMF의 잘못된 정책이 한국기업 도산·퇴출의 주요인으로 되고 있는 것이다.

IMF가 한국 기업들에게 선진국 동종 기업과 대등한 경쟁력을 요구하면서 한꺼번에 기업과 노동력의 구조조정을 강요하는 것도 무리한 측면이 많은 것이다. 한국경제와 기업이 선진국 동종 기업과 대등한 경쟁력이 아직 없기 때문에 한국이 '중진국'인 것이다. 선진국으로 발전하기 위해 노력하다가 외환위기를 맞은 '중진' 한국 기업들에게, 최악의 IMF관리 상황 속에서, 선진국 동종 기업과 국제경쟁력이 없는 기업들을 퇴출시키도록 하는 정책 그 자체가 무리한 정책이며, 잘못된 정책이라고 할 수 있다. IMF의 이러한 정책은 한국 기업의 경쟁력을 높인다는 미명 아래 오히려 한국경제를 후퇴·몰락시키고 한국을 선진국의 시장으로 개편하는 정책이라고 볼 수 있다.

IMF의 정책으로 말미암아 '외환위기'는 넘기기만 했지, 취약한 금융구조와 관행으로 말미암아 곧 '금융위기'로 이전·확산되었으며, 수많은 기업들의 연속적 도산과 퇴출로 '생산위기'로 이전·확대되었고, 바로 '경제위기'로 확산되었다.

IMF의 정책으로 말미암아 확산된 기업의 도산과 퇴출, 고용조정의 강요는 수많은 실업자들을 거리로 방출하여 완전실업자만도 150만을 넘게 되었고, 그 가족까지 추산하면 600만 명의 실업자 가족군이 생계수단을 잃고 곧 유랑할 처지에 놓인 '사회위기'로 이전·확산되었다.

종래 중진국의 모형국가였던 한국은 IMF의 정책으로 말미암아 이제는 선진국의 상품시장으로 개편되고, 수많은 기업들이 자본공급 차단으로 퇴출당하여 도산했으며, 실업자군이 범람하여 실업자 가족들이 붕괴되고 있고, 실업범죄가 급증하여 사회병리가 만연하고 있으며, 세계적으로 국제경쟁력을 갖고 있던 한국의 기업들은 선진부국 외국자본들의 헐값 사냥감이 되어가고 있다.

IMF관리 아래에서 한국은 한국전쟁 이후 최대의 총체적 위기에 처해 있는 것이 사실이다.

이제 한국은 어떠한 정책을 택하여 어떠한 방향으로 나아가야 할 것인가? IMF의 잘못된 정책에 순종만 하다가 중진국으로 영구히 주저앉아 버릴 것인가? 이 위기를 잘 극복하지 못하여 선진부강국과 외국자본의 경제적 반식민지 상태로 종속되어 버릴 것인가?

아니면 IMF의 새로운 질곡을 떨쳐버리고 경제자주권을 회복하여 자주적 '선진국'을 향한 대장정을 다시 새로 시작할 것인가? 어떠한 정책을 수립하고 실행하여 이 총체적 위기를 탈출하고 다시 '선진국'으로 비약하는 대발전체제를 만들 것인가?

한국인들은 '한국전쟁'으로 초토화된 폐허 위에서도 굴복하지 않고 '한강의 기적'을 만들어 냈다. 그에 견주면 오늘의 'IMF관리의 재앙'은 훨씬 작은 재앙이다. 한국은 다시 일어서서 대비약을 계속해야 하며, 또 반드시 할 수 있다. 이를 위한 과학적 이론과 정책의 정립을 담당하는 것이 오늘의 한국 사회과학도들에게 지워진 책무의 하나가 될 것이다.

(서울대학교 사회과학대학 편, 《IMF체제의 사회과학적 진단》, 1998)

4. IMF 사태의 원인과 21세기 한국의 진로

1) 머리말

우리는 WTO체제나 IMF 사태의 원인에 대하여 좀더 거시적 관점에서 고찰하면서 우리 한국민족의 진로를 살펴볼 필요가 있다.

지난 1997년 12월 3일, 우리 정부와 IMF가 협약을 맺어서 IMF관리체제 아래 들어갔는데, 현재 한국정부 관료들이나 IMF 관련자들 또는 언론이 모두 이 문제를 미시경제학적 시각에서 또는 화폐론적 관점에서 다루고 있기 때문에 역사적 측면에서 자본주의 발전사를 보는 사람들의 눈에는 매우 부당한 간섭을 하는 측면이 있다. 그리고 미시경제학자들이 볼 수 없는 것이 가져올 여러 가지 결과들을 역사사회학에서 말하는 세계체제론의 측면에서 보면, IMF가 순기능만 하는 것이 아니라 잠재적인 역기능을 하고 있는 것을 알 수 있다.

IMF는 1944년 제2차 세계대전 종전에 임박해서 전후의 고정환율을 안정시켜서 국제통화, 세계무역을 안정적으로 발전시키기 위해 만들어진 기구이다. 이때 IMF는 진정으로 국제금융협약 협조기구였다. 1970

년대 들어와서 성격이 한 번 변했고, 1995년에 와서는 완전히 변질되었다. 1995년 1월 WTO가 출범함과 동시에 IMF는 단순히 국제금융협력기구일 뿐만 아니라, WTO체제를 수립한 G7(서방 선진 7개국) 국가들의 정책을 실행하는 당략의 도구라는 성격을 갖게 되었다. IMF가 우리에게 준 약이 무엇이고 병이 무엇인가. 좀더 사회학적으로 표현하자면, 순기능이 무엇이고 역기능이 무엇인가에 대해서 대차대조표를 만들어 볼 필요가 있다.

2) 외환위기 및 IMF 사태위기 발생원인

외환위기는 왜 왔을까? 외환위기가 오기 전까지는 한국경제에 대해서 전 세계가 개발도상국의 모범이라고 칭찬을 자자하게 하고, 국제 신용평가회사들이 AA등급을 주면서 별소리를 다 하다가, 하루아침에 외환위기가 오니까 온갖 원인을 다 들고 있다. 구조적으로 건강한 자본주의 경제사회는 이 지구상에 하나도 없다. 미국, 영국, 프랑스, 어떠한 선진국도 그 건전성에는 한국 사회경제보다 나을 것이 없다.

외환위기의 원인은 첫째, 김영삼 정부의 잘못된 세계화정책에 있었다. 개방을 준비 없이, 원리도 모르고 했다가 외환위기가 온 것이다. 구체적으로, 제도적으로는 세계화를 한다고 외국 단기자본의 도입자유화를 실시하면서 그에 대한 심의도 하지 않고, 그에 대한 통계도 제대로 내지 않고, 이를 방만하게 자유화시킨 데서 발생했다.

1997년 12월 3일, IMF 협약 체결 때 한국정부는 외채가 얼마인지를 파악하고나 있었는가? 아무도 몰랐다. 이런 정부가 지구상에 어디 있는가. 세계화의 나팔만 요란하게 울리면서 외국자본만 끌어들이면 다 경제가 잘 된다고 하면서 세계화 북만 울렸지 외자가 얼마나 들어와서 외채가 얼마나 됐는지 아무도 아는 사람이 없었다.

그래서 12월 3일부터 IMF, 한국정부 재경원, 한국은행 3자가 공동으로 조사를 시작한 것이다. 그 가운데서 1년 이상의 장기외채는 약 500억 달러 가까이 되었고, 1, 2, 3개월의 단기외채가 1천억 달러가 조금 넘는다고 발표했다.

단기외국자본을 너무 많이 도입해서 외환위기가 온 것이다. 그리고 그에 대한 통계조차 내놓지 않은 무능, 무책임이 외환위기를 불러들인 것이다. 만일 그러한 외환관리의 대형사고만 나지 않았더라면 한국경제는 그렇게 나쁜 경제가 아니었다.

다음, OECD(경제협력개발기구) 가입을 한다고, 선진국의 대열에 들어선다고 들떠서 1996년, 1997년에 외환관리를 방만하게 했기 때문이다. 국민들에게 전부 여권을 내주도록 하고, ‘세계화’인데 해외여행을 해서 견문을 넓혀라, 대학생이 되어야 외국 유학을 하는가, 초등학생·중고등학생도 외국 유학을 보내라, 세계화 시대에 어학을 잘 해야지, 어학연수를 보내라. 그래서 전 국민이 서울 경회루는 못 봐도 세계 각국을 돌아다니면서 여행을 했다.

해외 여행할 때 3천 달러, 5천 달러, 1만 달러로 제한을 하더니 나중에는 카드를 써도 좋다고 해서 몇 만 달러를 써도 아무도 규제하지 않았다. 이것이 ‘세계화’이며, 그 ‘세계화’가 위기를 불렀다.

한편, 동남아 국가들은 한국을 모델로 해서 2000년에는 한국을 따라잡는 나라를, 또는 근접하는 경제를 만들겠다고 야심에 찬 경제개발계획을 수립해서 자본과 기술을 일본으로부터 끌어들였다. 일본은 동남아를 생산기지화하려고 적극적으로 투자를 했다.

그때 열강이 WTO 체제의 출범에 맞추어 역시 외환시장의 개방을 권고하자 그들은 거기에 따라서 개방을 했고, 1997년에 투기자본 일부가 와서 투기를 했다. 일본자본에 덧씌워서 미국 단기자본이 들어갔는데, 동남아 시장에 약 1천억 달러가 들어갔다. 그리고 1997년 7월 방콕에서 외국 투기자본이 환투기를 해 일주일도 채 안 되는 기간에 10억 달러를 벌어 자기자본을 다 빼내 갔다. 1997년 1년에 동남아 시장에서 빠져나간 US달러는 1천억 달러였다. 어떻게 동남아가 버티겠는가.

우리나라의 경우 다행히 조지 소로스 일행은 찾아오지 않았다. 그러나 방만한 외환관리체제에서 동남아 국가 은행들이 한국 종금사에 긴급구조요청을 보내자 그들에게 약 150억 달러를 빌려 주었다. 김영삼 정부의 세계화 정책이 얼마나 문제투성이인가. 예를 들어 외국 단기자본 도입의 자유화를 선언했으면 그것을 관리할 때, 당연히 외환은행을 비롯해서 책임 있는 대형 은행들에게 신용 있게 국책에 맞추어서 관리하도록 도입 허가를 해 주어야 했다.

그런데 우리나라의 재경원은 웬일인지 한국화폐의 단기자금 조달을 담당했던 제2금융권 단자회사들에게 이 권리를 허용했다. 여기서부터 문제가 생긴 것이다. 그리고는 단자회사들이 한국화폐, US달러, 외화 관련 또 다른 사업도 다 하도록 허용하고 아름다운 이름까지 붙여 주었다. 이것이 종합금융상사이다. 은행보다도 특권이 있었다. 자기자본은 아무 것도 없는 돈장사 회사들에게.

과거 박정희 정권 때 우리가 최고 700억 달러의 외자를 빌린 적이 있다. 당시 700억 달러라면 요즘으로는 1천500억 달러 혹은 2천억 달러가 넘는다. 그런데도 아무런 사고가 없었다. 장기자본만 도입했고, 프로젝트별로 도입해서 프로젝트와 함께 장기외자 도입신청을 경제기획원에 제출하면 심사했다. 프로젝트와 함께 허락했기 때문에 전부 생산시설 건설에 사용되었다. 그리고 대개 장기자본이어서 경제발전에 도움을 주었다.

그러나 종합금융상사들의 단기자본 도입은 자유화를 시켜놓고, 장기자본 도입은 경제기획원 관리들이 심사했다. 장기자본 도입은 심사하고 단기자본 도입은 자유가 되었으니, 정책이 거꾸로 가버린 것이다. 그럼 재벌들은 어디로 가겠는가. 과거에 생산시설을 도입하기 위해 장기자본을 도입하게 되면 이자는 평균 6퍼센트 정도였다. 이제는 종금사만 설치하면 3퍼센트 이자율로 얼마든지 빌려올 수 있는데 왜 장기 자본을 도입하겠는가. 그래서 모든 재벌들이 직계 종금사를 설치한 것이다. 이때 약 30개의 종금사가 만들어졌다.

그리고 자기 계열 종금사들에게 단기자본을 3퍼센트로 도입하도록 해서 장기 시설투자를 했다. 기아그룹의 경우 관리도 방만하고 부정도 있었으나 기본적으로 종금사를 통해 3퍼센트 이자의 단기자본을 도입해서 기아특수강이라는 장기 시설투자를 했다가 붕괴된 것이다. 다른 기업들의 가장 핵심적인 요인들도 거기에 있었다. 최근 대우그룹 붕괴의 본질도 단기자본의 과다차입에 핵심원인이 있는 것이다.

이러한 상태에서 9월에 일본이 우리나라에 들어와 있던 자본 80억 달러를 빼갔다. 12월 3일까지 빼간 액수는 모두 200억 달러에 이르렀다. 일본이 한국을 가장 잘 안다고 세계사회에서는 알려져 있기 때문에 일본이 단기자금을 빼가는 것을 보고, 단기자금을 우리나라에 대부해 준 모든 서양 단자회사들은 불안해졌다. 왜냐하면 담보 없이 빌려주었기 때문이다. 그래서 9월 일본이 단기자금을 가져간 뒤부터는 만기연장 신청을 해도 한 건도 승락되지 않았다.

신용을 지키기 위해서 종금사들은 어디로 달려갔는가. 한국 환시장에 가서 달러를 사들였다. 달러를 사들이면 공급이 모자라 환율이 900:1, 1,000:1로 올라가는 경향을 보이므로 이제는 정책 결정을 해야 되는 것이다. 시장원리에 따라서 900:1, 1,000:1, 1,100:1로 자연스럽게 올라가도록 균형점을 허용할 것인가, 정책적으로 이를 누를 것인가. 당시 김영삼 정부는 1인당 국민소득 1만 달러를 정치적 성과로 내걸고 있었다. 이것을 큰 업적이라고 내세우고 있었는데, 800:1 환율이 900:1, 1,000:1이 되면 1인당 국민소득이 9,000달러, 8,000달러로 내려가게 되므로 800대선을 유지하라는 정치적 결정이 내려졌다.

800대선을 유지하려고 하면 어떻게 해야 하겠는가. 외환보유고를 풀어서 외환시장에 달러를 공급하였다. 그 결과 외환보유고가 200억 달러로 내려가고 나중에 100억 달러 이하로 내려가다가 적색신호가 온 것이다. 그래서 12월 3일, 결국 IMF 요구에 굴복을 하게 된 것이다.

이것을 돌이켜 보면, 외국자본을 끌어와 경제문제를 해결하려는 것은 경제를 모르는 아마추어 가운데에서도 아주 서투른 아마추어들의 잘못된 판단이라는 것을 알 수 있다. 외환위기는 달러가 모자라서 온 것이 아니라, 단기자본을 너무 많이 도입했다가 만기연장을 안 해주어서 발생한 것이다. 물론 외환관리 미숙과 외환관리상 대형사고이다.

지금 김대중 정부가 다른 측면에서 똑같은 과오를 저지르고 있다. 그것은 제조업에 투자하는 장기자본인 외국자본 유형과 조지 소로스와 같은 단기투기자본의 유형을 제대로 구분할 줄 모른다는 점이다. 그래서 예를 들어도 혼동하고, 도입할 때도 아무 자본이나 다 들어오면 우리에게 도움이 되는 거라고 착각, 환상 속에 빠져 있다. 우리에게 도움을 줄 수 있는 외국자본은 제조업에 투자하는 장기자본뿐이다. 이러한 외국자본만이 고용을 창출하고, 신기술을 전파한다. 우리에게서 이윤은 가져가지만, 임금소득을 주어 우리에게 도움을 준다. 그러나 지금 주식시장의 19퍼센트를 점유하고 있는 조지 소로스나 각종 헤지펀드들은 한 건 하고 바로 빠져 나가려고 들어와 있는 것이다.

따라서 우리가 해야 할 일은 IMF 규제를 벗어나는 정책을 실시하도록 정부에 압력을 가하는 동시에, 다시 한국경제는 성장정책으로 돌리면서 제대로 제도를 정비하고, 한국경제가 외국 투기자본의 사냥터가 되지 않도록, 다시는 지난번과 같은 붕괴위기에 처하는 일이 없도록 경제를 운영하게 정책을 제안하고, 사회생활과 정신·의식을 개혁하여 건전하고 합리적인 시민생활을 장려하는 일일 것이다.

IMF 사태라는 국가적 위기 속에서 국제경쟁력 있는 우수한 기업과 산업체들이 외국자본의 소유로 넘어가는 것을 막으면서 이 위기를 타개하는 데 목표를 조준해야 할 것이다.

3) IMF가 우리에게 준 약

IMF는 우리에게 약과 병을 함께 주었다. 먼저 IMF가 준 약은 무엇인가. 약은 210억 달러의 IMF 장기차관 그 자체이다. 그것은 우리들에게 아주 절박한 상황에서 매우 귀중한 약이었다. 이 가운데서 현재 169억 달러가 들어와 있다.

또 다른 약은 한국경제에 대한 장기적 구조조정 권고안이다. 이것을 장기적 관점에서 목표로 설정하여 '너희들이 스스로 구조조정을 그러한 방향으로 나아가라'고 권고한다면 그건 틀림없이 귀중한 약이다. 그러나 만일 이것을 특정한 시한을 두고 반드시 언제, 어떻게 집행하라고 강요한다면 단번에 독으로 변할 수가 있다. 왜냐하면 아무리 필요한 약이라도 적절하게 사용하지 않으면 독이 되기 때문이다.

4) IMF가 우리에게 준 병

IMF는 한국에 많은 병도 주었다.

첫째, 고이자율·고금리 정책이다. 이것은 초기에 23~25퍼센트를 강요했다가 뒤에 18~19퍼센트로 조정했다고 하지만 실질적으로는 23~25퍼센트 그대로이고 중소기업은 그 이상의 이자율을 지불하였다.

세계 자본주의가 18~19세기에 몇 퍼센트 이자율로 자본주의체제를 성립시켰는가. 연 4퍼센트 이자율로 자본주의를 성립시켰다. 그 뒤 20세기에 들어와서 오늘까지 세계 자본주의가 몇 퍼센트 이자율로써 시장원리에 따라서 자본주의를 유지했는가. 불과 최고 3퍼센트 이하이다. 일본은 30년 고도성장을 했는데, 1퍼센트 이하의 이자율로 고도성장을 이룩했다.

자본주의 시장경제를 전제로 할 때는 언제나 이자율과 평균 이윤율을 들여다 봐야 하며, 이자율이 얼마인가에 따라서 자본주의 기업이 활동을 할 수 있는가 없는가 하는 수준과 범위가 결정된다. 우리가 일본과 경쟁을 하려면 일본과 마찬가지로 1퍼센트 이하로 실질 이자율을 내려야 하고, 세계 자본주의체제 안에서 세계적·국제적 경쟁을 하려면 최고 3퍼센트 이하의 실질 이자율을 적용시켜야 한다.

그런데 IMF는 23~25퍼센트를 요구했다. 왜 IMF는 23~25퍼센트의 초고이자율을 강요했는가. 자기자본이 없는 한국기업들을 이번 기회에 다 퇴출시키겠다는 정책이 이런 살기업적(殺企業的) 고이자율정책인 것이다. 물론 화폐론자들은 구구한 변명을 한다. 외환시세를 안정시키기 위하여, 외환도입을 촉진하기 위하여라고. 그러나 이것은 전부 다 허위의 환상적 가정이다.

한국 자본주의를 운영한 이자율은 IMF 사태 이전에는 물가상승률을 포함해서 6퍼센트에서 12퍼센트의 차등 이자로, 이를 정책적으로 채택해서 적용했다. 예를 들면 기계공업, 수출공업과 같은 정부가 지원하고자 하는 부분에 대해서는 산업은행으로 하여금 6퍼센트의 이자율을 적용하도록 했고 그렇지 않은 일반 기업들에 대해서는 12퍼센트 이하의 이자율을 적용했다.

이자율은 원천적으로 시간에 대한 보상이다. 시간에 대한 보상은 경제전망과 관련되어 있다. 경제사적으로는 이자율이 세계 평균 이자율에 상응하면 그 다음에는 이자율이 높아서 이동하는 것이 아니라, 경제전망에 따라서 이동한다. 즉 세계 자본주의 평균 이자율인 연 3퍼센트 이상의 이자율만 주면 나머지는 그 경제의 전망이 좋은가, 좋지 않은가를 보고 돈을 빌려주는 것이지, 이자율을 30퍼센트, 50퍼센트로 높여봐도 경제전망이 없으면 돈을 빌려주지 않는 것이다.

따라서 화폐론자들이 이자율만 높이면 돈이 자유스럽게 돌아갈 수 있다고 한 것은 기본적으로 국내경제에 관한 옛 이론이며, 국경이 없다는 것을 전제로 한 이론으로서, 세계체제에서는 그러한 일이 일어나지 않는다. IMF의 고이자율정책은 한국에 대해서는 매우 잘못된 정책이었고, 국경을 넘는 모든 지역에 대해서 잘못된 정책이었다.

IMF의 이러한 고이자율, 고금리 정책으로 말미암아 한국에서는 어떠한 현상이 일어났는가. 한계기업은 말할 것도 없고 그동안 견실했던 흑자기업도 날마다 도산하였다. 그리고 그 결과는 방대한 실업자, 실업의 배출로 귀결되었다.

둘째, 과도한 긴축정책이다. 이 긴축정책은 통화 긴축정책, 한국화폐 공급 긴축정책, 정부 재정에 관한 긴축정책 등을 포함한 총체적으로 과도한 긴축정책이다.

긴축정책의 예를 한번 들어보자. 우리나라는 고도성장 기간에 또는 그 뒤 연평균 6~8퍼센트 성장 기간에 총통화 증가율을 평균 약 19.5~19.8퍼센트 증가시키면서 국내 화폐자본을 조달해 왔다. 그런데 IMF는 우리에게 9퍼센트를 요구했고 우리는 이에 서명했다. 이것은 갑자기 우리나라의 한화 총통화 증가율을 2분의 1로 떨어뜨리는 것이다.

또한 BIS(국제결제은행) 기준이 있는데, 서양 선진부국은 자본잉여국가이기 때문에 모든 은행들이 BIS 기준을 8퍼센트에 맞춰서 유지하고 있다. 그것이 자본주의 경제를 잘 굴러가게 하는 순환의 원리에 합당하다. 그러나 아시아 지역은 아더 루이스 모델이 적용되는 바와 같이 자본이 부족하고 상대적으로 노동력이 풍부한 지역이다. 그래서 이 지역은 어느 나라나 다 6퍼센트를 적용하고도 아무런 이상 없이 수십 년 고도성장을 지속할 수 있었다. 그런데 자기네 기준이 국제기준이니까 이에 맞추라며 BIS를 6퍼센트에서 8퍼센트로 높이라고 했다.

그러므로 한국은행이 총통화 증가율을, 화폐 유동성을 더 공급한다고 할지라도, 한국의 시중은행들은 예컨대 2퍼센트 포인트를 자기은행에 더 떼어서 자기자본으로 보관해야 하니 기업체에 조달할 자금은 더욱 더 줄어들게 마련이다. 이러한 정책 모두가 한국경제의 외환문제나 금융문제를 해결하기 위해서가 아니라, 한국 기업들에 대한 한국 화폐자본 공급을 긴축시킨 정책이었다.

그러면 왜 이렇게 IMF는 구제금융을 받은 나라에 대해서 특히 우리 한국에 대해서 약을 줌과 동시에 병을 주었는가. 자기자본비율이 약한 모든 기업들을 퇴출시키기 위해서였다.

IMF 구제금융을 한국에 제공해 주기로 결정했을 때 미국 무역대표부 전 대표가 "IMF는 미국 기업들을 위해 아시아 시장의 빗장을 열어 주는 공성(攻城)의 망치이다"라고 한 말을 상기해 볼 필요가 있다. 또 클린턴 대통령이 재선되어 향후 4년 동안 미국의 경제정책 구상을 발표할 때 10대 시장을 개척하는 것이 2차 임기 경제정책 목표들 가운데 하나라고 해서 10대 시장을 발표한 사실이 있다.

그 10대 시장의 첫 번째가 대한민국이고, 그 다음은 홍콩을 포함한 중국, 인도, 인도네시아, 멕시코, 브라질, 아르헨티나, 터키, 남아프리카공화국, 폴란드 순이다. 이것을 임기 4년 동안 개척할 미국의 10대 시장이라고 공공연히 발표해서 전 세계가 이를 보도했다. 한국은 클린턴 행정부 제2기에 미국시장으로 개편해야 할 가장 좋은 목표대상지역인 것이다. 그래서 IMF의 모든 정책은 이 목표와 연관되어 있지 않나 검토해 볼 필요가 있다.

따라서 IMF가 지금 한국정부와 한국기업에 요구하고 있는 고금리정책, 과잉 초긴축정책, 또는 기타 여러 가지 금융정책들은 한국의 위기를 구제해 주려고 하는 목적보다는 한국을 G7 국가들의 시장으로 개편하려는 정책과 직결되어 있지 않는가 하는 것을 살펴봐야 한다.

셋째, 너무 급속하고 과도한 개방요구이다. IMF 요구에 응해서 한국정부는 예컨대 주식시장을 10퍼센트, 20퍼센트 개방했다가 55퍼센트를 개방했고, 연말까지는 100퍼센트 개방하기로 했다. 이것은 단일 업종에 대한 개방을 의미한다. 예컨대 포항제철이라면 포항제철 한 품목에 대한 상장기업 하나의 개방이다.

그리고 더욱 놀라운 것은 외환시장의 환율변동폭 제한 폐지이다. 과거에는 하루 2.25퍼센트, 2.5퍼센트, 10퍼센트로 제한해 왔다. 왜냐하면 환투기 하는 외국 사람들이 들어와서 외환시장을 교란시키면 경제 전체가 근본적으로 흔들리기 때문에 환투기를 막기 위한 것이었다.

그런데 IMF는 이 10퍼센트 일일 변동률 폭을 완전 폐지하고 무한변동폭을 인정하라고 요구했다. 그래서 실제로 폐지되었다. 이것도 우리에게 큰 병을 준 것이다. 만일 지금처럼 변동폭을 완전히 폐지하고 나면 하루에 30퍼센트가 오를 수도 있고 100퍼센트도 오를 수 있다.

US달러를 국제화폐로 사용하는 한, 외환보유고를 항상 충실하게 가지고 있어야 하고, 외국 환투기자들이 와서 자기 경제를 붕괴시키지 못하도록 제도적 장치를 이중삼중으로 해야 하는데, IMF는 이걸 폐지시킨 것이다. 이것은 매우 위험하다. 지금 이것을 폐지한 나라는 미국, 일본, 한국 세 나라밖에 없다. 일본은 전혀 염려할 것이 없다. 왜냐하면 일본은 외환보유고가 2천300억 달러이고 미국에 대한 채권을 미국 현지에 3천억 달러 이상 가지고 있기 때문이다. 그러므로 자신만만하게 폐지할 수 있지만, 한국이 외환변동폭 제한을 철폐하는 것은 앞으로 고도성장을 하다가도 이걸 수정하지 않는 한 언제든지 다시 폭락시킬 수 있는 허점을 남겨둔 것이 된다. 이 제도는 반드시 고쳐야 한다. 1천550억 달러의 부채국가가 이런 모험을 하는 것은 심각하게 고려해야 할 사항이다.

넷째, 외국자본의 적대적 M&A(기업 인수합병) 승인 강요이다. IMF는 한국의 상장기업 주가가 300대선으로 내려가 있고 달러는 1,400대선으로 올라가 있기 때문에 상장기업의 자산가격이 실질가격의 약 3분의 1 정도 안팎으로 저평가되어 있었을 때 외국자본의 적대적 M&A 승인을 강요했다.

이 시기에 즉각 적대적 M&A를 승인하면 외국자본이 한국의 국제경쟁력 있는 최우수 기업을 주식시장을 통해서 헐값으로 대부분 사버릴 수 있다. 객관적으로 보면 적대적 M&A를 승인하는 것도 IMF 위기를 다 극복한 다음에 시장경제가 정상화될 때 이것을 적용해야지, IMF 사태 상황에서 허용하는 것은 우리의 개념으로 보나 미국 경제개념으로 보나 불공정거래이다.

자본주의 질서는 경쟁질서이고 경쟁에서는 공정성이 항상 문제가 된다. 공정하지 않은 것은 자본주의가 아니다. 그래서 서양 자본주의 문명은 300, 400년 유지되는 동안에 'Not fair'하면 그것을 가장 나쁜 말로 생각한다. 그런데 지금 한국의 상황에서 외국자본에게 적대적 M&A를 허용하라고 압력을 가하는 것이나, 그것을 허용하는 정책을 채택하는 것이나, 모두 다 불공정거래를 강요하고 또 허용하는 것이 된다.

5) 한국민족의 진로

이미 앞에서도 말한 바와 같이, IMF의 한국에 대한 이러한 정책으로 한국은 경제뿐만 아니라, 전 분야에서 총체적 위기에 직면하게 되었다. IMF가 외환위기의 늪에 빠진 한국경제에 210억 달러의 차관을 제공하여 긴급구제금융 조치를 해준 것은 큰 도움이 되었지만, 그 뒤의 IMF의 간섭과 정책은 한국을 더 큰 총체적 위기로 몰고 가는 위험성이 있는 것이다.

거듭 되풀이하여 강조하거니와 국제금융기구로서 IMF는 긴급차관을 제공하는 대상국에 대하여 이렇게 경제총독처럼 군림하여 약속을 강제하고 경제내정에 일일이 간섭할 권리가 없는 기관이다. IMF는 한국에 대하여 본질적으로 월권을 하고 있는 것이다.

IMF의 한국에 대한 경제정책은 잘못된 정책이다. 한국의 기업들에게 연 25퍼센트 이상의 살인적 고이자율을 강요하고 화폐공급을 극도로 축소시킴으로써, 자기자본으로 경영하는 기업만을 남도록 하고 차입자본으로 운영되는 자본주의적 기업들을 날마다 도산·퇴출시켰다.

이제는 바로 IMF의 잘못된 정책이 한국 기업들이 직면한 도산·퇴출의 주요인으로 되고 있는 것이다.

IMF가 한국 기업들에게 즉각 선진국 동종 기업과 대등한 국제경쟁력을 요구하면서 한꺼번에 기업과 노동력의 구조조정을 강요하는 것도 무리한 것이다. 한국경제와 기업이 선진국 동종 기업과 대등한 경쟁력이 아직 없기 때문에 한국이 '중진국'이었던 것이다. 선진국으로 발전하기 위해 노력하다가 외환위기를 맞은 '중진' 한국 기업들에게, 최악의 IMF관리 상황 속에서, 선진국 동종 기업과 국제경쟁력이 없는 기업들을 퇴출시키도록 하는 정책 그 자체가 얼마나 무리하고 잘못된 정책인가! IMF의 이러한 정책은 한국 기업의 경쟁력을 높인다는 미명 아래 한국경제를 후퇴·몰락시키고, 사실은 한국을 선진국의 시장으로 개편하는 정책인 것이다.

IMF의 이러한 정책으로 말미암아 '외환위기'는 표면상으로만 넘겼지, 곧 '금융위기'로 이전·확산되었으며, 수많은 기업들의 연속적 도산과 퇴출로 '생산위기'로 이전·확대되었고, 바로 다시 '경제위기'로 확산되었다.

즉, 확산된 기업의 도산과 퇴출, 고용조정의 강요는 수많은 실업자들을 한꺼번에 거리로 방출하여 완전실업자만도 150만을 넘게 되었고, 그 가족까지 추산하면 600만 명의 실업자 가족군이 생계수단을 잃고 곧 유랑할 처지에 놓인 '사회위기'로 다시 이전·확산되었다. 즉, IMF가 한국의 단순한 '외환위기'를 '생산위기'→'경제위기'→'사회위기'로 확대·심화시킨 것이다.

이제까지 중진국 발전의 모형국가였던 한국은 IMF의 잘못된 정책으로 말미암아 이제는 선진국의 상품시장으로 개편되고 있다. 수많은 한국 기업들이 자본공급 차단으로 퇴출당하여 도산했으며, 실업자군이 범람하여 실업자 가족들이 붕괴되고 있고, 실업범죄가 급증하여 사회병리가 만연하고 있으며, 세계적으로 국제경쟁력을 갖고 있던 한국의 기업들은 선진부국 외국자본들의 헐값 사냥감이 되어가고 있다.

IMF의 잘못된 정책으로 말미암아 IMF관리 아래 한국은 한국전쟁 이후 최대의 총체적 위기에 처해있는 것이 사실이다.

이제 한국은 어떠한 진로를 택해야 것인가? IMF의 잘못된 정책에 순종만 하다가 중진국으로 영구히 주저앉아 버릴 것인가? 이 위기를 잘 극복하지 못하여 선진부강국과 외국자본의 경제적 반식민지 상태로 종속되어 버릴 것인가?

아니면 IMF의 새로운 질곡을 떨쳐버리고 경제자주권을 회복하여 자주적 '선진국'을 향한 대장정을 다시 새로 시작할 것인가? 어떠한 정책을 수립하고 실행하여 이 총체적 위기를 탈출하고 다시 '선진국'으로 도약하는 대발전을 이룩할 것인가?

한국인들은 '한국전쟁'으로 초토화된 폐허 위에서도 굴복하지 않고 '한강의 기적'을 만들어 냈다. 그에 견주면 오늘의 'IMF관리의 재앙'은 훨씬 작은 재앙이다. 한국은 다시 일어서서 더 높은 비약을 계속해야 하며, 또 반드시 할 수 있다.

해방 직후 매우 어려운 조건 속에서도 백범 김구 선생은 우리나라가 경제적으로 부강할 뿐만 아니라 높은 문화를 가진 세계에서 가장 아름다운 나라가 될 것을 소망하고 당부하였다. 김구 선생은 "나는 우리나라가 남의 것을 모방하는 나라가 되지 말고, 높고 새로운 문화의 근원이 되고 모범이 되기를 원한다. 그래서 진정한 세계의 평화가 우리나라에서 우리나라로 말미암아 세계에 실현되기를 원한다"고《나의 소원》에서 강조했다.

이제 21세기를 맞이하는 한국 국민들은 IMF의 잘못된 정책에 굴복하지 말고 하루속히 경제 자주권을 회복하여 우리 스스로 한국을 최선진국으로 발전시킬 정책과 전략을 수립하고 실천하여 한국형 최선진 민주문화국가 건설의 길로 나아가야 할 것이다.

(원광대학교 행정대학원 특강(녹음), 1999. 11.)

5. 21세기 세계최고의 대학, 국자감대학

1) 과학적 지식 경쟁사회

이미 널리 지적되고 있는 바와 같이 21세기는 산업경쟁, 무역경쟁, 경제경쟁, 과학기술경쟁, 과학적 지식경쟁, 교육경쟁, 문화경쟁의 세기이다. 이것은 서양 석학들이 특히 절감하여 강조하고 있는 바이기도 하다.

다니엘 벨 교수에 따르면 21세기는 과학적 지식과 새로운 창조적 아이디어가 경쟁하면서 세계를 이끌어가는 세기가 될 것이며, 특히 과학기술상의 새로운 창조적 발명, 신소재 혁명, 생명공학 혁명이 21세기를 선도할 것이라고 한다. 그는 자기 나라 미국이 가족해체, 마약, 폭력, 범죄 등으로 깊이 병들었음을 개탄하면서, 한국과 같은 모범적이고 건전한 가족제도를 가지고 있는 나라와 비교해 보면 미국사회는 훨씬 더 병든 사회임에 틀림없다고 시인하였다. 그럼에도 그는 21세기를 이끌어갈 나라는 미국뿐일 것이라고 예견하였다. 왜냐하면 미국에는 과학적 지식과 과학기술상의 새로운 창조적 아이디어와 이론을 생산해내는 엔진과 같은 대학원 중심의 대학 즉, MIT(매사추세츠 공과대학), 칼테크(캘리포니아 주립대학교 공과대학), 하버드를 비롯하여 약 50개의 창조적인 대학이 운영되고 있기 때문이다. 그런데 한국과 일본은 어떠한가. 벨 교수는 한국과 일본에는 이런 기능을 하는 대학은 하나도 없다고 보았다. 즉, 학부(College) 중심의 가르치는 대학일 뿐, 대학원을 중심으로 한 창조적 연구 중심의 대학이 아니라고 보는 것이다. 미국과 비슷한, 대학원과 연구소 중심의 최고급 대학 연구기관이 유럽지역에도 겨우 5~6개 더 있을 정도이다. 따라서 그는 21세기를 미국이 중심이 되어 선도해 나갈 것이 틀림없다고 주장한 것이다. 물론 벨 교수의 주장이 모두 정당한 것이라고 볼 수는 없다.

그러나 그의 지적은 정곡을 찌르는 진실을 포함하고 있다. 21세기에는 연구 중심, 대학원 중심의 최선진 일류대학들을 만들어서 이 대학들이 세계적 수준의 창조적 연구들을 수행하고 그 연구결과가 현실에 응용되어야 최선진 국가, 최선진 사회, 최선진 문화를 만들 수 있으며, 산업경제경쟁, 과학기술경쟁, 교육문화경쟁에서 살아남고 이길 수 있다는 지적이 그것이다.

21세기에는 대학의 중요성이 더욱 커지며, 21세기의 전 세계적 무한경쟁체제에서는 대학교육체계 여하가 경쟁의 성공과 실패를 근원적으로 좌우하는 결정적 중요성을 갖고 있음을 우리도 주목할 필요가 있다.

그러면 우리의 대학제도와 대학교육의 현실은 어떠한가? 대학교육에 대한 우리 국민의 교육열은 매우 높다. 한국의 취학률 통계를 보면 1994년의 경우에 초등교육 취학률이 100.5퍼센트, 중등교육(중·고등학교 교육) 취학률이 94.1퍼센트, 고등교육(대학교육) 취학률이 49.3퍼센트이다. 고등교육 취학률 통계는 4년제 대학과 전문대학만을 포함한 것인데, 여기에 외국의 통계처럼 개방대학과 각종 대학급 학교들을 합하면 1994년 현재 한국의 고등교육 취학률은 55퍼센트에 달하게 된다. 이것을 석학들이 21세기에 최선진국으로서 세계를 선도할 나라로 들고 있는 미국·일본·독일과 비교해 보면, 고등교육 취학률에서 미국의 30.7퍼센트, 일본의 32.8퍼센트, 독일의 31.8퍼센트보다도 훨씬 높은(49.3퍼센트 또는 55퍼센트) 수준이다. 한국 국민들이 세계 최고의 매우 높은 대학교육열을 보여주고 있는 것이다.

그 뿐만 아니라 한국의 대학제도는 '입학정원제'를 채택함으로써, 대학진학을 원하는 학생들에게 입학시험을 치르게 해 선발하는 제도를 운영하고 있다. 만일 미국처럼 정원제를 완화하면 한국의 대학취학률은 더욱 치솟을 것이다. 한국 국민들의 높은 교육열을 거듭 확인할 수 있다.

그러면 우리나라 대학교육 내용의 현실은 어떠한가. 과연 이 높은 교육열에 부응하고 있는가. 필자는 교육내용이 교육열에 훨씬 못 미치고 있다고 생각한다. 한마디로 '중진국 수준'에 있다고 생각한다.

이제 우리가 21세기의 무한경쟁 속에서 세계 최선진국이 되기 위해서는 무엇보다도 먼저 교육개혁, 특히 대대적인 대학교육 개혁의 단행이 매우 시급하고 절실하다. 우리 정부도 이를 인식하고 교육개혁위원회를 조직하여 교육개혁을 추진하기 시작하였다. 그런데 현재까지 발표된 교육개혁안을 보면, 지나치게 대학입시제도와 그에 관련된 제도(중·고등학교 입시 관련 교육제도)의 개혁에 편중되어 있다. 물론 상대적으로 중등교육의 개혁도 중요하고 절실하다. 그러나 WTO체제의 무한경쟁 속에서 21세기에 대비하여 가장 시급하게 단행해야 할 부분은 대학교육과 대학원교육의 대개혁이다. 이 부분에서 최선진국과 우리나라의 격차가 가장 클 뿐만 아니라, 대학원 중심·연구 중심의 최선진 대학을 만드는 것이 바로 최선진의 국가·사회·산업경제를 건설하는 원동력을 만드는 일이기 때문이다.

만일 잠정적으로 미국·일본·독일을 편의상 우리가 따라잡아야 할 준거국가로 설정한다면, 이 과제에서 가장 여유가 있는 나라는 미국이고 다음이 독일이다. 미국은 세계 최고 수준의 대학원 중심 대학들과 연구기관들을 이미 많이 갖추고 있으며, 독일도 이와 비슷하다.

그러나 한국과 일본은 이 부문에서 많이 낙후되어 있다. 한국과 일본의 대학들은 학사과정 중심의 학부대학이며, 실제로 연구가 아닌 교육 중심으로 편성되어 있다. 대학원은 미국의 그것에 견주어 매우 낙후되어 있으며, 그에 비례하여 연구도 크게 뒤떨어져 있다고 보는 것이 정확할 것이다.

물론 일본 정부도 이를 인식하고 있다. 일본은 21세기에 대비하여 문부성 산하에 '임시교육심의회'라는 기관을 설치하고 그 밑에 각급학교 심의회를 두어 이 심의회의 보고서에 기초하여 교육개혁을 추진하는 제도를 갖추고 있다.

일본의 경우 여러 가지 문제점은 있지만 초등학교와 중·고등학교까지는 교육수준이 세계 일류 수준이며, 일본 교육의 가장 취약한 부분을 대학교육, 특히 대학원교육이라고 판단하고 있다.

일본의 대학개혁 기본방향은 문부성이 대학설치기준 등 각종 교육연구활동에 대해서 강령적 기준만을 제시하고, 각 대학들은 그 강령에 따라 세부사항을 자율적으로 정하여 개혁을 추진하는 방법을 택하고 있다. 제도적으로는 교양학부를 점차 폐지하고 그 대신 처음부터 현대사회문제와 직결된 여러 과제들을 공부하는 종합정책학부, 종합문화학부 등과 같은 종합학과를 설치함으로써 교양과 전공을 통합시키는 제도를 추구하고 있다. 심지어 특정 분야에서는 문과계와 이과계의 구분까지 없애 구체적인 주제와 사회문제별로 종합적 시야를 확보하는 교육을 하기 시작하였다. 또한 21세기를 대비하는 교육내용 개혁으로서는 외국어교육과 컴퓨터교육의 강화를 가장 중요한 핵심으로 설정하고 있다.

일본은 대학원교육의 개혁으로서는 먼저 구미 선진국의 대학원에 비해서 규모가 작다고 판단하여, 대학원 학생 수를 2000년까지는 최소한 1991년도 규모의 약 2배로 확대하려 하고 있다. 그리고 증가하는 대학원 학생들의 교육내용과 교육·연구의 질을 높이기 위하여 어떠한 제도를 만들고 지원할 것인가에 대해서 현재 활발한 연구가 진행되는 중이다.

일본 최고 수준의 대표적 대학인 동경대학 경우에는 '대학원 중점대학'이라는 개혁을 과제로 내걸고 1991년부터 본격적으로 개혁을 추진하고 있다. 먼저 1991년에 법학정치학연구과(法學政治學硏究科)의 부국화(部局化)를 단행하여 형식상 정비를 단행하고, 1992년에는 수리학연구과(數理學硏究科, 독립학과)를 신설했으며, 이학계·공학계의 부국화를 추진하고 있다. 그러나 동경대학은 과거 학부 중심제의 전통이 매우 강하고 교수들이 이에 강한 집착을 갖고 있어서 대학원 중점대학으로서의 개혁은 3년 전부터 겨우 시작된 상태이다.

동경대학이 대학원 중점 대학으로 개혁을 추진하는 당위성을 강조하는 근거로는 ①연구와 교육의 중점이 대학원으로 이동하는 추세에 있지만 조직과 재정이 이에 적응하지 못하고 있다는 점, ②역사와 전통을 갖고 있는 여러 단과대학(학부)들과 다수의 연구소체제로 구성되어 있는 특성을 활용하여 이들이 협력함으로써 대학원의 충실을 기하는 것이 동경대학의 책무라는 점, ③대학원의 중요한 사명은 연구자와 수준 높은 전문직 종사자의 양성에 있으며, 특히 박사과정의 충실이 급무라는 점, ④오늘날의 학문상황과 교육에 대한 사회적 요청에 비추어 볼 때 대학(학부) 4년간의 교육만으로는 부족하므로 학부교육과 대학원교육 사이에 교육체계의 연결을 중시하고 전문교육을 한층 충실히 하기 위하여 대학원 석사과정을 활용해야 하는 점 등이 제시되었다.

동경대학은 10개 단과대학(학부)과 13개 연구소(첨단과학기술연구센터 포함)로 구성되어 있는데 그 전통에 집착하는 교수들이 다수가 되자, '대학원대학'을 목표로 하는 것이 아니라 '대학원 중점화'를 목표로 하는 것임을 강조하기 시작하였다. 즉, 동경대학은 학사과정과 대학원과정의 유기적 연결을 중시하는 '대학원중점' 종합대학으로서의 활성화 방책을 추구한다는 것이다.

그리하여 동경대학은 현재 '부국화' 추진이라는 명목으로 추구하는 대학원 중점화정책에 따라 ①이제까지 대학(학부)에 설치했던 강좌를 대학원 즉, 연구과로 전환하고 대학원을 연구과 교육의 통합조직으로서 부국(部局)으로 한다, ②연구소의 교수는 연구과의 교육에서는 대등하게 참가한다, ③대학(학부)은 교육전문 조직으로서 학사과정 교육이 행해지지만 강좌제로부터 학과목제로 바뀌어져 연구과 소속의 교수가 이것을 겸하여 담당한다, ④강좌가 대학원으로 전환함에 따라 교수당 적산교비(敎授當積算校費: 교수당 총괄예산)는 연구과에 배당한다 등을 추진하고 있는 중이다.

그러나 일본의 다수 석학들은 동경대학의 체계와 교육내용 개혁이 21세기 일본의 발전예칙과 비교하여 미흡한 것이라고 지적 재산권하고 있다. 일본은 한국과 마찬가지로 여전히 대학개혁·대학원개혁의 대과제에 직면해 이를 해결하지 못하고 있는 셈이라고 볼 수 있다.

우리 한국도 21세기에 최선진국의 하나가 되기 위해서는 대학교육제도의 대개혁을 단행해야 한다. 이 글에서는 물론 이 문제를 모두 다루기에는 한계가 있으므로 주제를 극히 한정시켜 중앙의 국립대학 개혁의 일부를 다루고자 한다. 즉, 사립대학교들과 대학교육 일반은 잠깐 접어두고, 이전에 필자가 이미 의견을 내놓은 바 있는 세계에서 가장 오래된 선진 국립대학을 한국에 건설하는 구상을 널리 홍보하는 의미에서 수필 형식으로 부연하여 다시 설명하려고 한다.

2) 세계 최고(最古), 최선진 대학의 건설

21세기에 세계를 주도하는 근원적 원동력이 대학원 중심의 대학과 연구기관에서 나온다면, 21세기에 최선진국 가운데 하나가 되고자 하는 모든 나라들은 최선진의 대학원대학을 몇 개씩 설립하여 발전시켜야 할 것이다. 우리 한국도 물론 그렇게 해야 한다.

만일 우리 한국의 이러한 21세기 최선진 대학원 중심 대학이 동시에 높은 문명의 발전을 증명하는, 세계에서 가장 오래된 대학들이라면 얼마나 우리 국민들의 민족적·문화적 자부심이 높아지고 세계화시대에 한국인의 위상을 높여줄 것인가. 현재 서양에서는 세계에서 가장 오래된 대학을 이탈리아의 볼로냐에 있는 볼로냐 대학과 파르마에 있는 파르마 대학으로 알고 있다. 이어서 영국의 옥스퍼드 대학이 12세기에, 케임브리지 대학이 13세기에 설립된 것으로 되어 있다. 프랑스의 소르본 대학은 12세기에, 몽펠리에 대학은 13세기에 설립되었다. 독일에서는 가장 오래된 대학으로 하이델베르크 대학과 쾰른 대학이 14세기 말에 설립되었다.

유럽의 이러한 오래된 대학들은 설립 당시 1백 명 내외 수도사 학생을 가르치는 신학교였으며, 규모가 비교적 작았다. 반면 우리나라의 옛 대학들은 훨씬 오래 전에 설립되고 규모도 훨씬 더 컸다.

한국 최초의 대학은 372년(소수림왕 2년)에 고구려가 '태학(太學)'이라는 대학을 설립한 것에서 기원한다. 고구려는 교육을 매우 중시하여 중앙의 '태학' 외에도 각 지방에 '경당(扃堂)'이라고 하는 지방학교를 설립해서 유교 경전들과 각종 학문들, 심지어 무술까지 교육하였다. 뒤이어 신라도 '국학(國學)'이라는 대학을 설립했으며, 백제에서도 대학이 설립되어 다수의 박사(博士)들을 배출하고 또 교육을 담당하였다. 그러나 '태학'과 '국학' 등에 대해서는 자세한 문헌자료가 남아 있지 않아서 그 세밀한 내용을 알 수 없는 것이 현재의 연구단계이다.

그러나 고려시대의 대학에 대해서는 많은 자료가 남아 있고 그 유적도 보존되어 있다. 고려시대에는 태조 왕건(王建)시대에 대학이 설립되었으며, 그 뒤 992년(고려 성종 11년)에는 개성에 매우 큰 규모로 일종의 종합대학인 국자감(國子監)이 설립되었다. 국자감은 국자학

(國子學)·태학(太學)·사문학(四門學)·율학(律學)·서학(書學)·산학(算學) 등의 6개 단과대학으로 구성되어 있었다. 이 가운데서 국자학·태학·사문학은 주로 경학(經學)을 중심으로 하여, 현대용어를 빌리면 인문·사회과학을 교육하는 동일 내용의 인문·사회과학대학을 신분별로 나눈 것이었다. 즉, 국자학에는 문무관 3품 이상의 귀족자제, 태학에는 5품 이상의 귀족자제, 사문학에는 7품 이상 관리의 자제들을 입학시켰다. 그리고 율학·서학·산학은 당시의 과학수준에서 전문적 과학기술과 실용학문의 단과대학으로 특화하여 8품 이하 관리의 자제들과 평민의 자제들을 입학시켰다. 비록 당시 신분제도의 제약을 받기는 했지만 국자감은 서양의 신학만을 가르쳤던 신학교들과는 달리 명실상부한 종합대학이었던 것이다.

국자감의 규모도 서양의 오래된 대학들과 비교할 때 훨씬 컸다. 국자감의 학생 정원은 국자학·태학·사문학이 각각 300명씩으로 인문·사회계가 모두 900명이었으며, 율학·서학·산학이 각각 40~100명으로 실업계가 약 200명이었다. 즉, 국자감의 총 학생은 약 1,100명이었다. 이러한 규모로 볼 때 국자감은 볼로냐, 옥스퍼드, 케임브리지, 소르본, 몽펠리에, 하이델베르크, 쾰른, 하버드, 예일 등 설립 당시 서양의 어떤 대학들과도 비교가 되지 않을 만큼 더 크고 발달된 종합대학이었다.

또한 국자감에서는 교수직급으로 국자사업·국자박사·국자조교, 태학박사·태학조교, 사문박사·사문조교의 등급을 두고, 이들이 학생들을 가르치게 하였다.

또한 국자감에는 양현고(養賢庫)라는 명칭을 가진 일종의 장학재단이 설립되어 학생들의 학업을 지원하였다. 그리고 청연각(淸延閣)과 보문각(寶文閣)이라는 명칭의 연구소 겸 도서관을 설치하여 연구와 학업을 더욱 지원하였다.

고려왕조에서는 국립 국자감의 대학교육이 발전한 데 뒤이어 11세

<표> 세계 여러 나라의 초기설립 대학들

나라	대학이름	설립년도(서기)	소재지
한국	태학(太學)	372	환도성
	국학(國學)	300년대 말	경주
	국자감	992	개성
	성균관	1365	서울
	연세	1885	서울
	이화여자	1886	서울
	고려	1905	서울
	서울	1946	서울
일본	류고쿠	1639	교토
	릿교	1874	도쿄
	홋카이도	1876	삿보로
	도쿄	1877	도쿄
	메이지	1881	도쿄
	와세다	1882	도쿄
이탈리아	볼로냐	1000년대	볼로냐
	파르마	1064	파르마
	나폴리	1224	나폴리
영국	옥스퍼드	1100년대	옥스퍼드
	케임브리지	1200년대	케임브리지
프랑스	소르본(파리)	1100년대	파리
	몽펠리에	1220	몽펠리에
	툴루즈	1229	툴루즈
	오를레앙	1306	오를레앙
	그레노블	1339	그레노블
독일	하이델베르크	1386	루프레히트카를
	쾰른	1388	쾰른
	라이프치히	1409	라이프치히
미국	하버드	1636	케임브리지
	예일	1701	뉴헤이븐
	콜럼비아	1754	뉴욕

기에는 해동공자(海東孔子)라고 불린 최충(崔冲)이 9개의 전문강좌로 나누어 학문을 강의하는 '구재학당(九齋學堂)'이라는 사립대학을 처음으로 설립하였다. 뒤이어 관계(官界)에서 은퇴한 전직 학자관료들이 다투어 사립학교를 설립하면서, 고려의 수도 개성에는 최충의 학교를 비롯하여 모두 12개의 작은 사립대학들이 설립되어 개성에 유학온 지방학생들까지 입학시킴으로써 교육열이 크게 치솟아 올랐다. 이 사립대학 출신들의 과거 합격률이 높았기 때문에 한때는 사립대학들이 국자감 국립대학보다 더 융성한 시기도 있었다.

이에 자극받은 고려 조정에서는 12세기 초에 '칠재(七齋)'라는 명칭으로 7종의 전문강좌를 설치하고 각기 전문분야의 최고학자가 강의를 담당하게 하는 제도를 도입해서 국립대학의 수준을 더욱 높였다.

고려의 수도 개성에서만 이렇게 교육열이 높았던 것은 아니었다. 국자감을 창립한 성종은 일찍이 지방교육에도 열성적이어서, 처음에는 자제들을 상경시켜 학교교육을 받도록 했다가, 교통 불편문제 등 갖가지 문제점에 부딪치자 지방에 초급학교들을 설립하여 경학박사·의학박사 등을 지방으로 파견해서 지방교육을 장려·실시하였다.

국자감은 설립 후 한때 신라 때의 명칭인 '국학'으로 이름을 바꾸었다가, 1298년(충렬왕 24년)에는 '성균감(成均監)'으로 바꾸었으며, 충선왕이 즉위하자 1308년에 다시 이름을 '성균관(成均館)'으로 변경하였다. 그 뒤 공민왕은 반원(反元) 자주정책을 추구하면서 1356년(공민왕 원년)에 다시 이름을 '국자감'으로 복원했으나, 이성계가 집권하여 조선왕조를 세우면서 이를 다시 '성균관'으로 개창하였다. 그 뒤 조선왕조가 수도를 서울(한양)로 천도하여 서울에 중앙의 '성균관'을 설립하게 되자 개성의 '성균관(국자감)'은 중앙직제로서는 폐지되고, 그 건물의 일부만 '개성성균관'으로 남게 되었다.

놀라운 것은 고려시대 국자감의 일부가 개성의 '성균관'이라는 이름으로, 그 터와 건물의 일부가 아직도 남아 있다는 사실이다. 물론 현재 남아 있는 터는 10세기 당시 방대한 규모의 국자감 터 일부에 불과하고 건물도 중수를 거듭한 1채뿐이지만, 그러나 이것을 근거로 하여 우리는 국자감의 정확한 위치와 그 유산을 확실하게 알고 활성화하여 활용할 수 있을 것이다.

외국인들이 찍은 사진에 따르면, 국자감의 일부 건물인 성균관 건물은 현재 '개성박물관'으로 사용되고 있으며, 그 주변의 국자감 터에는 낡은 민가들이 밀집되어 있다.

한국인들의 오래된 대학교육의 전통은 1392년에 조선왕조가 개창되어 고려왕조를 계승한 이후에도 계속되었다. 조선왕조 태조 이성계는 수도를 개성으로부터 서울(한양)로 옮긴 뒤 1395년에 국립대학으로서 성균관을 설립하였다.

이 성균관은 지금의 서울 종로구 명륜동 성균관대학교 자리에 위치해 있다. 성균관 건물들은 1395년에 건축공사가 시작되어 3년 만에 대성전(大成殿)·명륜당(明倫堂)·동무(東廡)·서무(西廡)·동재(東齋)·서재(西齋)·정록소(正錄所)·식당(食堂)·양현고(養賢庫) 등의 건물이 완공되었다.

성균관의 학제는 고려시대의 국자감과는 달리 율학·서학·산학 등의 실업과목을 폐지해 버리고 경학(經學) 중심의 인문학만 교육하게 하였다. 즉, 종합대학교의 범위는 축소되어, 오늘날의 용어를 빌리면 인문·사회대학교의 특성을 갖도록 한 것이었다.

성균관의 학생 정원은 설립 당초에는 150명이었다가, 1429년(세종 11년)부터는 200명으로 증원되었다. 이 가운데에서 절반(100명)은 상재생(上齋生) 또는 상사생(上舍生)이라 하여 생원시험과 진사시험에 합격한 사람들 가운데서 선발하여 정규학생으로 입학시킨 것이었으며, 나머지 절반(100명)은 기재생(寄齋生) 또는 하재생(下齋生)이라 하여 유학(幼學) 가운데에서 선발한 학생들이었다.

이 때문에 성균관은 오늘날의 기준과 견주어보면 상재생들의 존재로 말미암아 학사과정의 학부생뿐만 아니라 대학원과정도 포함한 높은 급의 대학이었다고 볼 수 있는 것이다. 성균관 학생(원생)들은 모두 기숙사에 입사하여 수학하였다.

성균관에는 도서관에 해당하는 존경각(尊經閣)을 설립했으며, 국자감의 전통에 따라 장학재단인 양현고를 두었고, 기록과 서무를 담당하는 사무처인 정록소를 두었다. 성균관은 조선왕조시대의, 요즈음 말하는 '대학원 중심 대학'이었다고 볼 수 있다.

성균관 건물들은 임진왜란 때 일본군에 의해 모두 소실되었으나, 1601년에 중건공사가 시작되어, 1606년에는 대성전·동무·동재·서재·명륜당이 중건되었고, 1626년에는 존경각·식당·양현고의 건물들도 중건되었다.

현재 성균관은 서울 명륜동의 원래 위치 바로 그 자리에 대성전·명륜당·존경각의 건물이 그대로 남아 보존되어 있으며, 1395년 설립 때 심은 은행나무와 각종 석재물도 그 자리에 원래의 모습 그대로 남아 있다.

992년에 설립된 국자감과 1395년에 설립된 성균관을 서양의 설립기의 옥스퍼드, 케임브리지, 소르본, 하이델베르크, 하버드 등과 자료를 비교해 보면 국자감과 성균관 쪽이 훨씬 규모도 크고 대학다운 모습을 갖추고 있다. 이들 외국 대학들이 세계에서 가장 오래된 역사를 자랑하면서 세계 최고 수준의 대학이 되기 위해 계속 노력하여 발전하고 있는데, 우리 국자감과 성균관의 경우는 왜 그렇게 하지 못하고 있는가. 혹시 우리 후손들이 문제의식이 박약하여 이렇게 되어 있는 것은 아닐까.

3) 10세기에 설립된 국립 국자감대학

만일 우리가 국자감을 복원하여 여기에 전통을 두고 '국립 국자감대학'을 건립한다면, 우리 한국은 서기 992년에 설립된 세계에서 가장 오래된 대학을 우리나라 안에 갖게 된다. 현재 국자감의 터와 건물, 석재들의 일부가 개성의 국자감 터 바로 그 자리에 남아 있다. 이 유물들을 문화재로 보존하여 문화유산과 관광자원으로 하면서, 주변의 낡은 민가들을 철거하여 옮겨주고, 이 국자감 터의 확대된 부지에 거대한 규모의 '국립 국자감대학'을 중건할 필요가 있지 않을까.

또한 성균관을 국립대학으로 개편하여 복원하게 되면 우리는 1395년에 설립된 동양에서 가장 오래된 대학도 우리나라 안에 갖게 된다. 현재 성균관의 대성전·명륜당·존경각 등 건물과 당시에 심어서 자란 은행나무와 석재 등은 문화재로 보존하여 문화유산과 관광자원으로 활용하면서, 현재의 성균관대학교를 '대학원 중심' 국립대학으로 개편하여 대대적으로 확장하면서 거대한 규모의 '국립 성균관대학교'를 중건할 필요 또한 있지 않을까.

고구려의 태학이나 신라의 국학과는 달리, 고려의 국자감과 조선왕조의 성균관은 오늘날에도 개성의 국자감 터와 건물 일부, 서울의 성균관 터와 주요 건물 일부들이 그대로 남아 있으니, 역사는 과거의 것으로 소멸되어버린 것이 아니라 가시적으로도 그 일부가 992년의 국자감과 1395년의 성균관으로 바로 그 자리에 살아남아서 우리들과 함께 숨쉬고 있는 것이다.

여기서 우리는 우리의 미래를 위하여 이 대학교육의 문화유산을 다시 활용하는 길을 생각할 수 있다.

먼저 개성에 현재 남아 있는 국자감 터와 건물을 중심으로 하여 거대한 규모의 대학원 중심 종합대학으로서 '국립 제1국자감대학교'를 설립하는 것이다. 또한 서울에서는 현재 남아 있는 성균관을 중심으로 하고 사립 성균관대학교를 대대적으로 개편하여 대학원 중심의 '국립 제2성균관대학교'를 설립하는 것이다.

'국립 제1국자감대학교'와 '국립 제2성균관대학교'는 그 내용과 형식을 고려시대의 국자감 및 조선왕조시대의 성균관을 직접 계승하도록 중건하는 양식을 택하고 중앙의 국립대학으로서 기구를 갖추게 해야 함은 물론이다.

그리고 현재의 '국립 서울대학교'는 1946년에 설립된 것이니 '국립 제3서울대학교'로 개편하여 역시 중앙의 국립대학으로서 기구를 갖추게 하는 것이다.

이렇게 하면 우리 한국은 전국을 망라하는 중앙의 국립대학으로서 서기 992년에 설립된 '국립 제1국자감대학교' 그리고 1395년에 설립된 '국립 제2성균관대학교'와 1946년에 설립된 '국립 제3서울대학교'의 3개 중앙 '대학원 중심' 국립대학교를 갖게 된다. 이는 즉, 세계에서 가장 오래된 대학으로서 992년에 설립된 '국립 제1국자감대학교'와, 동양에서 가장 오래된 1395년 설립의 '국립 제2성균관대학교'를 동시에 갖게 되는 것이다.

고대문명과 대학교육을 일찍이 크게 발전시킨 세계 여러 나라들을 보면, 서양에서는 로마문명을 계승한 이탈리아가 세계에서 가장 오래된 대학들을 중건해서 갖고 있다. 이외에 영국·프랑스·독일 등도 다투어 중세의 작은 신학교들의 명칭과 터를 이어받아 의식적으로 오래된 대학들을 중건하여 계승하고 있다. 대학과 문명의 권위를 높이기 위한 것이다.

동양문명에서는 일찍이 고대에 중국과 우리 한국이 대학교육제도와 대학들을 크게 발전시켰다. 그러나 중국은 이미 고대에 대학을 설립했다는 기록이 있으면서도 수많은 전란과 내란을 겪어오는 동안에 기록에 남아 있는 대학급 교육기관의 정확한 터를 지금은 찾지 못하고 있다. 중국은 1898년에 설립된 북경대학(北京大學)을 그들의 가장 오래된 대학이라고 여기고 있다. 우리나라도 고구려의 태학과 신라의 국학은 중국과 마찬가지로 기록에만 남아 있을 뿐 역시 정확한 유적을 찾지 못하고 있다.

한국에서 대학의 정확한 기록과 함께 유적 그리고 그 건물의 일부까지 그 자리에 그대로 간직되고 있는 것은 고려의 국자감과 성균관뿐이다. 다행스러운 것은 우리가 이것만 복원해도 992년에 설립된 세계에서 가장 오래된 대학과, 1395년에 건립된 동양에서 가장 오래된 대학을 가질 수 있다는 것이다.

일본의 경우에는 유교와 불교의 경전을 가르치는 학교로서 1639년에 류고쿠 학교가 설립된 적이 있는데, 이것은 한국의 국자감이나 성균관에 견주면 규모도 훨씬 작았을 뿐 아니라 교육수준도 훨씬 낮은 급의 학교였다. 일본에서는 개항 뒤 서양 대학제도를 본떠서 1874년에 릿교 학교, 1877년에 도쿄 학교, 1881년에 메이지 학교, 1882년에 와세다 학교를 설립하기 시작함으로써 그들의 대학이 비롯된 것이라고 설명하고 있다.

미국은 이탈리아·프랑스·영국·독일 등과는 달리 신학교로서가 아니라 처음부터 고등교육기관으로서 대학을 설립하기 시작했으나 그 시기는 비교적 늦은 17세기부터의 일이다. 1636년에 하버드, 1701년에 예일, 1740년에 펜실베이니아, 1754년에 컬럼비아 대학이 설립되었다. 그러나 이러한 대학들도 처음에는 중·고등학교와 초급대학을 합친 정도의 각종 학교로 시작했으며, 그 규모도 작았다.

이에 비하면 한국의 국자감이나 성균관은 처음부터 대학과 대학원 수준의 높은 등급의 고등교육기관이었고, 그 규모도 훨씬 큰 것이었음을 알 수 있다.

그러므로 필자는 '국립 제1국자감대학교'와 '국립 제2성균관대학교'를 중건할 것을 강력히 제안하는 바이다. 그리고 '국립 제3서울대학교'와 함께 중앙에 3개의 대학원 중심 국립대학교를 두어서 서로 치열하게 경쟁하는 체제를 만들어 이것이 21세기에 한국이 최선진국으로 도약하는 원동력이 되도록 할 것을 구상할 수 있다.

여기서 우리가 과연 거액을 투자하여 세계에서 가장 오래된 대학을 중건할 필요가 있을까 하는 의문이 제기될 수도 있다. 그러나 한국의 경우에는 교육열이 세계에서 가장 높고, 전 민족이 교육을 극히 중시하며, 세계에서 가장 오래된 대학교육의 전통과 문화유산을 가진 특징이 있으므로 반드시 이 사업이 필요하다고 생각한다. 특히 21세기의 미래는 과학적 지식경쟁의 시대이고, 지식경쟁의 핵심에 있는 것은 대학·대학원 교육경쟁이기 때문에 이것은 한국민족이 미래에 도약하기 위하여 절대 필요한 것이다.

지금 전 세계 여러 나라 사람들은 한국민족이 아득한 옛날 고대에 찬란한 높은 수준의 독자적 민족문화와 문명을 창조하고 향유한 문명민족임을 거의 모르고 있다. 또한 한국이 이미 고대에 대학을 설립하고 대학교육을 시킨 나라라는 사실도 전혀 모르고 있다. 그들은 한국의 대학이라고 하는 것은 개항 뒤 서양 사람들이 가르쳐 준 것이거나, 일제 식민지시대에 일본인들이 만들어 준 것이거나, 아니면 1945년 광복 뒤에 서양의 제도를 모방하여 만든 것이 처음이라고 생각하고 있다.

이러한 잘못된 이해는 정부의 홍보책자를 아무리 보급해도 홍보비용만 천문학적으로 소모될 뿐, 잘 교정되지 않는 것이다. 그리고 이러한 잘못된 이해를 그대로 둔 채 아무리 고급제품을 수출해도 그에 대한 문화적 인지와 정당한 평가를 얻기는 어려운 것이다.

그러나 '국립 제1국자감대학교'와 '국립 제2성균관대학교'를 중건한다면 사정은 완전히 달라질 것이다.

개성은 북한에 있으니 '국립 제1국자감대학교'는 잠깐 접어두고, 서울에 '국립 제2성균관대학교'를 중건할 경우를 들어보자. 먼저 국립 성균관대학교에서 원래의 성균관 부분(대성전·명륜당·존경각)과 그 일대를 문화재로 고적화하여 외국인들의 방문·관광코스에 전략적으로 넣었다고 가정해 보자.

먼저 일본인들은 한국이 이미 1395년에 큰 규모의 대학을 건립하여 대학교육을 국가에서 실시했다는 사실을 알고 매우 놀랄 것이다. 그리고 한국이 성균관이라는 대학을 건립하여 대학교육을 실시하고 있었을 때에 일본은 대학 설립은커녕 칼싸움 교습만 시키고 있었음을 비교하여 알게 될 것이다. 그들은 1395년에 건립된 국립대학이 아직도 그 자리에서 거대한 규모의 대학원 중심 국립대학교로 발전하여 연구와 대학교육을 실행하고 있는 것을 눈으로 직접 보고, 한국이 이미 중세에 높은 교육문명을 가진 문명국가였음을 똑바로 인식하게 될 것이다. 물론 그들도 처음에는 이를 믿으려 하지 않을 것이며 귀국해서 책을 찾아 검증해 볼 것이다.

그렇게 되면 한국이 국립대학으로서 1395년의 성균관뿐만 아니라 992년에 국자감을 설립했으며, 국자감은 6개 단과대학을 가진 더 큰 종합대학이었음을 알고 더욱 놀랄 것이다. 그리고 한국이 일본보다 훨씬 앞선 문명국가였음을 확인하고 승복하지 않을 수 없을 것이며, 한국문화와 한국민족에 대한 존경심이 새로 생기기 시작할 것이다. 이것은 1395년에 세우기 시작한 성균관의 건물들, 유물들이 그대로 엄존하고 있기 때문에 명료하게 그렇게 될 수밖에 없다.

1년에 백만 명 이상의 일본인들이 한국을 방문하고 있다. 일본인 방문객과 관광객들이 국립대학으로 개편·확장된 성균관을 한바퀴 돌고 나갔을 때 한국을 바라보는 눈길이 그 이전과는 판이하게 달라질 것은 틀림없을 것이다.

마찬가지로 미국인들도 놀랄 것이다. 그들은 1945년 해방 직후 46년에 미군정이 국립 서울대학교를 설립함으로써 한국에서 대학교육의 시작이 강화되었음을 강조하고 있는데, 하버드 대학이나 예일 대학보다 훨씬 이전인 몇 백 년 전에 그보다 훨씬 큰 규모의 한국 대학들이 독자적으로 설립되었다는 사실을 알고 얼마나 놀라겠는가.

독일인, 프랑스인, 영국인들도 마찬가지일 것이다. 그들은 자기 나라가 세계에서 가장 오래된 대학들을 설립하고 대학제도를 동양에 가르쳐 주었다고 생각해 왔는데, 한국(및 중국)에서는 그들보다 훨씬 더 앞선 서기 372년에 이미 대학을 설립했을 뿐 아니라 992년과 1395년에 설립된 대학들은 현재에도 그 유적과 유산이 남아서 계승·발전되고 있음을 본다면, 한국민족이 매우 오래된 문화민족임을 깨닫게 되어 한국인들을 보는 자세가 완전히 달라질 것이다.

세계 석학들은 21세기를 주도할 대표적 나라로 미국·일본·독일을 드는 경우가 많다. 그러나 이 세 나라도 대학에 관한 한 한국처럼 오래된 대학을 만들 수는 없다. 예컨대 일본이 한국과 아무리 무역경쟁, 과학기술경쟁, 경제경쟁, 문화경쟁을 할 수 있을지라도 역사를 바꾸지 않는 한, 일본이 어떻게 992년에 대학을 설립할 수 있으며, 1395년에 국립대학을 또다시 설립할 수 있겠는가. 미국과 독일도 마찬가지이다. 미국·일본·독일은 이 부문에서는 영구히 한국민족을 따라올 수 없는 것이다. 경제면에서 우리가 그들을 따라잡을 수는 있지만, 대학의 역사 부문에서 그들은 한국을 영구히 따라잡을 수 없게 되는 것이다.

물론 우리가 세계에서 가장 오래된 대학을 우리 한국에 건설하려고 하는 것은 이 대학들이 세계에서 가장 오래된 대학임과 동시에 질과 수준에서 세계 정상의 우수한 일류 대학들이 됨을 전제로 한 것이다. 그럼 '국립 제1국자감대학교'와 '국립 제2성균관대학교'를 세계에서 가장 우수한 대학의 하나로 만들기 위한 방법으로는 어떤 것이 있을까.

4) 세계에서 가장 오랜 역사의 대학을 세계 정상으로 만드는 일

첫째, '국립 제1국자감대학교'와 '국립 제2성균관대학교'의 건축양식과 캠퍼스 계획은 한국의 고유한 전통적 건축양식을 본으로 하고 서양 건축양식을 참작한 '한국식 건축양식'을 택하여 건설해야 한다. 특히 이 두 대학교의 상징이 될 만한 주건물은 반드시 현대성을 갖춘 고유의 '한국식 건축양식'으로 건립하되 국가의 성력을 기울여 건축·미술적으로 한 시대를 대표할 만큼 우수하고 웅장한 건축물을 건립해야 할 것이다. 왜냐하면 이 두 대학교로 하여금 한국의 민족문화를 동시에 세계에 널리 알리는 역할을 수행하도록 하기 위해서이다. 물론 여기에 더하여 서양식 건축물도 함께 건립해야 할 것임은 더 말할 필요도 없다.

둘째, '국립 제1국자감대학교'와 '국립 제2성균관대학교'의 학제 등급은 '대학원 중심 대학'으로 이루어져야 한다. 우리나라와 같이 교육열이 세계에서 가장 높은 나라의 경우에는 국민의 대부분이 결국 대학(college)교육까지 받게 될 것이고, 동시에 여러 대학들이 증설될 것이다. 또한 그에 따라 대학원 진학률도 비례적으로 상승할 것이다. 그 뿐만 아니라 21세기 한국민족의 세계적 웅비를 위한 원동력은 대학원 고급 연구소들이므로, '국립 제1국자감대학교'와 '국립 제2성균관대학교'는 처음부터 '대학원 중심 대학'으로 건설할 필요가 절실한 것이며, 현재의 서울대학교를 개편하여 만들 '국립 제3서울대학교' 또한 대학원 중심 대학으로 개편할 필요가 절실한 것이다.

여기서 '대학원 중심 대학'이라 함은 연구를 주로 하는 석사·박사과정의 대학원을 독립단위로 하여 대학교 전체가 연구를 주로 하는 대학원체제로 조직·운영되는 대학체제를 의미하는 것이다. 교수들도 학부(college)가 아니라 대학원(graduate school)에 직속되는 것은 물론이다.

셋째, 학생정원도 대학원 학생 수를 학부 학생 수보다 적지 않게 책정하여 다른 대학 졸업생들을 대규모로 대학원에 입학시켜서 연구·교육시키는 제도를 구상할 필요가 있다. 예컨대 '국립 제1국자감대학교'와 '국립 제2성균관대학교' 및 '국립 제3서울대학교'의 학부 학생정원을 1만 명으로 하는 경우에, 연구 중심의 대학원 학생정원도 1만 명으로 하고 대학원 학생정원의 부족분을 다른 대학 출신 학사들을 입학시켜 채우도록 제도화하는 것이다. 가장 이상적으로는 3개 국립대학교의 대학원과 학부의 학생 수 비율을 1:1로 하는 것이 대학원 중심 대학의 구조를 선명하게 하는 것이라고 생각하지만, 현실을 참작하여 이 비율은 융통성 있게 정하는 것이 현명할 것이다.

넷째, '국립 제1국자감대학교'와 '국립 제2성균관대학교'는 가능하면 동일한 최고 수준의 대학을 만들어 서로 치열한 경쟁을 하면서 발전하도록 제도화할 필요가 있다. 이를 위해서 세 대학의 입학시험과 신입생 모집을 공동으로 실시하는 것도 좋은 방안 가운데 하나가 될 것이다. 예컨대 3개 대학의 정치학 전공 학생을 각각 50명씩 모집하고자 하면, 3개 대학이 공동으로 입학시험을 치르게 하고 그 성적을 바탕으로 150명을 공동으로 선발한 다음에 무작위로 (추첨을 하거나 해서) 각각 50명씩을 나누어 3개 대학 정치학과에 배분하는 것과 같은 것이다. 이러한 공동관리 방법이 누적되면 3개 대학교 학생의 질적 수준이 완전히 균등하게 되고, 결국은 3개 대학교가 균등한 수준의 대학으로 구조화할 것이다. 그리하여 우리는 지금의 서울대학교와 같은 수준의 중앙 '대학원 중심' 국립대학교 3개를 상호 경쟁을 통해서 더욱 발전시킬 수 있을 것이다. 물론 교수들의 채용도 공동관리하며, 시설투자도 균등하게 실시함을 전제로 하는 것이다.

다섯째, 위의 3개 국립대학교를 세계적 수준의 대학원 중심 대학으로 만들기 위해서는 대학원에 부설연구소들을 전문적으로 많이 설립할 필요가 있다. 대학원 중심 대학은 곧 연구 중심 대학으로서 최첨단의 창조적 연구가 대대적으로 수행되어야 하며, 이를 위해서는 연구를 전담하는 분과별 그리고 프로그램별 전문 연구소들의 설립이 절대로 필요한 것이다. 이러한 전문연구소들의 많은 설립과 활성화는 대학원에서의 연구를 1회성에 그치지 않게 하고, 부속연구소에서 계속 장기적 연구로 진행할 수 있게 할 것이다. 또한 그 연구결과는 대학원 학생들과 연구원들의 인적 자원에 체현될 뿐만 아니라 동시에 이 연구소들에 누적되고 영구히 축적되어 과학적 지식의 축적기관으로 활용될 것이다. 또한 21세기의 과학경쟁, 지식경쟁, 기술경쟁에서 승리할 수 있는 새로운 아이디어와 발명·발견을 해낼 기관의 하나도 바로 이러한 최고급의 대학원 부설연구소들이라고 할 수 있다.

여섯째, '국립 제1국자감대학교'와 '국립 제2성균관대학교', '국립 제3서울대학교'가 대학원 중심 대학으로서 21세기 한국의 비약적 발전을 위한 연구기관이 되게 하기 위해서는 포스트 박사(post doctor)과정을 대학원 안에 신설할 필요가 있다. 현재 대학원 제도가 뿌리를 내린 나라는 미국으로서, 미국 내 최고 수준의 몇몇 대학원과 연구소들은 이미 포스트 박사과정을 설치하였다. 일본은 우리 한국과 마찬가지로 대학원(석사·박사) 과정이 매우 취약하여, 포스트 박사과정은 전혀 제도화하지 못하고 있다. 따라서 한국은 일본에 앞서서 먼저 위의 3개 국립대학교 대학원에 2년제의 포스트 박사과정을 신설하여 이를 대학원 체계 안에 제도화할 필요가 있다.

위의 3개 국립대학교 대학원에서 석사과정은 학습과 연구 가운데에서 주로 학습에 비중을 두고, 박사과정은 연구에 비중을 두며, 포스트 박사과정은 오직 연구에만 전념케 하는 과정으로 설치할 수 있을 것이다.

대학에서 오랫동안 교수생활을 하면서 대학원 학생을 지도해 보면, 대학원 학생들의 아이디어가 과학적으로 가장 창조적일 때가 박사논문을 쓰는 기간임을 경험적으로 알 수 있게 된다. 그러나 학생들이 제출한 박사논문을 읽어보면 그러한 창조적 아이디어를 다 정리하지 못하고 대부분 미흡한 채로 남게 됨을 알 수 있다. 학생들도 자기 논문의 문제점이 무엇이며 어디를 어떻게 보충하면 더 훌륭한 연구가 되는지를 정확히 잘 알면서도 시간에 쫓기어 박사학위 청구논문 안에는 새로운 창조적 아이디어와 연구내용들을 충분히 다 채우지 못한 경우가 매우 많은 것이다.

그러므로 한국이 일본에 앞서 예컨대 위의 3개 국립대학교 대학원에 포스트 박사과정을 새로이 포함시켜서, 박사학위를 취득한 직후 이들 신진 박사들로 하여금 약 2년 동안 포스트 박사과정에서 박사논문과 동일 계통의 연구 프로그램에 종사하도록 기회를 부여하면, 한국은 청년학자들의 참신한 창조적 아이디어들을 더 보충·발전시켜서 여러 분야에 응용하여 한국을 최선진국으로 웅비케 하는 최선진 연구체계와 대학원체제를 일본보다 앞서 만들게 되는 것이다.

또한 포스트 박사들은 대학원에 부설된 연구소들에 프로그램별 연구원으로 배치할 필요가 있다. 물론 이때 포스트 박사 연구원은 영구히 이 연구소의 연구원으로 남는 것이 아니라 2년 동안의 포스트 박사과정 연구원으로서 프로그램별로 참여하는 것이다. 이 프로그램이 끝나거나 2년 과정이 지나면 다른 프로그램에 참여하거나 교수로 갈 수 있을 것이다.

여기서 '국립 제1국자감대학교'와 '국립 제2성균관대학교', '국립 제3서울대학교'의 대학원체제는 포스트 박사과정, 박사과정, 석사과정을 세부 전공별로 하나의 계열로 묶어서 이것을 21세기의 과학적 지식 대비약의 원동력으로 만들 필요가 절실함을 거듭 강조하고자 한다. 이러한 대학원에서의 연구는 지도교수의 책임 아래 포스트 박사과정, 박사과정, 석사과정이 유기적으로 조직되어 주제별 연구의 원동력이 될 것이다. 이때 연구에 종사하는 대학원 학생들은 자기의 박사논문이나 석사논문의 주제를 이 연구 프로그램 내용 중에서 한 부분을 자유로이 선택하여 집중 연구해서 쓰도록 함이 좋을 것이다.

특히 박사논문의 질적 수준을 높이는 것은 매우 중요한 과제이다. 즉, 위의 3개 국립대학교 대학원에서 배출되는 박사논문이 예컨대 옥스포드, 케임브리지, 파리, 하버드, 예일 등 세계 최고 수준의 대학원들의 박사논문과 같은 수준 또는 그 이상의 수준이 되도록 박사학위 기준을 강화할 필요가 있다. 또한 박사학위 논문이 통과되면, 위의 3개 국립대학교는 학교 예산으로 이 박사논문을 수백 부씩 인쇄해서 전국 각 대학들과 연구소들에 배포하여 연구결과를 공유재산으로 만들어 널리 응용케 해야 할 것이다.

3개 국립대학교 대학원의 연구부문을 위와 같이 강화한다고 해서 과목수업(코스워크)의 교육부문을 등한시하는 것은 아니다. 위의 3개 국립대학교의 대학원은 석사과정과 박사과정의 과목수업(코스워크)을 대폭 강화시킬 필요가 절실하다. 현재 대학원의 체계가 가장 잘 되어 있는 나라는 미국이다. 이에 견주어 일본과 독일의 대학원 과목수업(코스워크)은 매우 약한 형편이다. 그러므로 한국이 위의 3개 국립대학교 대학원의 과목수업(코스워크)을 미국 일급 대학원의 과목수업(코스워크)과 동일 수준으로 강화하면 세계 정상의 과목수업(코스워크) 가운데 하나가 되는 것이며, 일본과 독일 대학원의 과목수업(코스워크)을 능가할 수 있게 된다.

일곱째, 이들 3개 국립대학교의 대학원과 다른 최선진 국가들의 일류 대학원, 일류 연구소들과 활발한 국제교류를 추진할 필요가 절실하다. 외국 최고 수준의 교수들과 학자들을 가능한 한 많이 초빙하여 그들의 연구축적과 연구 아이디어들을 학습하고 자극 받을 필요가 있다. 또한 위의 3개 국립대학교 교수들과 연구원들을 가능한 한 많이 선진국의 일류 대학과 연구소에 파견해서 최첨단 과학적 지식과 기술들을 습득하고 교류할 수 있도록 해야 할 것이다. 이를 위해서는 특히 최첨단 과학, 최첨단 이론지식 등 모든 분야에서 한국 교수들과 외국 교수들 사이에 공동연구 프로그램을 많이 만드는 것도 매우 좋은 방법이다.

이 글에서는 편의상 중앙의 국립대학교 3개와 그 대학원을 중심으로 이야기했지만, 이 모든 생각은 사립대학교들에도 그대로 적용할 수 있을 것이다. 또한 국립대학교들과 사립대학교들의 경쟁에서 오는 균형발전은 매우 중요한 것이며, 사립대학교들의 대비약을 위한 정책과 지원 역시 매우 중요하고 절실한 것이라고 생각한다.

이제 그리 머지않아서 우리 한국은 반드시 통일이 된다고 내다볼 수 있다. 만일 우리가 개성에 서기 992년에 설립된 '국립 제1국자감대학교'와 서울에 1395년에 설립된 '국립 제2성균관대학교'를 중건하고, 현재의 서울대학교를 '국립 제3서울대학교'로 개편하여 세계에서 가장 오래된 대학이면서 동시에 세계 최고 수준의 '대학원 중심' 대학들을 우리나라에 건설한다면, 이것은 한국인들에게 커다란 민족적 자부심을 배양하면서 한국을 일본은 물론 미국과 독일을 넘는, 세계 최선진국 가운데 하나로 날아오르게 하는 동력기관이 될 것이다. 이 구상이 어찌 공상으로만 그칠 수 있겠는가.

(21세기 문화연구회, 《교수 10인이 풀어본 한국와 일본 방정식》,
삼성경제연구소, 1996)

6. 21세기 한일관계의 전망과 과제

1) 21세기의 바람직한 한일관계

30년 전 한일관계에서 민족의 정당한 권익을 지키기 위해 일어섰던 6·3의 주역들이 이제 다시 모여서 6월회를 창립한 것은 참으로 경하할 일이다. 올해가 광복 50주년이요, WTO체제 출범의 첫 해요, 1965년의 한·일 기본조약이 체결된 지 30년이 되는 해이니, 6월회의 창립과 그에 대한 기대는 더욱 크다.

한국과 일본은 서로 이사해 버릴 수 없도록 거리상으로 고정된 이웃나라다. 이러한 두 나라가 친선과 우의를 돈독히 하는 것은 두 나라에게 모두 중요한 일이다.

역사적으로 회고해 보면, 아득한 고조선시대와 삼국시대부터 19세기 초엽까지 한국이 선진국이었던 장구한 기간에 한국민족은 후진국 일본에게 선진문명을 전수해 주고 가르쳐 주었을 뿐이지 선진국이라고 해서 일본을 침략한 일은 한 번도 없었다. 그러나 일본은 1592~1598년(임진왜란)에 그들의 은혜로운 이웃나라인 조선을 침략하여 7년 동안 한반도를 초토화시켜 놓고 패퇴하였다. 이때 한국이 받은 타격은 참으로 심대하였다.

일본은 1868년에 메이지유신을 시작하여 서양 과학문명을 한국보다 먼저 수용하여 자주적 근대화를 달성해서 힘이 형성되자 또 한국을 침입·침략하여 1910년 8월, 이번에는 완전식민지로 강점해 버렸다. 일제가 1945년 8월 패퇴하여 물러갈 때까지 35년 동안 일제의 식민지통치로 말미암아 한국민족이 받은 타격은 필설로 다 표현하기 어려울 만큼 컸다.

한국은 이러한 한일관계의 역사적 경험을 갖고 있으므로 오늘의 한일관계와 함께 21세기의 한일관계를 신중하게 검토하지 않을 수 없다.

물론 우리는 21세기의 한일관계가 돈독한 친선우호 관계가 될 것을 간절히 희망한다. 여기서 돈독한 친선우호 관계란 정치적으로는 두 나라가 자주독립국가로서 친밀한 선린외교를 하고, 경제적으로는 수평적 분업을 호혜적으로 발전시키면서 균형무역을 확대발전시키고, 활발한 경제협력을 하며, 사회문화적으로는 활발한 문화교류를 전개하여 상호간에 문화창조의 자극과 자료를 교환하고, 과학기술 분야에서는 첨단부분을 교류·이전하여 상호 협력하는 것을 포함하여 의미하는 것이다. 우리는 이러한 관계가 21세기의 바람직한 한일관계라고 생각한다.

과연 21세기에 이러한 바람직한 한일관계가 실현될 수 있을까? 물론 두 나라 정부와 국민들이 함께 이러한 방향으로 노력하면 그러한 바람직한 관계는 실현될 수 있을 것이다. 그러나 만일 한 나라가 이러한 바람직한 관계와는 전혀 다른 방향의 정책을 추구한다면 이것은 실현되지 못하는 것이다. 최근 일본 일부에서는 일본 제국주의의 한국침략과 강점은 물론이요, 만주와 중국침략, 태평양전쟁 도발도 침략전쟁을 한 것이 아니라 이 지역 주민을 위한 '해방전쟁'을 한 것이라고 주장하는 목소리가 커지고 있다.

만일 일본이 1990년대 후반과 21세기에 조금이라도 한국과 아시아

에 대한 패권주의정책을 수립하여 시행할 경우에는 앞서 말한 바람직
한 한일관계는 정립되기 어려울 것이다.

그러므로 우리는 21세기에 한일관계의 친선과 우의 강화를 바라고
노력하면서도, 일본의 대(對) 한국·아시아정책에 패권주의적 요소가
없는가를 예리하게 관찰하고 검토할 필요가 있을 것이다.

2) 21세기 한국과 일본 경제권

1995년 WTO체제의 출범을 계기로 하여 제3차 자본주의 세계체제
가 급속히 형성·전개되기 시작하자 한국에서는 세계화가 광범위하게
주창되고 있는 반면에, 일본에서는 일본의 패권주의정책 추구와 그를
위한 정당 형성이 활발하게 펼쳐지고 있다. 만일에 21세기에 일본이
세계에 대하여 또 특히 아시아에 대하여 패권주의정책을 추구한다면
이것은 우리 한국에게 어떠한 영향을 미칠까?

한국과 일본은 지리적으로 매우 근접한 나라여서, 일본이 아시아에
대하여 패권주의정책을 집행한다고 하는 것은, 바로 아시아를 일본경
제권 또는 일본권(日本圈)으로 개편한다고 하는 것을 의미하는 것이
고, 이것은 지척에 있는 한국을 일본경제권 또는 일본권에 포함시키는
것을 의미하는 것이다. 즉 21세기의 일본이 아시아에 대하여 패권주의
정책을 실시한다면 이것은 일본이 한국을 일본권 안에 포함시키는 종
속국으로 만들겠다고 하는 것을 의미하는 것이다. 21세기의 한국은 이
에 대하여 적극적인 대책을 수립할 필요가 절실하다. 따라서 오늘의
한국인은 21세기를 내다보면서 일본이 21세기에 패권주의정책을 실시
하거나 패권주의 경향을 띤 정책을 실시하는가 어떠한가를 예민하게
관찰하여 그에 대해 경계를 할 필요가 있다.

일본에서 아시아에 대한 패권주의정책을 본격적으로 수립하여 실시

하려는 노력이 부상한 것은 지난 1991년부터이다. 1991년 일본 자민당 내에 조직된 '국제사회에서의 일본의 역할에 관한 특별조사회'는 《국제사회에서 일본의 역할》이라고 하는 조사보고서를 제출하면서 동시에 1991년 9월 13일 일본의 '유엔평화유지 활동(PKO) 협력법안'을 일본 내각총리에게 제출하였다. 이때 국제사회에서 일본의 구실과 그 제출 동기에 대한 설명 내용을 일본측의 말대로 항목화해서 간단하게 정리하면 다음과 같다.

① 동서냉전 종결 이후의 세계는 선진 7개국이 결정적으로 주도하면서 세계를 가) 미국권, 나) 유럽공동체권(EC권), 다) 일본권의 3극구도로 개편될 것이다.

② 일본은 이에 보조를 맞추어 국제사회에서 경제력에 걸맞은 정치적 영향력을 행사하도록 해야 한다.

③ 이를 위해 유엔헌장에 명시되어 있는 일본에 대한 구적국(舊敵國) 조항을 삭제하도록 노력해야 한다.

④ 일본은 유엔 안전보장이사회의 상임이사국이 되어야 한다.

⑤ 유엔 평화유지군(PKF)에 자위대를 파견하고, 다국적군 및 유엔군의 자위대 파견도 검토해야 한다.

⑥ 현행 자위대법과 방위계획 대강도 이 목적에 따라 수정해야 한다.

⑦ 일본은 아시아의 지역적 통합에서 지도력을 발휘해야 한다.

⑧ 미·일안보조약도 미국에 치우친 일방적 체제에서 일본의 역할분담을 늘린 쌍방적 체제로 수정해야 한다.

⑨ 현행 헌법의 제약 아래에서도 평화활동을 위한 자위대의 해외파병이 가능하다.

여기서 특히 ①, ②, ④, ⑤, ⑧을 주목할 필요가 있다. 이들을 종합해 보면 일본은 1992년부터 본격적으로 세계체제의 대개편 조짐에 보조를 맞추어 '아시아의 지역적 통합에 지도력을 발휘해서' 일본권(日本圈)을 만드는 작업을 시작하면서 그 일환으로 일본 PKO 협력법을 제정한 것이라고 그들은 설명하고 있는 것이다. '아시아의 지역적 통합'이라고 한 말은 바로 오자와(小澤一郎)를 중심으로 한 '오자와특별조사회'가 강조하고 있는 말이며, 이것은 바로 '일본권'이라는 말로 번역될 수 있다. 즉 이것은 일본이 아시아의 패권국가가 됨을 의미하는 것이 아닌가?

또한 주목해야 할 것은 일본의 오자와 이치로 회장과 유엔 캄보디아 임시행정기구 의장인 유엔 사무차장 아카시 야스시(明石康)가 아시아에서 일본 자위대의 파병 후보지역으로 ①캄보디아, ②미얀마(버마), ③카슈미르, ④한반도 등을 들었다는 점이다. 아카시 의장은 앞으로 늘어날 유엔평화유지군에 참가할 파병 자위대의 훈련을 위해 오키나와에 기지를 창설할 것을 일본 내각의 총리에게 요청하기까지 했다.

여기까지만 보아도 1992년 당시 일본의 중요한 정치가들은 아시아의 패권장악정책을 21세기의 정책으로 구상하고 있으며 실제로 그것을 정책화하여 집행하기 시작하고 있음을 알 수 있다. 즉 21세기 아시아에 대한 일본의 정책에는 아시아 패권장악정책이 그 한 측면에 엄존하고 있는 것이다. 일본 자신이 '아시아의 지역적 통합'을 말하고 그 '지도력'을 운운하고 있으며 '일본권' 운운하고 있으니 일본은 논란의 여지도 없이 아시아의 패권을 추구하기 시작한 것이다. 그 내용의 첫째가 아시아를 일본의 경제권과 시장으로 개편하려는 것임은 이미 실증자료들에 의하여 명백하게 드러나 있고, 또 그 이상의 것은 사태의 진전에 따라 곧 밝혀질 것이다.

일본은 아시아 지역에 경제와 함께 문화적 침투를 자행하고 또 일본을 군사대국화하여 필요하면 아시아 각 분쟁지역에 일본군(자위대)을 파병하면서 정치적·외교적·군사적 패권도 장악하여 아시아를 일본권으로 만들어 지배하려고 하는 것은 아닐까? 그리하여 국제사회에서 아시아를 대표하고, 또 아시아 여러 나라들에 대하여 일본이 아시아의 패권국가, 국제 경찰국가로서 국제적 역할을 하려고 하는 것은 아닐까? 그리고 여기에는 물론 한국과 한반도 전체가 일본권으로 포함되어 있다고 보아야 하지 않을까?

1995년 1월에 들어서기 이전인 1994년 말까지 이미 한국에 대한 일본의 경제적 종속화정책 또는 한국의 경제적 일본 의존정책은 상당히 추진되어 한국 경제는 구조적으로 일본에 상당히 많이 의존하게 되어 있는 것이 사실이다. 이것은 무역부분에서 한국의 대일(對日) 무역적자의 형태로 통계에도 잡혀 나오고 있다. 1965년 한일 국교정상화 이후 1966년부터 1992년까지의 27년 동안에 한국의 대일 무역수지 적자는 무려 740억 달러로 같은 기간 동안 한국 전체 무역수지 적자인 382억 달러를 거의 두 배 가까이 크게 상회하였다. 또 1994년 작년의 무역통계를 보면 우리나라의 총 무역적자는 약 60억 달러인데, 일본에 대한 적자는 무려 110억 달러에 달하여 우리나라의 무역적자가 모두 대일 무역적자로 말미암아 발생하고 있을 뿐 아니라 다른 지역에서는 50억 달러 이상의 흑자를 내고 있음에도 일본에 대한 무역적자가 110억 달러에 달하여 도리어 전체 대외무역에서도 약 60억 달러의 적자가 발생하고 있다는 사실을 알 수 있다.

우리나라의 대일 무역적자가 이와 같이 늘어나기 시작한 것은 이미 1965년 한일 국교정상화 때에 합의된 여러 가지 배상과 차관의 도입 방식에서부터 그 요인이 배태된 것이다. 일본측으로부터 3억 달러밖에 안 되는 적은 배상과 그 밖의 상업차관들의 도입방식이 현금차관이 아니라 처음부터 일제의 기계류, 플랜트를 화폐가치로 환산해서 도입해 들어오는 형태로 되어 있기 때문에 한국의 기계류 제품 수입과 또 그 부속품 수입이 늘어나도록 구조 자체가 잘못된 것이다.

한국의 대일본 무역수지를 1991년도를 기준으로 하여 품목별로 보면 한국측에서 흑자를 내는 부문은 주로 농수산 식품과 섬유류이고,

그 밖의 분야는 대부분 적자를 내고 있다. 〈표 1〉에서 보는 바와 같이 1991년에 한국은 일반 기계류 부분에서 59억 5천만 달러의 적자를 냈으며, 그 다음에 전기·전자 부분에서 29억 달러, 화공품에서 23억 2천만 달러, 철강 금속 부분에서 4억 6천만 달러의 적자를 냈다. 그 뿐만 아니라 특히 기계류의 적자가 대(對) 일본 무역수지 적자의 약 절반가량을 차지하고 있으며 적자폭도 계속 늘어나고 있다. 다음이 전기·전자 제품의 적자이고, 그 다음이 중화학공업제품의 적자이며, 다음이 철강·금속 제품의 적자이다.

〈표 1〉 주요 품목별 대일 무역수지 (단위: 억 달러)

	1988	1989	1990	1991
농수산식품	18.3	16.7	14.8	14.4
섬유류	22.2	24.7	16.9	17.2
화공품	-17.5	-20.3	-21.1	-23.2
철강 금속	-3.8	-2.5	-2.9	-4.6
일반 기계	-37.0	-42.6	-47.1	-59.5
전기 전자	-27.4	-24.2	-23.1	-29.0

자료: 한국은행, 《최근의 대일 무역적자 확대 요인과 향후과제》, 1992.

이러한 한일간의 무역 불균형, 즉 한국의 대(對) 일본 무역적자를 바라보는 데에는 한국과 일본 사이에 커다란 시각차가 존재한다. 한국측은 대(對) 일본 무역적자가 발생하는 구조적 요인과 일본 시장의 폐쇄성을 중시하면서 이 구조적 문제와 비관세장벽을 일본측이 정책적으로 풀어가야 한다고 주장한다. 그러나 일본측은 한국 경제가 일본으로부터 생산재 및 부품과 소재를 수입하여 이를 가공수출하는 산업구조를 갖고 있기 때문에 무역적자는 한국 경제의 구조에서 비롯되는 것이라면서 일본의 책임이 없다고 주장한다. 일본측은 1965년 한·일 기본조약 체결 이후에 일관되게 한국 산업경제의 구조를 일본에 의존하고 종속되도록 하는 대(對) 한국 경제정책을 집행하고서도 종속적 구조가 일부 산업부분에 일단 만들어지자 결국 대 일본 무역적자는 경제 논리에 입각한 경쟁의 문제이므로 자신들의 책임이 아니라고 주장하고 있는 것이다.

대 일본 무역적자의 지속적인 악화는 한국의 생산 및 기술구조가 구조적으로 일본에 의존하는 형태이기 때문에 발생되어 누적되는 것이다. 현재의 생산구조가 지속되는 한 21세기에도 지속적으로 일본의 자본재와 그에 따른 소재, 부품 및 중간재를 수입하지 않을 수 없을 것이다. 따라서 한국측이 과감한 구조개혁정책과 기계공업 육성정책, 전기·전자 부품의 국산화정책, 화공품에서의 기술혁신과 구조개혁정책을 과감하게 수립하여 실천하지 않는 한, 21세기에도 한국 경제의 대 일본 종속성이 탈피되거나 극복된다는 보장은 없다. 도리어 현재와 같은 정책을 답습하거나 방치해 두는 한, 또 세계체제의 급속한 전개로 말미암아 일본의 정책은 그대로 집행되고 한국측의 무역 불균형 교정 정책이 집행되지 아니하는 경우에는, 한국 경제의 대 일본 종속성은 오히려 심화될 위험성이 매우 큰 것이다.

일본 사람들은 이러한 구조적 요인으로 말미암은 무역흑자의 취득을 '가마우지 어로법'에 비유한다. 일본 어부들 사이에는 이 가마우지 오리를 이용하여 고기를 잡는 방법이 있다. 가마우지라는 오리를 며칠 굶겨 허기지게 하고 고기를 잡으러 나갈 때 목에 고기를 삼키지 못하게 하는 구조물을 걸어두면, 가마우지는 허기진 상태에 있으므로 쏜살같이 고기를 잡지만, 목에 끼운 구조물 때문에 이를 삼키지 못하고 입에 물고 있기만 한다. 이때 일본 어부들은 가마우지가 잡은 고기를 입에서 빼내고 다시 가마우지를 풀어준다. 가마우지는 또 고기를 잡으나 삼키지 못하고 어부는 또 이를 잡아서 거두어들이는 것이다. 이러한 방법을 '가마우지 어로법'이라고 하는 것이다. 일본측이 한국 경제의 구조라고 주장하는 기계공업 부문, 전기·전자 부문, 화공품 부문에서 대 일본 종속성이 바로 가마우지의 목에 걸어놓은 구조적 장치가 되어 한국 경제는 일본의 가마우지 어로법에 걸려 있는 것이다.

따라서 이 가마우지의 목에 걸어놓은 장치를 빼버리는 과감한 작업을 하지 않는 한, 21세기 한국 경제가 아무리 발전한다 해도 전 세계에서 벌어들인 부(富)의 극히 일부만 국내에 남겨놓고 그 대부분을 일본에 갖다 바쳐야 하는 경제구조를 탈피할 수 없게 되는 것이다. 전 세계에서 벌어들인 부를 한국 내에서 한국의 부로 축적을 해야 한국이 21세기에 경제적으로 부강한 나라가 될 수 있지, 그 대부분을 일본에 갖다 바치는 경제구조를 그대로 지속시키거나 또는 심화시킬 경우에 어떻게 한국 경제가 21세기에 일본을 추월하고 부강한 최선진 문화국가를 건설할 수가 있겠는가? 이미 일본 경제에 종속되어 있는 한국 경제의 일부 품목들에 대한 과감한 구조개혁과 수술이 반드시 필요한 이유가 바로 여기에 있다.

그 뿐만 아니라 1995년 WTO체제의 출범을 계기로 해서 한국의 유통시장은 전 세계를 향하여 개방되게 된다. 그것은 물론 전 세계에 대한 개방이지만, 그러나 실질적으로는 일본을 중심으로 한 미국 등 선진 각국에 대한 개방이 중심이 되어 있다. 한국의 유통시장이 개방되었을 때 가장 우려되는 것은 일본 종합상사의 활동이다. 일본의 동남아 진출을 주도하여 동남아 각국들을 일본의 상품시장으로 이끌었던 주역이 바로 일본 종합상사이기 때문이다. 한국도 1992년 10월에 이미 당시 매출액 기준으로 하위 12개의 일본 종합상사에 대해 일차적으로 수출입에 한해 무역업을 허용한 바 있다. 이러한 상황에서 한국 정부는 1993년 7월 1일부터 모든 일본 종합상사의 국내법인 설립을 허용하였다. 그리하자 21개 일본 종합상사가 일제히 한국에 들어와 무역 수출입 활동을 시작하게 된 것이다.

한국 정부가 일본 종합무역상사의 활동을 허용한 1992년 10월 1일부터 그해 연말까지의 3개월 동안에 16개 일본 종합상사의 활동을 보면, 일본으로부터 한국으로의 수입은 77억 달러, 한국 제품의 일본으

로의 수출알선은 49억 달러로 92년도 한국 총 무역적자 49억 달러의
57퍼센트, 또 대일무역적자 79억 달러의 35.4퍼선트에 해당하는 약
28억 달러의 무역적자를 이 종합상사들이 가져왔다. 특히 마루베니
상사는 7억 2천만 달러, 이토츄 상사는 6억 3천만 달러, 스미토모상사는
6억 2천만 달러, 미쓰비시 상사는 5억 9천만 달러의 대일 무역적자를
발생시켰다.

〈표 2〉 16개 주한 일본상사의 1992년 수출입 알선실적 (단위: 천 달러)

업체명	수출알선	수입알선	무역적자
미쓰비시	1,049,781	1,645,235	595,434
이토츄	972,874	1,603,817	630,943
마루베니	810,952	1,534,892	723,940
스미토모	282,257	904,552	622,295
미쓰이	387,533	850,955	463,422
니쇼이와이	201,888	313,237	111,349
도멘	102,874	307,246	204,372
가네마쓰	188,438	138,612	49,826
니치맨	40,325	138,701	98,376
도요타	23,031	121,068	98,037
이토만	127,528	17,155	110,373
가와대스	11,315	67,730	56,415
간쇼마다이치	46,770	7,673	39,097
군제	16,882	6,509	10,373
모리타니	6,221	7,621	1,400
총계	4,884,303	7,678,371	2,794,068

자료: 《매일경제신문》, 1993. 2. 11.(무역대리점협회 자료 인용)

WTO 체제가 본격적으로 출범한 그리고 유통시장이 전면적으로 개
방되는 1995년 이후에 한국측의 적절한 대책이 없으면 일본 종합상사

들이 주체가 되어 한국을 일본의 상품시장으로 개편해 버리고 말 위험이 매우 큰 것임은 여기서도 명백히 알 수 있다.

아시아에서 일본경제권 수립정책을 보면 일본은 먼저 동남아의 저소득국가, 저임금국가들을 일본의 생산기지화하는 정책을 채택하고 있다. 일본은 현재 동남아의 여러 나라들에 자본을 투입하고 일부 기술자들을 내보내 현지에 생산공장을 설립하여 비교적 저렴한 생산비로 일본제품을 생산해서 전 세계 시장과 그리고 아시아 각국 시장에 판매하는 전략을 채택하고 있다. 그리하여 예컨대 'SONY made in Japan'이 있는가 하면 'SONY made in Malaysia'가 동시에 판매되어, 'SONY made in Japan'은 고가로, 'SONY made in Malaysia'는 저가로 각각 전세계와 아시아 시장의 수요에 맞추어 판매되는 것이다.

반면에 한국과 중국을 비롯한 신흥중진 공업국가들에 대해서는 일본은 자본이나 기술수출 국가로 간주하지 아니하고, 자본재 및 소비재의 상품시장으로 개편하려고 하고 있다. 아시아를 일본경제권으로 개편하려고 하는 일본의 정책이 존재하는 한, 특히 한국은 일본으로서는 아시아에 존재하는 가장 양질의 대규모 시장이다. 왜냐하면 아시아에서 가장 소득이 높은 싱가포르·대만·한국·홍콩 가운데에서 싱가포르와 홍콩은 하나의 도시로서 비록 소득이 높다하더라도 시장 규모가 매우 작기 때문이다. 반면에 한국은 '인구 4천3백만 명에 1인당 국민소득 8천 달러'로 규모가 매우 큰 시장이다. 대만은 '1천7백만에 국민소득 1만 달러'의 역시 좋은 시장이다. 따라서 아시아에서 일본에게 가장 좋은 시장은 첫째가 한국이고, 둘째가 대만으로 여겨지고 있다.

중국 본토도 규모가 방대한 시장이지만, 중국은 '13억에 1인당 국민소득 400달러'의 시장으로서 전체 규모는 크지만 국민의 구매력은 크다고 볼 수 없다. 왜냐하면 한국과 대만은 국민가계의 엥겔계수가 매우 낮아서 국민의 유효수요와 구매력이 매우 큰 반면에, 중국은 국민가계의 엥겔계수가 매우 높아서 국민들에게는 수요와 구매력이 제대로 충분히 형성되어 있지 않기 때문이다. 그 뿐만 아니라 중국의 수요는 대부분 중국의 현대화계획에 포함된 국가와 극영기업의 수요이고 이것은 중국 정부당국이 엄격하게 통제하는 시장이기 때문에 일본 상품들이 마음대로 판매되거나 큰 수익을 낼 수 있는 여건이 형성되어 있지 않은 것이다. 또한 일시적으로 시장이 형성되어 큰 수익을 내는 경우에도 중국 정부의 강력한 통제 아래에 있는 시장들은 일본측 이익 발생과 축적을 관찰해 가면서 그 이익을 계속 축소하거나 통제하는 경향이 있기 때문에 일본으로서는 그다지 매력적인 시장이라고 볼 수 없다. 가장 매력적인 시장은 '4천3백만 명에 일인당 국민소득 8천 달러'의 거대한 한국 시장인 것이다. 이러한 거대한 시장인 한국을 일본이 아시아를 일본경제권으로 개편하는 마당에 그들의 독점적 시장으로 개편하려고 추구하지 않을 리가 있겠는가?

일부 학자들은 1995년 1월 한국시장을 전면 개방하면서 자본과 상품, 기술 유입의 여건을 조성하면 일본의 자본과 기술이 많이 들어와서 한국 국토 안에다 일본 자본의 공장을 설립하거나 또는 기술을 판매하여 이전시킬 수 있으리라 주장하고 일본 자본·기술을 맞아들이기 위한 여러 가지 제도 정비를 하자고 주장하고 있다. 이것은 전혀 역사적 대세를 모르는 주장이다. 왜냐하면 한국은 이미 중진국가로서 동남아 후진국들에 견주어 임금이 상당히 높은 나라이기 때문이다. 동남아의 필리핀·인도네시아·인도·네팔 등지에서 한국에 취업하기 위해 외국 노동자들이 밀려드는 실태를 보면 그것을 잘 알 수 있다. 이러한 나라에 일본이 왜 자본을 투자하여 공장을 짓겠는가? 그들에게는 자본을 수출하여 공장을 지을 동남아 여러 나라들이 이미 존재하며, 그곳에 여러 가지 현지 공장들을 설립해서 이미 상품을 생산하고 있는 것이다. 또한 일본이 한국을 일본 상품의 시장으로 개편하려고 하는 정책을 채택하고 있는데, 왜 일본 기술을 판매하여 한국 기업들의 기술혁신을 자극하겠는가? 오히려 한국 기업들과 일본 기업들 사이에 계약이 형성되어 기술 판매가 이루어지려고 하는 경우에도 일본 정부의 현 정책은 이를 엄격히 통제하는 것이다. 이것은 일본이 한국을 일본의 상품시장으로 개편하려고 하는 정책에 보조를 같이 하기 위한 것이다.

기술을 이전하지 않는 반면에 유통시장에서 일본 자본과 일본 상품은 1995년 이후 물밀듯이 쏟아져 들어올 개연성이 매우 높다. 왜냐하면 양질의 좋은 한국 시장을 일본의 상품시장으로 만들기 위해서는 한국의 유통기업과 유통조직에 판매를 위탁할 뿐만 아니라 일본인 자신들이 유통부문에 자본설비를 만들어서 직접 유통기구, 유통부분에 참가하여 일본 상품들을 대대적으로 판매해서 막대한 이윤을 한국으로부터 얻을 수 있기 때문이다. 따라서 일본은 1995년 이후에 한국을 공장설치 지역이나 기술 이전 지역으로 간주하기는커녕 유통부문에 들어와서 한국을 일본의 상품시장으로 만들기 위한 여러 가지 유통자본 수출·상품수출에 총력을 기울일 것이라고 보는 것이 더욱 구체적이고 정확한 관찰이라고 생각한다. 그리고 그 선두에 선 것이 21개의 일본 종합무역상사라고 보아도 틀림없을 것이다.

만일 이러한 여건 속에서 일부 한국인들이 주장하는 바와 같이 일본 대중문화의 수입을 전면 개방하고 일본의 텔레비전 프로그램, 영화, 비디오 등에 대해 공개적 수입을 전면 개방하면 어떻게 될 것인가? 일본은 이러한 매체를 통해서 일본 상품 선전을 광고비용도 들이지 않고 대대적으로 감행할 수 있다. 그리하여 한국에서 가끔 문제를 일으키는 광범위한 충동구매를 부추겨서 한국을 완전히 일본의 상품시장으로 장악하고 조작하고 또 통제할 수 있게 되는 것이다.

만일 21세기에 한국이 일본의 이러한 상품시장화정책을 극복하여 이겨내지 못한다면, 한국이 어떻게 일본을 따라잡고 일본을 추월할 수 있는 부강한 나라, 경제적으로 부유한 나라를 만들 수 있겠는가?

일부 일본인과 한국인 논자들은 마치 유럽 나라들이 유럽공동체를

만드는 것과 같이 아시아 여러 나라들도 일본을 중심으로 하여 아시아
의 공동체를 만들어서 공동으로 번영할 수 있지 않겠는가고 주장하기
도 한다. 그리하여 필자와 같이 일본을 중심으로 한 일본경제권 형성
에 경계를 하는 주장에 대해서 유럽공동체의 예를 들어 비판하기도 하
는 것을 읽은 적이 있다.

그러나 이것은 전혀 잘못된 인식에서 출발한 논의이다. 유럽공동체
에 가입한 12개 나라들은 대체적으로 경제발전단계와 기술발전단계가
비슷한 나라들이다. 1인당 국민소득을 기준으로 하면 대개 1만 8천 달
러부터 2만 5천 달러 사이에 분포되어 있는 비슷한 나라들이 일본의
경제적 침투와 시장점유를 방어하고 규모의 경제를 실현하기 위하여
하나의 공동체를 만든 것이며, 또 비슷한 기술 수준의 나라들이 서로
보완적인 기술체계를 통일적으로 만들기 위하여 경제공동체를 만든
것이다. 이들이 경제공동체를 형성하면, 호혜적으로 규모의 경제를 형
성하여 훨씬 크게 번영할 수 있기 때문에 유럽공동체를 만든 것이다.

그러나 아시아는 1인당 소득이 130달러에 불과한 캄보디아부터 2만
5천 달러가 넘는 일본에 이르기까지 빈부 차이와 경제발전 단계 차이
가 매우 크다. 또한 첨단과학기술을 보유한 나라는 일본밖에 없으며
그 뒤를 바짝 쫓아가고 있는 것이 한국과 대만이다. 따라서 이 같은
조건의 나라들을 모아서 경제공동체를 만들면 그것은 바로 가입한 모
든 나라들이 일본경제에 종속되어 일본이 지배하는 일본경제권이 되
어버리고 마는 것이다. 즉 오자와 이치로 등이 구상하는 '신대동아공
영권' 같은 것이 되어버리고 마는 것이다.

만일 일본을 중심으로 한 아시아 경제공동체나 일본경제권에 한국
이 포함되는 경우 한국은 어떠한 산업배치를 갖게 될 것인가? 현재 한
국경제가 부분적으로만 일본에 종속된 경우에도 한국과 일본의 분업
연관은 종속적 부분에서는 매우 수직적 분업으로 체계화되어 있음을
바로 알 수 있다. 한국은 자본재와 중간재, 부품 및 소재 등을 일본으

로부터 수입하여 저렴한 노동력을 이용하여 조립, 가공하고 이를 미국 등 세계 각국 시장에 판매하는 일본의 국제적 하청생산을 이 부분에서 담당해 온 것이다. 이 부분의 국제분업은 일본이 원자재나 부품, 기계설비 등을 담당하고 한국이 조립 내지 가공을 담당하는 하청적 공정분업형이거나, 일본이 고부가가치제품을 생산하고 한국이 저부가가치제품을 생산하는 제품차별화분업형이다. 따라서 한국경제의 이 부분 수출이 늘어날수록 일본으로부터 이 부분의 부품과 소재의 수입이 늘어나는 구조를 갖게 된다. 그 대표적인 분야가 기계류인 것이다. 따라서 기계류에 의한 대(對)일 역조가 연평균 50억 달러에서 70억 달러에 이르는 등 무역수지 적자의 중심을 차지하게 되는 것이다.

현재 상태도 이러하거늘 만일 1995년 이후에, 그리고 21세기에 한국경제가 일본경제권에 포함되어 이러한 수직적 분업체계에 편입될 때 한국은 어떻게 될 것인가? 고부가가치제품, 첨단과학기술제품, 미래의 제품 등은 일본이 일본 본토에서 생산하고, 한국은 일본이 버린 저부가가치제품, 사양산업제품, 공해유발산업제품을 생산하는 차별화된 수직분업적인 주변적 공업을 담당하게 될 것이다. 이러한 공업은 강토만 오염시키지 도대체 부가가치가 쌓이지 않기 때문에 부를 축적할 수 없으며, 전 세계를 향하여 열심히 수출하고 세계로부터 부를 긁어모으는 경우에도 극히 일부만을 국내에 남기고 대부분을 일본에 갖다 바쳐 일본의 국부를 증대시키는 데 이바지하는 체제로 전락하고 마는 것이다. 따라서 한국은 일본경제권, 일본경제블록, 일본 중심의 경제공동체에서 벗어나서, 경제적으로 자주독립적 지위를 굳게 지키면서 WTO의 여러 가지 규범에 잘 적응하여 전 세계 모든 나라들과 직접적인 호혜평등의 호혜적인 통상무역을 전개하지 않으면 안 된다.

한국이 만일에 어쩔 수 없이 경제공동체를 추구하지 않을 수 없는 경우에는 현재 형성되어 있는 APEC(아시아태평양경제협력체)을 잘 개편하여 발전시켜서 일본뿐만 아니라 미국도 참가시키고, 중국도 참가시켜서 일본 중심의 핵이 만들어지지 않도록, 즉 상호 견제하도록 경제공동체의 구조를 만들면서 아시아의 여러 나라들이 일본의 경제 패권주의에 희생되지 않게 노력해야 할 것이다.

그러므로 한국은 일본의 패권주의정책에 대한 날카로운 관찰과 경계를 하면서 21세기를 맞아야 한다. 21세기에 일본의 패권주의가 설령 대두하는 경우가 있다고 할지라도 한국은 일본 블록에 가담하여 일본의 종속국은 물론이요, 결코 경제적 종속국도 되어서는 안 된다. 21세기의 한국은 경제적으로도 과감한 구조개혁을 단행하여 일본이 장치해 놓은 가마우지의 목에 걸린 구조장치를 제거하고, 한국 젊은이들이 전 세계에 나가서 활발한 통상무역 활동을 하여 벌어들인 모든 경제적 부가 한국 내에서 축적이 되어 한국의 더 큰 부를 생산하고 한국이 최선진 문화국가를 건설하는 경제적 부로 투자되도록 자주독립의 경제를 적극적으로 추구해 나가야 할 것이다.

과거에 중요한 몇 가지 산업을 제외하고는 일본측이 일본 국내에 자리 잡을 것을 꺼리는 또는 외국에다 내보내고 싶은 사양산업을 한국이 떠안아서 설립하여 발전시킨 부분이 없지 않다. 이 부분들을 떠안는 경우에는 단기적으로는 노동임금과 약간의 이윤이 발생하지만, 장기적으로는 전망이 없기 때문에 결국은 업종 전환을 하지 않는 한 사양산업으로 기울게 되고 경제발전에 도움을 주지 못하고 마는 것이다. 문화산업에서도 동일한 현상이 일어난다. 향락산업이 그 대표적인 것이다.

3) 21세기 한국과 일본 대중문화

① 21세기 한국의 문화교류의 개방

한국이 21세기에 최선진 문화국가로 발돋움하기 위해서는 세계 각국과 활발한 문화교류가 절실히 필요하다. 특히 선진 각국과 문화교류는 한국의 최선진 문화국가 건설에 크게 도움이 될 수 있다.

원래 문화교류라고 하는 것은 호혜적인 것이어야 한다. 여기서 호혜라고 하는 것은 상호 혜택이나 상호 이익을 줄 수 있는 교류를 뜻하는 것이다. 따라서 문화교류는 그 교류로 말미암아 주고받는 영향이 서로에게 유익한가 유해한가를 엄밀히 검증, 분석해 보아야 하며 서로 유익한 교류만을 추구하고 유해한 교류는 삼가는 것이 일반적인 준칙이다.

문화는 창조와 전파에 의하여 발전하는 것이다. 그러기에 세계의 모든 민족들이 각각의 민족문화를 창조하는 능력을 상실하면 그 민족은 물론이요, 전 인류의 문화의 진보와 발전이 더디어지거나 침체될 수가 있다. 반면에 세계 모든 민족들의 문화창조가 활발하면 그 민족은 물론이요, 전 인류의 문화가 급속히 발전하여 인류에게 행복을 가져다줄 수 있다. 한국민족과 세계 각 민족들의 창조적 문화발전을 위해서는 외국 문화와 활발한 문화교류를 하고 상이한 문화를 전파시키는 것이 커다란 자극과 자원의 공급이 될 수 있는 것이다. 따라서 고립된 문화는 침체되기 쉬운 반면에 다른 민족과 활발한 문화교류를 하는 민족의 문화는 급속히 발전할 수 있는 것이며 외국과 문화교류를 통하여 창조적인 힘도 더욱더 고양될 수 있다. 따라서 필자는 외국과 활발한 문화교류를 적극적으로 주창하는 바이다. 21세기에 한국이 최선진 문화국가가 되기 위해서는 한국은 전면적으로 개방적 자세와 정책을 가지고 외국과 활발한 문화적 교류를 반드시 펼칠 필요가 있다.

여기서 필자가 강조하는 외국 및 전 세계와 벌이는 활발한 문화교류 속에는 물론 일본과 활발한 문화교류도 포함된다. 필자는 세계 각국과 활발한 문화교류 전개와 마찬가지로 한국은 일본과도 활발한 문화교류를 당연히 전개해야 한다고 생각한다.

② 일본과 문화교류

일본과 문화교류는 네 개의 차원으로 나누어 볼 수 있다. 그 첫째는 첨단 과학기술문화의 교류이고, 둘째는 학술문화교류이며, 셋째는 고유한 민족문화의 교류이고, 넷째는 대중문화의 교류이다.

이 가운데 첨단 과학기술문화의 교류는 일본과 문화교류에서 한국측이 절실히 필요로 하기 때문에 적극적으로 원하고 있는 부문이다. 그러나 이 부문에서 과거 1994년 말까지 일본의 정책은 한국과의 첨단과학기술 문화교류를 거의 통제하고 대부분 추진하지 않는 방향으로 전개되어 왔다는 것이 사실이다. 한국은 첨단 과학기술문화를 대부분 미국 및 유럽 등 서양 선진국과의 교류에서 많은 도움을 얻어 왔으며, 일본과 교류할 때는 일본측의 억제와 통제 또는 기피정책으로 말미암아 첨단과학기술 문화교류는 활발하게 전개할 수 없었다.

학술문화교류는 한국측도 원하고 일본측도 원하고 있는 부분이다. 따라서 이 측면에서는 비교적 제한된 범위에서나마 교류가 시작되고 있다고 볼 수 있다. 단지 한국이나 일본이 특수한 부문의 학술이 발전했고 일반적으로 발전하지 못한 부분들도 많기 때문에 학술교류의 폭과 범위가 극히 제한되어 있을 뿐이다.

셋째로 민족문화의 교류는 한국이 역사적으로 창조하여 축적한 고유한 민족문화와 일본이 역사적으로 창조하여 축적한 고유한 민족문화를 교류함으로써 상호간에 이해를 높이고자 친선을 도모하는 데 매우 유효한 문화교류이다. 따라서 민족문화의 교류는 추진되면 상당한 호혜를 가져올 수 있는 것이다. 그러나 한국의 고유한 민족문화에 대한 일본인들의 이해가 매우 열악한 상태에 있고, 또 일본의 고유문화에 대한 한국인들의 이해가 매우 부족하기 때문에 민족문화의 교류가 추진되고 있음에도 그 추진의 폭과 범위가 매우 한정되어 있는 것이 특징이다. 그러나 이 민족문화의 교류는 상호간에 근원적인 진정한 이해와 친선을 도모할 수 있는 것이기 때문에 형식적인 교류가 아니라 진정한 문화교류로서 앞으로 추진되어야 할 것이라고 본다.

그 다음 대중문화의 교류가 있다. 이것은 한국측이 원하거나 추진하는 부문이 아니라 일본측이 적극적으로 한국 정부에 대하여 전면적 대중문화의 교류를 주장하고 또 전면적 수입개방을 원하고 있는 부문이다. 일본측이 한국 정부에 대하여 강력한 압력을 넣는 대중문화의 교류는 첫째가 일본영화의 전면적 수입개방이고 둘째가 대중가요를 비롯한 대중문화의 전면적 수입개방이다.

③ 바람직한 예 : 프랑스 문화정책과 외국 대중문화

영화와 텔레비전, 대중문화의 문제는 원래 우루과이라운드(UR)협정이 추진될 때 최후 단계까지 반드시 주권국가의 결정에 관계없이 전면개방하여 교류하도록 자유무역 항목 속에 포함되었던 것이다. 그런데 프랑스에서 이 문제가 심각하게 제기되어 비판이 일어나는 사이에 결정을 번복하게 된 것이다.

우루과이라운드협정이 마지막 단계에 이르렀을 때 파리에서는 우연히 미국영화 〈쥬라기공원〉과 프랑스영화 〈제르미날〉이 동시에 상영되었다. 〈제르미날〉은 프랑스 작가 에밀 졸라의 고전적 작품을 영화화한 예술영화일 뿐만 아니라 문화영화이기도 하며, 시사회에서도 매우 우수한 작품으로 평가되어 프랑스의 정치가들과 문화인들 및 학계에서는 매우 높이 평가받은 작품이었다. 반면에 〈쥬라기공원〉은 공룡이 나오는 공상영화로서 어린이들의 만화 같은 영화였다. 따라서 당시 프랑스 대통령 미테랑을 비롯해서 여러 정치가들과 수많은 지식인, 문화인들은 다른 곳에서는 몰라도 적어도 프랑스 안에서는 수준 높은 프랑스 문화가 저속한 미국 문화의 침투를 저지할 수 있을 것이라고 확신하였다. 그리하여 그들은 대중문화의 전면적 수입개방을 허용해도 프랑스의 문화는 지켜질 수 있다고 전망했으며, 그 증거가 되는 지표로서 프랑스 안에서만은 적어도 〈제르미날〉 상영 성과가 〈쥬라기공원〉을 압도해서 이길 것이라고 전망하였다. 그러나 정작 상영결과를 보니 문화수준이 높다고 하는 프랑스 사회에서도 프랑스 시민들의 절대다수가 〈쥬라기공원〉을 선호하여, 〈쥬라기공원〉은 대대적인 성공을 거둔 반면, 프랑스의 걸작영화작품이라고 하는 〈제르미날〉은 프랑스 사람들도 별로 많이 관람하러 가지 않아 할리우드 영화에 참패하게 된 것이다.

이 결과를 본 프랑스의 정치인들과 문화인들은 대통령 미테랑에게 영화와 텔레비전 프로그램 등 대중문화를 우루과이라운드의 자유무역 항목에서 전적으로 제외해 줄 것을 요청하였다. 이에 미테랑은 우루과이라운드 협정에서 영화와 텔레비전 프로그램 등 대중문화를 빼줄 것을 요청하면서, 이 부문은 각 주권국가의 쌍무협정에 의해서 각 주권국가가 수입여부를 결정하도록 할 것을 주장하였다. 미국은 물론 다른 외국의 저속한 문화로부터 프랑스 문화를 보호하기 위해서는 우루과이라운드 협정을 포기할망정 프랑스 문화를 외국의 저속문화에 종속시킬 수 없다고 그는 강력하게 주장하였다. 프랑스의 이러한 완강한 주장 때문에 결국 영화 등이 자유무역 품목에서 빠지게 되고 각국 쌍무협정에 의하여 이를 수입, 허가할 수도 있고 또는 수입을 전면 거부할 수도 있는 자유로운 입장에 설 수 있게 된 것이다.

④ 일본 대중문화와 일본영화

일본 대중문화의 특징은, 많은 전문가들이 지적하고 있는 바와 같이, 퇴폐문화가 그 골간에 위치하고 있다는 점이다. 즉 일본의 대중문화는 에로티시즘을 그 골간에 두고 형성된 문화이다. 따라서 일본 대중문화의 수입은 반드시 퇴폐문화와 동시에 들어온다고 하는 점을 주목할 필요가 있다. 일본 대중문화의 퇴폐성은 전 세계 전문가들이 잘 인식하고 있는 것이다. 이것은 현재 일본 교육자들에게도 큰 부담이 되는 것이어서 일본의 청소년들이 이러한 퇴폐적 대중문화에 오염되지 않도록 하기 위하여 여러 가지 연구와 대책을 수립, 실시하고 있는 대상물이기도 하다.

일본의 대중문화가 칼잡이 사무라이의 일본적인 것과, 에로티시즘의 퇴폐성을 양대 특징으로 한다는 사실은 전문가들에 의하여 우리나라에서도 누누이 보도되어온 바가 있다. 일본의 대중문화와 퇴폐문화는 이론적으로는 분리되어 있으나 실제로는 하나로 융합되어 있다. 일본은 그들 자신에게도 부담이 되는 이러한 일본 대중문화를 문화교류라는 아름다운 용어로 포장해서 한국에 전면적 수입개방을 요구하고 있는 것이다.

한국 정부가 공식적으로 또 법률적으로 일본 대중문화의 수입을 금지하고 있음에도 한국의 유흥가에는 일본의 대중문화가 이미 상당 부분 스며들어 자리를 잡으려 하고 있다. 그것은 한국 정부가 유흥가에서 일본의 퇴폐적 대중문화 활동에 대하여 단속을 하지 않고 있기 때문이다. 그리하여 서울, 부산 등의 유흥가에서는 일본의 대중가요, 일본에서 제작한 음란 비디오테이프, 일본 대중가요의 각종 가라오케 등을 비롯해서 일본의 대중문화가 넘쳐나고 있다.

일본이 한국 정부에 대하여 전면적 수입개방을 강력하게 요구하며 압력을 넣고 있는 일본영화와 일본 대중가요 등 대중문화가 과연 호혜적 문화교류의 원칙을 바탕으로 해 한국에게 또는 일본에게 호혜적일 수가 있는지, 상호 이득이 될 수 있는지를 좀더 검토해 보기로 한다.

일본영화는 여러 가지 영화들이 있으며 아무리 단순하게 분류할지라도 적어도 세 개 분야로 분류하지 않을 수 없다. 첫째는 사무라이 영화이며, 둘째는 애정 영화이고, 셋째는 일본인들이 협객 영화라고 부르는 야쿠자 영화이다. 이 세 부문 가운데 애정 영화는 한국의 애정 영화나 대차가 없는 것이어서 일본인들의 정서에는 일본의 애정 영화가 더 적합하고 한국인들의 정서에는 한국의 애정 영화가 더 적합한 것이다. 일본의 애정 영화가 한국에 들어와 흥행에 성공할 수 있는 부분은 몇 안 되는 걸작을 제외하고는 그렇게 많을 것이라고 보기는 어렵다. 그러나 사무라이 영화는 근본적으로 다르다. 사무라이 영화는 한국에는 그러한 유형이 없는 일본 사무라이층들의 활동과 상황을 그린 것이다. 이것은 홍콩의 각종 무술 영화들이 한국에서 성공한 바가 있는 것과 마찬가지로 한국에서 흥행에 성공할 수 있는 부문이다. 또 일본의 협객 영화, 즉 야쿠자 영화도 홍콩의 무술 영화와 본질적으로 같은 유형의 것이기 때문에 한국에는 없으며, 또 한국에 들어오면 흥행에 성공할 가능성이 높은 분야라고 추정된다. 그런데 사무라이 영화와 야쿠자 영화의 특징은 칼을 도구로 하여 수십 명의 인명을 고뇌 없이 살해하고 있다는 점이다. 대체로 한 개의 사무라이 영화에서 약 30명 내외의 사람들을 물론 이유는 있겠지만 그렇게 죽일 만큼 뚜렷한 이유도 없이 마치 무를 자르듯, 나무토막을 베듯, 아주 쉽게 살해하는 것을 볼 수 있다. 살해하는 장면도 극적 효과를 높이기 위하여 잔인하고 끔찍하게 살해하는 것이 보통이다. 야쿠자 영화는 아직도 칼을 무기로 하여 10명, 20명, 30명의 거리 야쿠자들이 서로 의리를 지켜가면서 일본 도시의 뒷골목을 장악하고 생활하는 것을 그린 영화들이다. 물론 사무라이 영화나 야쿠자 영화도 그 줄거리의 구성에는 권선징악을 장려하는 부분이 있기는 하다. 그러나 이 권선징악이라고 하는 것은 문화가 다른 경우에는 기준이 다르기 때문에 이것은 일단 재검토해봐야 할 부분이고, 보편적으로 칼에 의한 약 30명 안팎의 살해, 그것도 아주 잔인무도한 살해, 조금도 번민 없이 사람을 잔인하게 살해하는 그러한 것들이 특징으로 부각되는 것이다.

만일 이러한 사무라이 영화와 야쿠자 영화가 우리나라에서 전면 수입개방되는 경우에 우리 사회에 어떠한 영향을 미칠까? 어떠한 유익함이 있으며 어떠한 유해함이 있을까? 유익한 측면은 별로 뚜렷하게 중요한 것을 제시하기 어렵다. 반면에 유해한 것은 압도적이다. 예를 들면 가장 감수성이 강한 우리나라 청소년 학생들이 사무라이 영화를 보는 경우에, 먼저 정신적으로 일본 역사의 한 부분인 사무라이에 대한 부당한 숭배사상이 일어날 가능성이 매우 높다. 사무라이는 본래는 신사적 무술이라기보다는 무예적 기능을 높이해서, 예를 들면 뒤에서 찌르거나 야밤에 잠복기습을 하는 등 매우 비신사적인 것을 자유자재로 하는 것이었는데, 영화화할 때는 매우 신사도가 높은 서양의 기사적인 것으로 변모시켜서 제작했기 때문에, 우리나라 청소년들이 사무라이 영화를 보면 참으로 멋있는 사나이들이라고 오해하기 쉽다. 그래서 일본의 역사와 문화, 그리고 사무라이에 대한 숭배사상이 알게 모르게 한국의 청소년과 학생들에게 들어올 수 있는 위험이 도사리고 있는 것이다. 최근 일본 사무라이 영화에서는 그러한 권선징악의 요소도 거의 빠지고 지금은 단지 기능적으로 이 편인가, 저 편인가, 원수인가, 내편인가만이 구분되어 이러한 살육을 하는 것이 대부분이다.

또 야쿠자 영화는 현재의 도시 뒷골목에서의 의리나 배신자들, 서로 다른 폭력집단들의 갈등과 여인과의 애정, 또는 전투들을 다룬 것이어서 현재에도 칼을 사용하여 수십 명씩 잔혹하게 살해하고 부상시키는 것이 영화 곳곳에서 부각되고 있다.

이러한 영화들이 우리나라에 수입개방되면 어떻게 될까? 일본 사무라이 영화와 야쿠자 영화에서 사용되는 칼은 우리나라의 가정과 사회의 곳곳에 있다. 가정에서도 부엌에만 들어가면 식칼이 있고 또 회칼이 있으며 각종 칼들이 있다. 또 우리나라에서는 시장에 가면 얼마든지 무기로 간주할 수 있는 무시무시한 큰 칼, 작은 칼들이 자유롭게 팔리고 있다. 이러한 칼들을 도구로 사용하는 사무라이 영화와 야쿠자 영화가 그에 대한 면역이나 대책이 없는 우리나라 청소년과 학생들에게 주는 영향은 어떤 것일까? 우리나라 청소년들의 비행집단은 대부분 주먹에 의한 폭력을 사용하고 있다. 주먹을 사용하는 데 대해 우리나라에서는 사회 전체가 강력한 규제력을 이미 성숙하게 갖고 있다. 왜냐하면 우리나라는 태권도가 국기 가운데 하나여서 일반 가정과 일반 사회에서도 태권도 유단자들이 매우 많기 때문에 주먹을 가지고 폭력단들이 사회를 교란하는 데 대해서는 사회가 얼마든지 제압하여 이를 통솔하여 다스릴 수 있는 것이다. 마치 일본 야쿠자들이 칼을 가지고 난동을 부려도, 일본에서는 검도가 국기 가운데 하나여서 검도 유단자들이 사회에 매우 많기 때문에, 야쿠자 집단이나 폭력단들의 칼을 가지고 부리는 난동을 일본사회가 어느 정도 제압하여 다스릴 수 있는 것과 마찬가지다.

한국은 칼의 문화가 없는 나라이기 때문에 폭력단이나 한국 학생들이 칼을 무기로 활용하여 비행을 저지를 때는 속수무책일 위험이 매우 많다. 지금도 폭력단들의 일부를 체포하여 보도하는 텔레비전 화면을 보면 일본도와 각종 칼들이 무기로 사용되어 증거품으로 압수되어 있는 것을 볼 수 있다. 하물며 만일 우리나라에 일본 사무라이 영화나 야쿠자 영화가 수입개방되어 흥행에 성공할 경우에 이것이 우리나라 청소년 학생들에게 주는 영향은 매우 유해, 유독한 것이라고 지적하지 않을 수 없다. 그것은 심하면 아주 위험한 것이다. 왜냐하면 청소년들에게는 영화에 대한 모방문화와 모방심리라는 것이 있어 영화는 어린 청소년 학생들에게 막대한 영향력을 갖고 있기 때문이다.

그러면 일본영화를 선별적으로 수입하면 되지 않을까 하는 질문이 있을 수 있다. 그러나 현재 일본 정부가 한국 정부에 압력을 가하고 있는 부분은 그러한 몇 안 되는 애정 영화 같은 것이 아니며 궁극적으로 노리고 있는 것은 사무라이 영화와 야쿠자 영화를 포함한 대중영화의 전면적 수입개방인 것이다. 물론 일본측은 전략적·기술적으로 일본의 순수 애정 영화를 먼저 선별적으로 수입개방하고 뒤이어 그 수입개방의 폭을 확대해서 사무라이 영화와 야쿠자 영화의 수입을 요구하는 방법을 택할 수는 있다. 그러나 이 경우에도 일본측이 궁극적으로 원하고 노리고 있는 것은 일본의 대중영화, 사무라이 영화, 야쿠자 영화의 전면 수입이고 그것이 목적인 것이다. 즉 일본의 대중영화 전체에 대한 전면적 수입개방을 궁극적인 목적으로 하고 있는 것이다. 따라서 이러한 본질을 잘 알고 있는 이상 우리는 선별적이라는 이름·아래에 일본의 전략 전술의 술수에 말려들 필요는 없는 것이다.

앞에서 지적한 바와 같이 문화교류라고 하는 것은 호혜를 전제로 하는 것이며, 이 호혜는 상호 유익한 것들을 상호 교류하는 것을 말하는 것이다. 일본과 대중문화교류가 유익하다는 것이 증명되지 않을 뿐만 아니라 도리어 유해하고 유독하다는 것이 증명된 이상 어떻게 이것을 문화교류라는 아름다운 이름 아래 강요할 수 있겠는가? 일본영화를 전면 수입개방하도록 일본측이 한국 정부에 압력을 가하는 것은 전면적으로 부당한 것이며, 이것은 직설적으로 표현하면 일본영화의 문제점도 함께 수입하여 한국의 청소년들에게 유해하고 유독한 영향을 끼쳐 넣으라고 강요하고 있는 것이나 다름없다.

21세기의 한국이 최선진 문화국가로서 웅비하고 찬란한 문화를 창조하는 데에는 일본의 대중문화, 특히 일본영화의 수입은 지금도 도움되는 것이 아니며 절실히 필요한 것도 아니기 때문에 현 단계에서는 그 전면적 수입개방을 허용할 필요가 없다. 이 문제는 일단 21세기에 넘겨서 우리의 민족문화와 우리의 최선진 문화를 창조해 나가는 과정에서 우리가 얼마나 이를 자율적으로 간단하게 처리할 수 있는지 그 여과처리 능력의 문제가 증명되고, 우리 한국의 청소년과 학생들에게 미치는 영향이 유해·유독하지 않다는 확고한 증명이 나타날 때, 그리고 청소년학생의 교육부문에 종사하고 있는 유치원, 초등학교, 중고등학교 교사들의 의견과 학부모들의 의견을 반드시 물어서 민주적인 전국민적 합의 아래 민주적으로 결정하여야 할 사항인 것이다.

⑤ 일본의 만화·비디오·대중가요 등의 문제

일본 정부가 한국 정부에 또 하나 강력하게 압력을 가하고 있는 대중가요와 비디오, 텔레비전 프로그램, 만화 및 음반 등의 전면 수입개방에 대해서는 이것 역시 일본의 대중영화와 같은 논리로 현 단계에서는 이를 허용할 필요가 없고, 21세기의 문제로 보류해 두는 것이 현명하다고 본다.

일본의 대중가요 문제를 한번 보자. 지금 일본의 대중가요는 한국의 서울, 부산 등 대도시 유흥가에서는 밤 시간 음주 이후에 불려지고 있다. 물론 음주하지 않은 상태에서도 노년층에서는 일제 때 배운 유행가나 일본 대중가요를 읊조리기도 하고 일본을 출입하는 사람들이 최근 일본에서 유행하는 대중가요들을 배워 읊조리는 경우도 있다. 또 우리나라 청소년 학생들이 비공식적으로 일본의 테이프나 음반들을 통해서 배운 일본 대중가요를 읊조리는 경우도 있으나, 이것은 아직 초기단계이고 그렇게 사회에 만연되어 있는 것은 아니다. 일본의 대중가요와 대중문화는 아직은 서울, 부산 등 대도시의 유흥가에 범람하고 있을 뿐이다. 이것도 한국 정부당국이 강력하게 단속을 하면 금방 사라질 것이지만 이를 단속하지 않을 뿐만 아니라 도리어 단속하지 않아서 넘치도록 방치해 놓고는 '이미 들어와 범람하고 있으니 이를 양성화해서 단속하는 것이 어떠할까' 하고 일본의 대중가요, 대중문화의 수입개방을 국민이나 학계에 타진해 보기도 하는 것이다. 일본의 대중문화, 대중가요의 수입개방은 일본 향락산업의 한국 이전과 직결되어 있다.

현재 일본 내에서는 장기간의 고도성장 과정에서 조성된 긴장들을 해소하기 위하여 온갖 대중문화와 그 대중문화들을 만들어내는 온갖 향락산업, 퇴폐산업들이 넘쳐나고 있다. 일본의 주요 인사들과 교육자들은 이 퇴폐문화, 퇴폐적 대중문화의 산실이 되고 있는 향락산업, 퇴폐산업을 가능한 한 통제하려고 애써 왔지만, 성공하지 못하게 되자 청소년, 학생들을 향락문화, 퇴폐문화로부터 차단하고 이를 성인층에게 한정시켜 고립시키는 방책들을 연구해 왔다. 그러나 이것도 별로 성공했다고 볼 수 없다.

만일에 한국이 일본의 대중문화와 대중가요에 대한 수입개방을 하고 향락산업에 대한 투자를 막을 길이 없게 된다고 하면 한국은 일본에 의하여 어떻게 활용될 수 있겠는가.

그렇게 되면 한국의 대도시에는 향락, 퇴폐산업이 번창하게 되고 일본인들은 이제까지 일본의 대도시 주변에서 즐기던 퇴폐, 향락문화를 한국으로 여행 와 한국에서 즐기는 쪽으로 이전하게 된다. 일본 도쿄에서 북해도의 삿뽀로로 가는 것보다 동경에서 서울과 부산으로 오는 것이 훨씬 더 가깝다. 또 비용도 훨씬 싸게 든다. 따라서 일본인들은 월요일부터 금요일까지 주중에는 고부가가치산업, 첨단산업, 고급문화를 본토에 배치하여 종사하고 주말 이틀간은 한국에서 일본식 향락산업, 퇴폐산업에 편승하여 일본가요를 들으면서, 일본영화를 보면서, 일본 비디오를 보면서, 이제까지 일본에서 향락하던 향락문화, 퇴폐문화를 즐기고 돌아가게 되는 것이다. 한국은 일본 자본주의 경제발전의 부산물 쓰레기들을 한국에 이전 입지시키고 일본 사람들이 찾아와서 향락과 퇴폐를 즐기다가 돌아가는 곳으로 되는 것이다.

또 그러면 이 향락산업, 퇴폐산업은 누가 경영하게 될 것인가. 일본의 축적된 막대한 자본이 한국으로 유입되어 향락산업, 퇴폐산업의 자본주는 일본이 되고, 그에 고용되어 관리하는 사람들은 한국인이 되며, 그에 고용되어 일본인들에게 봉사하는 서비스 걸들은 한국의 미녀들이 뽑혀나가서 접대하게 될 가능성이 매우 높은 것이다. 한국은 일본 자본주의 경제의 비약적 발전과 일본을 아름답게 가꾸는 데 필요한 쓰레기처리장, 배설물처리장이 될 위험성이 매우 높은 것이다. 21세기에 우리가 최선진 문화국가로 건설하려고 하는 우리의 대한민국이 이러한 쓰레기통이 될 가능성이 있는 것을 방치하거나 그대로 받아들일 수는 도저히 없는 것이다.

또 하나의 예로 일본의 만화 비디오나 어린이용 비디오를 들어보자. 지금 우리나라 초등학교, 중학교 학생들의 대부분은, YMCA 조사에 따르면 80퍼센트 이상이 일본 만화, 일본 비디오, 일본 만화 비디오를 보면서 성장하고 있다. 그런데 이 일본 만화, 일본 비디오, 일본 만화 비디오가 담고 있는 가치관은 우리나라 초등학교, 중학교 교사들이 가르치고 있는 윤리, 공중도덕, 시민도덕과는 매우 크게 차이가 있는 내용의 것들이다. 예를 들면 우리나라 초등학교, 중고등학교에서는 어떠한 경우에도 학생들이 여교사를 이성으로 바라보고 그를 놀리거나 유혹하거나 음담 하는 것을 절대로 용서하지 않는다. 그런데 일본의 만화, 만화비디오나 일반 비디오들을 보면 초등학교용까지도 여교사들을 성적 희롱의 대상으로 한 그림과 대사가 매우 많다. 이것이 우리나라에 들어와서 우리나라 초등학교, 중학교 학생들에게 끼치는 악영향은 이루 말할 수 없다. 아무리 학교에서 대한민국의 공정한 시민이 되도록 시민도덕과 윤리교육을 실시한다고 할지라도 학교교육의 과외에서 관람하는 만화, 만화 비디오나 비디오의 내용이 일본의 것이니 어떻게 그 교육이 될 것인가. 성격(인성)이 형성되는 어린 시기에 처음부터 일본 만화와 일본 만화 비디오, 일본 비디오테이프를 봐가면서 자라는데 어떻게 순수한 '한국사람'이 형성되겠는가. 일본사람과 한국사람이 섞여진, 또 일본의 퇴폐문화와 일본의 성문화가 유입된 혼란스러운 인성과 가치관이 형성될 위험이 매우 높은 것이다.

더욱 놀라운 것은, 정부당국이 이를 단속하면 하루아침에 없어질 것인데도 단속하지 않아서 일본의 닌텐도 사를 비롯한 수많은 일본 회사들의 만화, 만화 비디오, 만화 영화들이 유입되어 한국의 어린 학생들을 석권하고 있음에도 이를 방치해 두었다가, 한국만화가 추방되고 일본만화가 휩쓸자, 이것은 현실이니까, 이것은 이미 음성적으로 비공식적으로 그렇게 되었으니까, 이것을 공식화해서 일본 만화·일본 만화 비디오·일본 비디오 등을 전면 수입개방하여 검열하자고 주장하는 것이다. 비공식적으로 불법적으로 들어와도 이를 검열하지 못하는 일부 당국의 통치력인데, 어떠한 통치력으로 외국과 협정을 맺어 법률적으로 이를 전면 수입하도록 허락해 놓고 어떻게 검열하며 어떻게 통제한다는 말인가. 눈 감고 거짓말을 하고 있는 것이다.

지금 한국 정부의 일부 부처 주변에는 일본 정부의 일본 영화, 일본 대중문화, 일본 대중가요의 전면적 수입개방 압력에 편승하여 그들의 자금지원을 받고 한국 정부와 관료들을 설득하려고 노력하는 다수의 이른바 영화, 대중문화 전문가들과 그리고 일본을 위해 활동하고 있는 로비스트들이 법석대고 있다.

또 일부 지식인들과 일부 로비스트들은 이른바 연구 프로젝트니 뭐니 하면서 보고서를 제출하여 한국은 1996년부터 일본 대중문화에 대한 전면 개방을 시작해서 1998년에는 국경이 없는 전면 수입개방을 끝내도록, 그래서 1998년부터는 일본 대중문화와 한국 대중문화에 국경이 없도록 자유스럽게 대중문화의 교류가 진행되어야 한다고 주장하고 있다. 만일 일본 영화, 일본 대중문화, 대중가요의 수입개방 문제를 한국 정부가 일부 관변 로비스트 말에 따라서 정책결정을 하고, 실제로 우리 한국의 미래를 짊어질 어린이들의 교육을 담당하고 있는 유치원, 초등학교, 중학교, 고등학교 교사들, 학부모들, 그리고 교육부문에서 이 문제에 종사하고 있는 관련 학자들의 의견을 듣지 않는다면, 이것은 참으로 21세기에 한국을 최선진 문화국가로 건설하려고 하는 우리 민족의 원대하고 거대한 목표를 처음부터 이루지 못하도록 파괴하고 있는 것이라는 점을 지적하지 않을 수 없다.

일본에는 평화적 민주주의자들도 많고 또 반면에 패권주의자도 많다. 경계해야 할 것은 최근에 일본에서 일부 패권주의자들이 정계에 부각되면서 패권주의 세력들이 날로 커지고 있다는 사실이다. 그들은 아시아의 여러 나라들에 대해서 이른바 전면적 문화교류를 강력하게 주장하고 각국에 압력을 가하면서 일본 대중문화, 일본 대중영화, 일본 대중가요 등 일본 대중문화의 전면적 수입을 요구하고 있다.

⑥ 일본 문화침략의 위험성과 유독성

이러한 일본측의 요구는 한국의 경우와 같이 한국 청소년, 한국 학생들에게 유독한 것인데도 계속되고 있는 것인데, 따라서 한국 학생들과 한국 청소년들에게 독을 먹이라고 요구하는 것과 같은 것이다. 문화교류라고 하는 것은 앞에서 지적한 바와 같이 서로 이익이 되고 서로 혜택이 되도록 하기 위하여 하는 것이다. 그것이 상호 이로울 때 이것을 문화교류라고 하는 것이며, 만일에 유해·유독한 것을 억지로 먹으라고 강요할 때에는 이것은 바로 문화침략이 되는 것이다. 일본이 일본 대중문화, 대중가요, 일본 영화의 전면적 수입개방을 우리나라가 필요로 하지 않는 단계에서 억지로 강요하는 것은 우리나라에 대한 문화침략을 하려는 것이며, 1996년에 시작해서 1998년에 '전면 수입개방 완료' 운운하는 것은 이러한 일본 문화침략에 영합하여 앞잡이 노릇을 하는 것이다. 일본의 문화침략이 어떠한 영향을 끼치게 되는지를 먼저 이론적으로 세 부분으로 나누어 간단하게 지적할 수 있다.

첫째, 일본 문화침투의 수직적 효과로서 일본의 대중문화 속에 융합되어 있는 향락, 퇴폐문화가 한국인 수용층의 의식구조를 직접적으로 변화시키는 것이다. 그 변화의 내용을 보면, 던저 한국인의 민족의식을 마취시키고 마비시키는 것이 있다. 일본식으로 살아도 되지, 꼭 한국식으로 살게 뭐 있는가, 일본에 빌붙어 사는 게 뭐가 그리 나쁜가, 일본은 우리보다 발전했으니 발전한 곳에서 낮은 곳으로 물이 흐르는 것은 자연의 이치인데 일본 대중문화를 수용하여 사는 것은 어쩔 수 없는 것이 아닌가라고 생각하게 만드는 것이다. 그래서 자기 민족의 민족문화나 자기의 문화를 선진문화로 발전시키고 자기의 나라를 최선진 국가로 발전시킬 필요성을 깨닫지 못하는 민족의식의 마비상태를 가져올 수 있는 것이다.

둘째, 미래설계의지를 쇠퇴시킬 수 있다. 21세기에 한국이 일본과 미국, 독일을 추월하는 최선진 문화국가, 부강한 국가를 만들기 위해서는, 미래를 미리 설계하고 그것을 실천하려고 하는 강력한 의지가 필요한데 이것을 마비시키고 쇠퇴시키는 것이다.

셋째, 일본 대중문화의 침략은 한국인들에게 찰나 향락제일주의 의식을 배양할 수 있다. 한국의 일반 국민들과 학부모들은 매우 생산적인 생활양식을 갖고 있어서, 자기 자녀들이 제대로 교육을 받고 훌륭한 인재가 되기를 바라며, 한국이 21세기에 최선진 국가가 되도록 생산적 생활양식을 갖고 자녀들을 열심히 교육하고 있다. 그런데, 만일에 한국이 일본의 향락 퇴폐문화를 전면 수입개방하면 앞으로 자녀들을 위해서 우리 세대가 희생할 것이 무엇인가, 우리도 찰나 향락을 즐기면서 살자고 하면서, 우리 자녀들은 그들이 알아서 하라고 하고, 찰나 향락 제일주의 의식이 배양되어 남미의 경우와 같이 자기세대 향락에 빠져서 큰 웅비를 하지 못하는 민족으로 전락할 위험이 매우 많다.

넷째, 일본 문화에 대한 동조와 종속 일본 숭배사상이 배양되는 영향을 낳는다. 그들의 대중문화, 사무라이 영화, 각종 가요문화들을 배우면 일본에 대해서 친숙한 생각을 갖게 되고, 일본에 대해서 많이 이해를 하면서 일본을 알게 모르게 숭배하는 사상이 배양되며, 일본문화에 자기의 생활을 동조시키게 되어 결과적으로 일본문화에 한국인들이 종속되는 결과를 가져올 위험이 매우 크다. 그리하여 일본의 향락 퇴폐산업, 대중문화의 전면 수입개방이 이루어지는 경우에 한국은 문화적으로도 일본에 종속되고 민족의식이 마비되어 장기적으로는 민족의식을 소멸당하거나 약화시키게 되고, 한국민족의 미래 발전을 위한 설계능력을 박탈당하거나 약화시키면서 일본숭배사상을 기르게 된다. 그 결과, 친일파들이 대량으로 양성되고, 한국 민족의 웅대한 독립적 발전을 밀고나가지 못하게 될 위험이 있게 되는 것이다. 그 뿐만 아니라 일본에 종속을 체념하거나 감수하게 될 위험도 있는 것이다.

다섯째, 일본 대중문화 침략의 또 하나 효과는 한국에서 일본의 경제수익 증대를 촉진하는 구실을 하는 것이다. 일본의 향락퇴폐문화는 한국인 수요층에게 일본상품에 대한 광고효과를 가져오며, 대중향락 퇴폐문화산업의 수익들을 일본이 거두어가도록 한다. 또한 한국인의 생활양식을 고도의 향락적 소비와 낭비를 하도록 조장하고 또 일본상품을 친숙하게 생각하여 그에 대한 선호도를 크게 높여서 일본제품 수요를 증대시킴으로써 지금까지처럼 일본의 경제적 이익 극대화를 더욱더 조장하는 영향을 끼치게 되는 것이다. 한국이 일본의 대중문화, 향락문화를 수입개방하면, 한국은 일본과의 통상무역에서 무역역조가 더욱더 크게 늘어나 향락, 퇴폐산업을 통해서 일본은 더 많은 경제적 이익을 실현할 수 있고, 일본의 대중문화 침투침략을 받은 한국은 더욱더 무역역조에 시달리게 되어 그로부터 헤어나지 못하게 될 위험이 있는 것이다.

여섯째, 일본 대중문화 침투전략의 또 하나 영향은 일본의 군사적 지배 기반을 조성하는 구실을 하는 것이다. 일본의 퇴폐향락문화를 수용한 민족은 민족의식이 마비되고 일본의존사상과 일본숭배사상이 배양되므로 자주국방을 실현할 의욕과 능력을 상실하거나 침탈당하여 일본이 군사적으로 지배하고 자기 나라가 군사적 종속이 되어가는 경우에도 이를 막지 못하고 받아들이게 되는 것이다.

물론 우리 한국이 반드시 일본 대중문화, 대중영화, 대중향락 퇴폐문화를 전면 수입개방하여, 알게 모르게 일본에 종속되는 길로 들어갈 리는 만무하다. 일부에서 곳곳에 이러한 반역의 무리들이 진을 치고 활동을 한다고 할지라도 이미 각성한 한국 국민들은 이들을 물리치면서 우리의 대중문화를 만들어 생활할 것이며, 21세기에 한국민족은 독자적인 문화유형을 가진 최선진 문화국가, 최선진 부강국가를 만들어서 일본에 종속되기는커녕, 일본을 따라잡고 마침내 일본을 추월하며 세계에서 가장 발전된 최선진 문화국가를 건설하는 데 반드시 성공할 것이다.

일본의 대중가요, 특히 트로트풍의 대중가요 경우에는 한국의 대중가요와 비슷해서 한국인의 정서와 일본인의 정서가 상당히 통하는 부분이 있는 것을 알 수 있다. 물론 대중가요 전체가 그런 것이 아니라 트로트풍의 일본 엔카라고 부르는 부분들이 그러한데, 이것이 일본 대중가요의 중핵을 이루는 부분이다. 그런데 문제는 그렇게 단순하지 않다. 왜냐하면 경제적 선진국과 경제적 후진국 및 중진국의 경제 교류에서 산업의 업종 이동을 보면, 최초의 선진국들이 중심이 되어 설립해서 발전시키고 있던 산업들이 사양산업이 되거나 노동집약적 산업이 되거나, 또는 부가가치가 낮은 산업이 되면 그 생산물이 사회에 필요할지라도 그 입지를 중진국이나 후진국으로 이동시키고 선진국은 새로이 대두된 첨단과학기술산업이나 첨단산업, 고부가가치산업에 집중하는 경향이 있기 때문이다. 그리하여 끊임없이 파쟁이 일어나서 대개 선진국 주위에 있는 후진국이나 중진국은 끊임없이 저부가가치산업, 공해산업, 사양산업을 떠맡아서 선진국과 불리한 수직적 분업을 하면서 불리한 교역을 하여 무역적자를 누적시키게 됨으로써 크게 발전하지 못하고 종속되는 경향이 세계 각 지역에 존재하고 있는 것이다.

4) 한일관계에서 앞으로의 과제

21세기의 한일관계가 바람직한 관계로 전개되기 위한 대전제로서 최소한 다음의 과제들이 해결되어야 할 것이다.

① 일본 국회(중의원 및 참의원)에서 과거 이웃 나라 침략에 대한 사죄와 앞으로의 불전(不戰) 결의.
② 한일 무역불균형의 교정.
③ 재일본 한국인에 대한 차별제도 교정.
④ 일본의 대중퇴폐문화 수입개방 압력 중단.

⑤ 정신대 피해자에 대한 보상.

⑥ 징용·징병 피해자에 대한 보상.

⑦ 일본 은행과 회사들에 예치되어 있는 한국인 징용자들의 저축금 상환.

⑧ 한국인 원폭 피해자들에 대한 보상.

⑨ 국공립기관에 수장된 약탈문화재 반환.

⑩ 일본 중·고등학교 교과서의 한국역사 외곡 시정.

이러한 과제들은 본질적으로 일제 침략과 식민지 통치의 잔재 청산 작업의 일부로서 일제의 패전 직후 대부분 해결했어야 할 과제들이었다고 할 수 있다. 독일이 패전 직후 프랑스 등 침략했던 인접국가들에게 즉각 사죄하고 피해 배상을 조기에 완결하여 지금은 이웃나라들과 친선우의를 강화하고 있는 사실은 일본에게 좋은 귀감이 될 것이다.

한국 광복 뒤 50년 동안이나 밀리어 온 이상의 과제들을 하루속히 해결하도록 일본측에 요구하고, 적극적으로 협상에 임해야 하리라고 본다. 한·일 기본조약 개정을 위한 제2차 한일회담을 개최하는 것도 방법들 가운데 하나가 될 수 있을 것이다.

그리하여 한국과 일본은 광복 50주년을 맞이하여 미루어져왔던 해결 과제들과 청산해야 할 잔재들을 하루속히 해결해 버리고, 21세기에는 호혜적인 친선우의를 다져가야 할 것이다.

만일 한국측이 반드시 해결해야 할 위의 과제들과 잔재들을 해결하거나 청산하지 않고 일방적으로 '우방'만을 강조하다가는 일본은 한국을 가벼이 여겨 우리도 모르는 사이에 한국을 종속화하는 정책을 추구할 위험성이 매우 크다는 사실을 주의할 필요가 있을 것이다.

(6월회 창립 기념세미나 주제발표 논문, 1995. 6.)

7. 21세기 일본 교과서의 한국역사 왜곡의 문제

1) 의무교육 과정의 일본 검인정 교과서의 역사 왜곡

일본은 중학교가 의무교육이다. 따라서 중학교용 역사교과서에서 한국역사가 왜곡되어 있다면, 미래의 일본 국민 전체가 한국역사를 왜곡하여 교육받게 됨을 의미한다.

일본의 중학교용 역사교과서는 문부과학성의 검인정제도 실시를 거쳐 만들어지고 있다. 기존에 7종의 일본역사 교과서가 있었고, 이번에 이른바 '새 역사교과서를 만드는 모임'이 편찬하고 후쇼사(扶桑社)가 발행하기로 한 1종이 추가되어, 모두 8종이 2002학년도부터 쓸 수 있는 중학교용 역사교과서로 지난 2001년 4월 3일 검정통과가 발표된 것이다. 교과서 집필 전에 문부과학성은 엄격한 집필 기준을 편성하여 저자 및 출판사에게 사전에 주기 때문에, 검인정 통과된 교과서들은 비록 약간의 편차가 있다 할지라도, 큰 골격에서는 모두 문부과학성의 편찬 지침 안에서 짜여지게 되어 있다.

따라서 이번에 통과된 8종의 중학교용 역사교과서의 내용은 일본 정부가 21세기 일본 국민(중학생)을 어떠한 방향과 내용으로 교육시킬 것인가의 '국가의지'를 담고 있는 것이다.

그러므로 만일 일본 중학교(의무교육)용 역사교과서에서 한국역사가 심하게 왜곡되어 있다면, 그것은 보통 서적의 그것과는 전혀 달리, 일본의 '국가의지'가 21세기에 국민(중학생)을 왜곡되게 교육하여 한국에 대해 그러한 정책을 실시하겠다는 강렬한 메시지를 담고 있는 것이다.

한국 국민과 정부는 이 점을 유의하여 일본 역사교과서에 들어있는 한국역사 부분을 정밀하게 검토해야 한다.

2) 일본 역사교과서의 한국역사 왜곡의 심각성

이번에 일본 문부과학성이 통과시킨 2002학년도 중학교용 역사교과서 8종 가운데에서 특히 이른바 '새 역사교과서를 만드는 모임'이 편찬한 역사교과서는 그 안에 서술된 한국역사를 극도로 왜곡하고 날조하여 문제가 참으로 심각하다. 그 가운데 몇 가지만 사례로서 논의하기로 한다.

문제의 교과서는 먼저 고대 한·일관계를 완전히 날조하였다. 고대 야요이 시대부터 7세기 야마도 소국이 일본고대국가를 형성할 때까지를 보면, 한반도 국가들은 매우 발달해 있었고 일본 열도의 소국들은 아주 낙후되어 있었다. 낙후한 야마도 정권이 훨씬 앞서 있는 부강국들인 백제·고구려·신라 등에게 선진문명과 기술의 전수를 간청하자, 백제·신라·고구려 등은 학자·기술자·승려 등을 야마도 왜에 파견하여 문자·선진문명·선진기술·불교 등을 친절하게 가르쳐 주고, 많은 선진문물들을 전하여 주었다. 한반도로부터 이 선진문명 전수의 혜택을 입어 일본의 고대문화와 7세기 고대국가 형성의 문화적 기초가 만들어진 것이었다. 이것은 일본 학자들도 인정하는 역사적 진실이다. 그래서 약 20년 전 한국 대통령이 처음 일본을 방문했을 때, 일본 왕도 "당신의 나라가 특히 지난 5~6세기에 우리 일본에 준 원조에 깊은 감사의 생각을 간직하고 있다"는 요지의 환영사를 한 바도 있었다.

그런데 문제의 교과서는 일본 군국주의자들이 19세기 말 대한제국을 침략할 때 이른바 '황국사관'이라는 침략주의 사관에 바탕을 두어 날조한 '임나일본부(任那日本府)'설을 2002학년도용 중학교 역사교과서에 채택해 넣었다. 일본 구(舊)군국주의자들의 날조에 따르면, 야마도 정권이 4~6세기에 한반도 가야지방— 현재의 경상남·북도와 전라남도에 크게 그림 —에 '임나일본부'라는 총독부를 두고 가야를 직할식민지로 통치했으며, 백제와 신라도 '임나일본부'에 조공을 받치는 종속국가였다는 것이다. 일본 구군국주의자들은 이 역사날조에 바탕을 두고서 일본의 1910년 한국 강점은 새삼스러운 것이 아니라 고대의 '임나일본부' 같은 것을 다시 설치해서 한국을 식민지 지배하는 것으로서 '복구'한 것이라고 식민지 강점을 정당화하였다. 물론 이것은 진실이 아니고 한국 침략을 위해 일본 군국주의·제국주의자들이 날조한 거짓 주장이었다.

일본이 1982년 교과서 개편 때 많은 교과서들은 이른바 '임나일본부설'이 사실이 아니라고 하여 이를 자발적으로 뺐고, 소수 교과서들만 이를 수록했다. 이에 한국 국민과 정부가 분개하여 강력히 규탄하고 항의한 결과 일본 정부는 모든 교과서에서 '임나일본부설'을 뺐다.

그런데 문제의 이번 교과서는 19세기 일본 군국주의자들이 날조한 '임나일본부설'을 부활시켜 고대 한·일관계의 중심에 놓았다. 그 뿐만 아니라 문제의 교과서는 더 나아가서 고구려·백제·신라가— '임나일본부'에는 물론이요 —일본의 나라지방에 있던 야마도 정권에 조공을 받쳤다고 날조하여 기술하였다. 문부과학성의 수정지시를 받고는 고구려를 빼고는, 백제와 신라가 야마도 정권에 조공을 바쳤고, 고구려가 갑자기 (유사하게) 접근해 왔다고 기술하였다. 물론 완전히 날조한 역사였다. 강대했던 백제·신라·고구려가 약소한 야마도 왜의 간청에 응해서 학자·승려·기술자들을 파견해가며 선진문명과 선진기술을 친절히 가르쳐 주었더니 그 은공에 감사하기는커녕 조공을 바쳤다고 날조하고, 한반도 남부에 직할 식민지를 만들어 고대부터 한반도 일부를 식민지로 직접 통치하고 나머지 한반도 국가들도 일본의 종속국가였다고 21세기 일본 국민들에게 교육시키려 하니, 도저히 이러한 역사 날조·왜곡을 묵과할 수 없게 되어 있는 것이다.

또한 문제의 교과서는 '임진왜란'이라는 히데요시의 조선 침략을 긍정적으로 서술하고 히데요시를 영웅처럼 상찬하여 기술하였다.

한·일 근현대관계사 부분은 거의 모두가 왜곡되어 있다. 먼저 일본 근대사에서 내란까지 일으켰던 '정한론(征韓論)'을 완전 삭제해서 한국 침략정책을 은폐했다. '정한론'은 일본 메이지유신 정권 수립 직후 채택됐는데, 그 요지는 일본이 개국으로 말미암아 서양과 교역에서 발생한 무역적자의 누증은 한국을 정복하여 그 금(金)·은(銀)·물산(物産)과 토지의 이익을 빼앗아 메꾸고 한국 영토를 정복하여 일본제국의 영토를 확장함과 동시에 일본의 중앙집권과 황권(皇權)제도를 강화한다는 것이었다. 이 '정한론'은 1850년대 후반 요시다 쇼인(吉田松陰)에 의해 정립되었다가, 메이지유신 정권 수립 1년 뒤인 1869년에 요시다의 제자인 기도 다카요시(木戸孝允)에 의해 대신회의에 제출되어 일본의 정책으로 정식 채택되었으며, 1871년에 사이고 다카모리(西鄕隆盛) 등에게 실행이 준비되었다. 그러나 '정한론'은 구미시찰단 귀국 뒤 이와쿠라 도오미(岩倉具視) 등에 의해 수정되어 군사행동은 국가 실력양성 뒤로 미루고 '정한외교'와 단계적 경제침략 정책을 선행시키기로 되었다.

문제의 교과서는 1875년의 운양호사건과 1876년의 강화도조약 체

결 강요를 '정한론' 설명을 삭제한 채 마치 일본 운양호의 조선 해안측
량 때문에 군사 충돌이 일어나서 통상조약을 요구한 것처럼 왜곡하였
다. 그러나 진실은 운양호가 명령을 받고 일부러 강화도 초지진에 도
발하여 함포사격을 퍼부은 뒤, 돌아가는 길에 영종도에 일본군 육전대
800명을 상륙시켜 조선 군인 35명과 민간인 수십 명을 살육한 사건이
'운양호사건'이었다.

　일본은 '운양호사건'을 일으킨 뒤 적반하장으로 이듬해(1876년) 2월
군함 6척을 끌고 강화도에 찾아와서 함포 사격과 일본군 상륙으로 위
협하면서 그들이 도쿄에서 초안해 온 '조·일수호조규'에 서명·날인
할 것을 요구하여, 부득이 '불평등조약'의 내용을 수정하지도 못하고
승인 체결한 것이 이른바 '강화도조약'이었다. 문제의 교과서는 '강화
도조약'이 마치 양국의 합의 아래 체결된 것처럼 유도하여 왜곡하였다.

　개항 후 일본은 '정한'을 단계적으로 실행하기 위해 끊임없이 침
투·침략정책을 강행하고, 한반도에 불법 군대를 상륙시켜 남의 땅 위
에서 청일전쟁을 일으켰으며, 약 20만 명의 동학농민군을 학살했고,
극심한 내정간섭을 자행했으며, 조선의 자주무력 양성을 탄압 방해하
였다.

　그런데, 문제의 교과서는 조선 개항 후 일본이 한국의 군제개혁을
도와주는 등 원조를 했다고 왜곡 날조하였다. 역사적 진실은 갑오개혁
때 잘 증명되는 바와 같이 일본이 가장 많이 방해를 했던 것이 조선의
근대적 군대개혁과 자주국방력 증강이었다. 일제의 한국 강점에 대한
저항력 양성이라고 보았기 때문이었다.

　일본이 개항 후 한국에 얼마나 악랄한 침략정책을 자행했는가는
1895년 '민비(명성황후) 시해사건'에서 극명하게 증명된다. 민비가 일
본의 간섭으로부터 벗어나려고 시도하자, 주한 일본공사 미우라(三浦
梧樓)의 지시 아래, 일본군 공사관 수비대 1개 대대, 일본 낭인배(浪
人輩), 일본거류민 신문인 한성신보의 사장·편집장·기자들, 일본공

사관 경찰 등이 야습대를 편성하여 1895년 음력 8월 20일(양력 10월 18일) 먼동이 트기 전에 경복궁을 야습해서 저항하는 궁궐 수비병들을 죽이고 궁궐 깊숙이 들어가 민비를 시해한 다음 석유를 뿌리고 불태우는 세계사상 유례없는 천인공노할 만행을 자행하였다.

문제의 교과서는 1894년 일본군의 동학농민군 약 20만 명 학살은 물론이요, 1895년 주한 일본공사관 야습대의 조선 국왕 왕비 '민비' 시해사건을 완전히 삭제하여 역사를 왜곡하였다.

일제는 제국주의 전쟁실력이 준비되자 한반도를 식민지화하기 위해 1904년 2월 8일 인천과 여순(旅順)에 정박한 러시아 군함 각 2척을 기습 공격하고 한반도에 거대 규모의 병력을 불법 상륙시킨 뒤 2월 10일 러시아에 선전포고하여 러일전쟁을 일으켰다. 그리고 이듬해 1905년 9월 5일 포츠머스조약에 의해 러일전쟁이 일본의 승리로 종결되자, 바로 1905년 11월 17일 일본군 병력으로 궁궐을 에워싸고 무력 위협하여 대한제국의 외교권을 박탈하고 통감부를 설치하여 내정을 간섭 지배하는 내용의 '을사5조약'을 강요하였다. 대한제국의 조약체결권자인 고종황제는 이 조약을 승인하지 않고 끝까지 서명날인을 거부했음에도, 일제는 외교권을 강탈하고 1906년 2월 통감부를 설치하여 내정까지 지배하였다.

그런데 문제의 교과서는 한반도가 지리적으로 일본을 향해 뻗은 '흉기'와 같은 것이기 때문에 이것을 외국이 가지면 안 되기 때문에 일본의 안전을 위해 러일전쟁을 일으켰다고 기술하였다. 이런 황당무계한 설명에 문부과학성도 당황했는지 수정지시를 하자 '흉기'를 '팔뚝'으로 고쳤다가, 재수정 지시를 받고는 아예 이를 삭제하고, 최종 검인정 통과본에서는 '일본의 안전과 만주의 권익을 지키기 위해서' 러일전쟁을 일으킨 것으로 서술했다. 그리고 러일전쟁에서 유색인종인 일본이 백색인종인 러시아에 승리하자 억압받던 한국민족에게 독립의 힘을 주고 일본의 승리에 용기를 얻어 아시아 민족들 사이에서는 내셔널리즘이 일어났다고 기술하였다. 완전한 역사 왜곡이고 침략 은폐인 것이다. 일본은 러일전쟁을 도발할 때는 명분으로 '한국의 독립'과 '동양평화의 유지'를 내세웠는데, 승리하자마자 일본군이 무력으로 한국의 독립권을 강탈하고 동양평화를 파괴 교란한 것이 진실이었다. 문제의 교과서는 진실을 완전히 왜곡하여 일제의 한국 침략과 만주에의 세력침투, 동양평화 교란을 정반대로 정당화하는 거짓을 서술해 놓은 것이다.

그 뿐만 아니라 일제가 1905년 '을사5조약'을 강요하여 일본군 위협으로 국권을 침탈하자, 이미 1906년에 《세계 국제법 잡지》는 '을사조약'은 '강박에 의한 조약'이므로 무효이며 성립되지 않는 것이라고 밝혔으며, 1927년 미국 국제법학회와 1963년 유엔 국제법위원회는 강박에 의한 조약무효화·불성립의 사례로 1905년 '을사5조약'을 들었다. 일제의 한국 침략과 강점은 불법적이고 무효임이 이미 당시부터 오늘날까지 국제사회에서 몇 차례 확인되었는데, 문제의 교과서는 이것을 합법적인 것으로 정당화하고 있는 것이다.

일제가 한반도에 불법 상륙하여 국권을 강탈하고 통감부를 설치하여 완전식민지로 강점을 추진하자, 한국민족은 모두 봉기하여 국권회복운동으로서 애국계몽운동과 항일의병 무장투쟁을 치열하게 전개했다. 일본군은 2개 사단과 추가로 2개 연대를 증파하여 항일의병에 대항했는데, 일본군 헌병사령부의 저평가된 통계에서도 1907년 8월부터 1909년 말까지 14만 명의 의병이 열악한 무기를 갖고도 일본군과 2천8백 회 전투를 했으며, 의병 1만 6천7백여 명이 전사하고 3만 6천여 명이 중상을 입은 것으로 드러났다. 한국 민족이 조국독립을 위해 얼마나 치열하게 혈투를 전개했는지를 알 수 있다.

일제는 정치자금을 갖다가 풀어 '일진회'라는 매국도당을 만들어 냈는데 극소수가 매수당했다.

문제의 교과서는 일제가 한국을 병탄하려 하자 병탄 찬성파와 치열한 반대파가 대두했다고 기술해서 '의병'이 항일무장전쟁을 수년 동안

전개한 것을 모두 빼고 '치열한 반대'로 축소한 뒤에 극소수 매국노와 동급 동열로 설명하여 마치 한국인 절반의 찬성 아래 '합병'한 것처럼 서술하였다. 또한 문제의 교과서는 짐이 되는 한국을 일본이 '합병'할 의사가 별로 없었는데 동아시아의 안정을 위해 영국·미국·러시아의 동의 아래 합법적으로 어쩔 수 없이 단행한 정책인 것 같은 인상을 주도록 서술하였다.

일제가 이미 메이지 정권 수립 직후 '정한론'을 정립하여 집요하게 단계적으로 침략정책을 자행해서 결국 한국민족의 항일의병 무장항쟁과 애국계몽운동을 일본군 무력으로 학살하여 누르고 한국을 무력으로 침탈 강점한 사실을 은폐하고 역사를 왜곡 날조한 것이었다.

일제는 1910년 한국을 완전식민지로 강점하자 36년 동안 '사회경제적 수탈'의 극대화와 '한국민족 말살정책'을 골간으로 한 잔혹한 식민지정책을 자행하여 한국민족의 발전을 저해하고 온갖 살육 만행과 착취와 민족말살정책을 집행하였다.

그런데 문제의 교과서는 일제의 36년간 식민지 지배가 철도·관개시설 등 한국을 '개발'시켜주고 '근대화'시켜주었다고 하면서, 도리어 잠자는 한국인들을 근대화시켜준 혜택을 베푼 것으로 서술하였다. 역사를 완전히 왜곡하여 일제의 식민지 강점과 식민지 지배를 정당화한 것이다.

문제의 교과서는 일제의 식민지 지배 기간에 일제당국이 수만 명의 한국인 애국자들을 체포·투옥·학살하고, 1920년 간도에 침입하여 3천여 명의 한국농민을 학살한 사실(경신참변), 1925년 관동대지진 때 6천 명의 재일동포를 학살한 사실 등을 모두 삭제하였다. 문제의 교과서는 일제가 한국인의 생명·신체·재산·언론·집회·출판·결사의 자유권을 완전히 박탈하고, 국민주권과 참정권을 완전히 부정하여, 기본권마저 전혀 갖지 못한 식민지노예와 같은 것으로 만들었다는 사실을 전혀 기술하지 않았다. 그들은 모든 부문에서 한국인에 대한 공식적 차별을 제도화하여 예컨대, 경제부문에서 일본인과 동일 직장에서 동일한 일을 똑같이 하고서도 봉급이나 임금을 일본인의 50퍼센트 이하로 차별임금을 받도록 제도화했다는 사실도 전혀 언급하지 않았다.

문제의 교과서는 일제의 식민지정책이 식량과 토지 약탈, 광물과 자원 약탈, 한국공업 발흥에 대한 탄압과 저지, 일본 독점상품시장으로서 한국 재편과 착취, 저임금체제 강요에 의한 식민지 초과이윤 수탈 등 약탈 착취정책에 대해서는 한마디도 서술하지 않았다.

문제의 교과서는 한국민족을 지구상에서 소멸·말살해서 생물학적 목숨만 있는 '반도인'을 만들어 일본말을 아는 일본의 총체적 노예를 만들기 위한 한국어 말살, 한글 말살, 한국성명 말살(창씨개명), 한국 민족문화 말살, 한국문화유산 파괴와 약탈, 한국역사 왜곡 말살, 일본어 사용 강제와 위반자 처벌 등을 전혀 기술하지 않았다. 문제의 교과서는 민족말살정책에 대해서는 오직 '황민화정책'으로 일본어 교육을 실시했다고 해서 마치 일본어 교육이 민족말살정책의 전부인 것처럼 (긍정적으로) 서술하였다.

또한 문제의 교과서는 일제의 강제공출, 강제연행, 강제징용, 강제징병, 여자정신대, 종군위안부 등 어떠한 전시 강제만행정책도 전혀 한 줄도 기술하지 않았다. 12세 이상 40세 미만의 배우자 없는 한국 여성들 10만여 명이나 종군위안부로 강제징발하여 희생시킨 천인공노할 반인류적 범죄행위에 대해서도 물론 한마디도 언급하지 않았다. 일제가 전선에 강제로 끌고 가 몰아넣어 대포밥을 만든 일백여만 한국 청장년들에 대해서도 한 줄도 서술하지 않았음은 물론이다.

오늘날 한국민족이 남·북으로 분단되어 아직도 큰 고통을 받는 것도 근원적 원인은 일제의 한국 침략과 식민지로의 강점으로 말미암은 것이다.

이와 같이 일제는 한국민족을 침략 강점하여 온갖 학살·만행·착취 수탈을 자행하고 한국민족 발전과 근대화를 가로막으며 한국 분단

의 원인을 만들고 아직도 일제 식민지 지배 잔재의 고통을 심하게 받
도록 만들었다. 그러한 일제의 식민지 지배를 문제의 교과서가 오히려
한국을 '개발', '근대화'하고 혜택을 주었다고 기술하여 21세기 일본 국
민에게 교육하려 하는 것은 역사의 완전한 왜곡이고 날조일 뿐 아니라
한국민족에 대한 더할 수 없는 모독이고 도발인 것이다.

또한 문제의 교과서는 일본 군국주의자들이 일으킨 이른바 '15년전
쟁'(특히 태평양전쟁)은 '침략전쟁'이 아니라 영·프·미 등 서양 열강
의 지배 아래 있던 아시아 민족들을 해방시켜준 '해방전쟁'이라고 기
술하였다. 수정지시를 받고는 '해방전쟁'이라는 용어를 고쳐서 '해방을
위한 용기와 계기를 준' 전쟁이라고 표현만 바꾸었다.

역사적 진실은 동남아·인도 등 아시아 여러 민족들이 서양 열강에
대항하여 민족해방 독립운동을 전개하고 있던 도중에 일본이 침략해
들어오자, 이번에는 일본 침략군에 대항하여 2중의 더 고달픈 민족해
방 독립투쟁을 전개하다가, 일제의 패망으로 말미암아 해방을 맞고 독
립하게 된 것이었다. 극소수 개인 단체가 일본 침략군과 손잡고 서양
열강에 대항하려고 한 예외적 사례가 있었으나 일본군은 해방독립을
주기는커녕 그들을 사역하고 지배했기 때문에 다시 항일투쟁을 전개하
였다. 아시아 민족들의 민족해방 독립운동은 최종적으로는 일본 침략
군에 대항하는 혈전을 전개하여 쟁취한 것이었다. 그러므로 일본 침략
군이 아시아 민족들의 해방 독립에 용기와 계기를 주었다는 것은 히틀
러가 민주주의와 이스라엘 독립에 계기와 용기를 주었다는 것과 같은
것이다. 일제의 15년전쟁은 모두 '침략전쟁'이었다. 이 때문에 일본은
전후에 점령했던 모든 아시아 각국에 막대한 '배상'을 하였다. 이 '배상'
은 그들의 전쟁이 '침략전쟁'이었다는 증거 가운데 하나인 것이다.

문제의 교과서는 군국주의자들의 용어인 '대동아공영권'과 '대동아
전쟁' 용어를 사용하면서 이를 긍정적으로 서술하였다. 일제 '아시아
점령정책'의 기만용어였던 '대동아공영권'을 문자풀이로 마치 아시아

의 공동번영을 추구한 정책으로 설명하고, 태평양전쟁을 일본의 옛 군국주의자들의 설명에 따라 '대동아공영권' 실현을 목적으로 일으킨 전쟁이라고 긍정적으로 평가하면서 패전으로 '대동아공영권' 실현이 좌절된 것을 애석하다고 표현하였다. 마치 패전 전 일본 군국주의자들의 교과서를 보는 것과 같이 서술되고 설명되어 있는 것이다.

또한 문제의 교과서는 일본군이 1937년 난징 점령 후 자행한 '난징(南京)대학살'도 사실이 아니며, 오직 패전했기 때문에 도쿄(전범)재판에서 (강요당해) 인정했을 뿐이라고 설명하고 증거가 없다면서 이를 부인하였다. 그러나 현재 난징에는 '난징대학살 전시관'이 있고 일본군 장교들과 서양 선교사들이 찍은 사진과 문서 등 많은 증거물이 전시되어 있다. 이 밖에도 문제의 교과서 등에서 왜곡·날조된 것은 무수히 많다.

이번 문제의 교과서는 1945년 이전 일본 군국주의자들의 '황국사관'을 바탕으로 한 1945년 이전의 교과서를 현대판으로 다시 보는 것과 같다.

더욱 심각한 것은 이 문제의 교과서 영향과 검인정과정에서 문부과학성의 작용으로 말미암아 기존 7종의 교과서까지 이전의 '침략'을 '진출'로 개악하고, '종군위안부' 등 일제의 침략사실을 대폭 삭제하여 개악되어 버렸다는 사실이다.

3) 역사 왜곡 시정 요구는 내정간섭이 아니다

한국과 중국 등 세계 여론이 일본교과서 역사 왜곡 시정을 요구한 데 대해 일부 일본인과 일본 언론은 이것을 '내정간섭'이라고 주장하면서 대응하려 하고 있다. 그러나 이것은 전혀 '내정간섭'이 아니며, 정당한 요구인 것이다.

만일 한국과 중국이 자기와 관련 없는 일본 국내 사실의 설명에 시정요구를 한다면 이것은 '내정간섭'으로 비판될 여지가 있을지 모르겠다.

그러나 한국과 중국의 역사왜곡 시정요구는 일본교과서 안에 들어 있는 한국역사와 중국역사, 한일관계사·한중관계사의 부당한 왜곡과 날조의 시정을 요구하는 것이기 때문에 지극히 정당한 것이다.

예컨대 두 집이 이웃해 살았는데 100년 전에 이웃집이 돌연 '강도'로 돌변하여 그의 이웃집에 침입, 부모를 살해하고 아이들을 능욕하며 재물을 강탈하는 가해자였는데, 100년 뒤에 이웃집 자손이 책을 써서 100년 전에 그의 이웃집에 들어가 부모와 아이들에게 도움을 주었고 가난한 그들에게 재물을 주는 은혜를 베풀었노라 기술했다고 가정해 보라. 피해자가 이러한 가해자의 거짓 설명과 무고행위에 대하여 시정을 요구하고 명예훼손으로 고소를 하는 것은 '내정간섭'이 아니라, 피해자의 정당한 권리인 것이다.

그 뿐만 아니라 가해자 일본이 피해자인 한국과 중국의 역사를 왜곡하여 21세기 일본의 주인인 중학생들에게 가해자의 범죄를 반성하게 하기는커녕 오히려 정당하다고 가르치려는 것은 21세기 일본국민의 한국 '침략'을 오히려 일본의 '안전'을 지키고 한국을 '개발' '현대화'한 것으로 부추겨서 한국에 대한 '침략정신'을 드높이는 것이기 때문에 지극히 위험한 것이다.

만일 문제의 교과서가 일본 국민의 자부심 배양만을 목적으로 했다면 역사를 왜곡날조하지 않아도 일본 역사 내부에 자부심을 높일 수 있는 많은 업적과 항목이 있다. 문제의 교과서가 구태여 한국침략과 식민지 강점 착취, 중국과 동남아 침략, '대동아공영권' 등을 정당화하며 찬양까지 하고 있는 것은 다른 저의와 목표가 있는 것이다.

문제의 교과서에 대해 1945년 이전 군국주의자들의 교과서를 읽는 것과 동일한 소감을 갖게 되는 것은 교과서의 목표가 무엇인가를 직·간접적으로 잘 알려주는 것이라고 할 수 있다.

4) 일본 교과서 역사 왜곡의 주체세력

그러면 일본에서 누가, 어떤 세력이 역사를 날조 왜곡하며 이렇게 위험한 침략적 교과서를 만들어 보급하려 하는가.

21세기에 아시아를 일본권·일본경제권·일본문화권으로 개편하여 지배해 보려고 준비하는 일본 신군국주의·패권주의 추진세력이 그 주체세력들이다.

먼저 1990년대부터만을 보면, 당시 일본 집권 자민당의 일부는 1991년에 '국제사회에서 일본의 역할에 대한 특별조사회'를 설치하고 정책보고서를 내었다. 그 보고서 내용 요지를 보면 '21세기 세계는 기본적으로 ①미국권 ②유럽공동체권 ③일본권으로 3극화할 것이며, 일본은 아시아를 일본권으로 개편하는 데 주도적 역할을 해야 한다'는 것이었다.

이러한 정책 방향 설정에 발맞추어 1993년에 일본 국회 안에 먼저 자민당 의원 7명(후에 약간 확대)으로 '역사(교과서) 검토위원회'를 설치하고 역사교과서 개편을 추구하였다. 문제의 교과서를 검인정 통과시킨 내각의 모리 요시로(森喜明) 총리도 7인 가운데 하나였다. 이 위원회는 1995년 8월 《대동아전쟁 총괄》이라는 책을 편찬하여 이를 매우 긍정적으로 평가했는데, 그 내용이 이번 문제의 교과서의 '대동아공영권', '대동아전쟁' 긍정론과 '해방전쟁', '시혜론' 등으로 요약되어 들어갔다. 1996년의 준비를 거쳐 1997년 1월에는 국회의원들의 요청에 호응하여, '황국사관 부활론자' '신자유주의 사관' 논자들이 모여서 '새 역사교과서를 만드는 모임'을 결성하였다. 학문적 업적은 거의 없는 극우파 교수 일부가 모여 역사교과서를 왜곡하는 단체를 만든 것이다. 이 단체의 회장 니시오 간지(西尾幹二, 전기통신대 교수)는 1999년 《國民의 歷史》를 집필 간행하여 극우파들의 평가를 받았다. 이 모임의 이론가는 후지오카 노

브카쓰(藤岡信勝, 동경대 교수)와 이토 타카시(伊藤隆, 동경대 명예
교수)인데 '자유주의 사관'을 제창하면서 '황국사관'의 현대판을 주장
하고 있다. 이들이 중심이 되어 '새역사교과서를 만드는 모임'을 만들
고 2002학년 중학교용 역사교과서와 공민교과서를 만들어 검인정을
신청한 것이다.

이를 받아 모리 요시로 내각의 문부과학성이 검인정 통과를 밀어주
었다. 모리는 자기 외에 검토위원회 회원 5명을 입각시켜, 문제의 교
과서의 검인정 통과를 과제의 하나처럼 조각한 인상을 주었다. 문부과
학성은 국회 답변에서 기존 7종 교과서의 역사서술이 균형을 잃었다
고 지적하면서 자기의 권한으로 사전심사하여 균형을 잡겠다고 말하
였다. 이것은 기존 7종의 교과서가 우익의 견해를 수용하도록 수정시
키겠다는 의미로 해석되어 기존 7종 교과서가 모두 '침략'을 '진출'로
바꾸고 '종군위안부'와 침략사실들을 삭제하는 등 사전 개악을 단행하
는 데 결정적으로 작용하였다.

또한 외무성 출신 심의위원이 1982년도에 만든 '근린국조항'을 적용
하여 문제의 교과서를 심의하자고 발언하자, 문부과학성은 그 심의위
원을 해임시켜 문제의 교과서에 찬성하는 사람으로 위원회를 구성함
으로써 문제의 교과서 검인정 통과를 지원하였다. 문부과학성과 장관
자체가 문제의 역사교과서와 교과서 개악의 주체세력 일부로 활동해
준 것이었다.

문제의 교과서는 《산케이(産經)신문》이 적극 후원하고, 산케이신
문 계열 후쇼사(扶桑社)가 발행을 담당하여, 마이니치·요미우리 등
언론들이 후원하고 있다. 일본 자민당 우파 일부와 재벌 일부가 후원
세력임은 물론이다. 국회 안에서는 '일본회의'라는 우파 의원단체가 이
를 후원하고 있다.

그들은 이 문제의 교과서 검인정 통과를 전제로 하고 약 1만 명의
극우세력을 전국적으로 조직화하여 채택운동 준비를 갖추었다. 그들은

교사들의 채택권을 부정하고 각 지방교육위원회로 하여금 채택을 결정케 하여 이 교과서의 채택을 확대시켜나갈 전략을 택하고 있다.

문제의 교과서를 만들고 채택운동을 전개하는 세력은 대략 2005년까지 평화헌법을 고쳐 해외 교전권을 갖도록 하고 '천황'의 군수통수권을 재정립하며, 방위청을 국방부로, 육·해·공 자위대를 육군·해군·공군으로 개편함과 동시에 한반도 유사시와 같은 때에는 일본 육군·해군·공군이 미군과 함께 작전·전투에 참가하고 한반도 수역의 해상경찰권을 관장하기로 미국측과 합의되어 있다고 주장하고 있다.

이 모임이 만든 공민교과서에는 일본이 재무장뿐만 아니라 '핵무장' 해야 할 필요성까지 서술하고 있다.

일본이 2002학년도 중학교용 교과서에서 한국·중국역사를 왜곡 날조한 것은 그들 주장대로 '자학사관'을 벗어나기 위한 것이 아니라, 아시아를 일본권으로 만들어 다시 패권을 장악하기 위한 것임을 주목할 필요가 있다. 이를 위해 내부적으로는 민주주의를 하지만, 대외적으로는 신군국주의 팽창정책·패권주의정책을 추구하여, 과거 일본군국주의의 한국과 아시아 침략, '대동아공영권(아시아 점령정책)' '대동아전쟁(태평양 침략전쟁)'을 긍정적으로 교육하고 '침략'을 '진출'과 '해방전쟁'으로 교육해서 아시아를 일본권으로 만들기 위한 새세대교육과 정신전력 배양을 준비하고 있는 것이다.

한국이 이 역사교과서와 공민교과서의 역사왜곡을 시정하지 못하면 21세기에 일본의 각종 도발과 침략에 직면하여 한국과 아시아의 평화가 교란될 위험이 매우 크다.

그러므로 한국은 북한·중국·동남아 각국과 연대하여 온갖 방법의 대응을 총동원해서 강경하게 이에 대처하여 조국을 지키고 진실을 수호하며, 아시아 평화와 세계평화를 굳게 지켜야 할 것이다.

(철학문제연구소, 《철학과 현실》, 2001년 6월 여름호)

8. 21세기 중국의 고구려 역사 뺏기 시도

1) 중국의 '동북공정'과 고구려 역사 침탈 시도

지금 중국에서는 2002년 2월부터 중국사회과학원이 주체가 되어 '동북공정(東北工程; 東北邊疆歷史與現狀系列研究工程)'이라는 이름의 국책사업이 본격적으로 진행되고 있다. 한국민족의 전근대국가 가운데 하나인 '고구려(高句麗)'를 '당(唐)의 동북 소수민족 지방정권', '중국의 동북 소수민족의 지방정권'이라 억지 주장을 펴면서, 고구려를 중국역사에 편입시키려는 작업이다.

21세기의 불같이 밝은 개명시대에 '고구려 역사' 침탈을 시도하고 있으니, 진리 탐구하는 학문입장에서는 전혀 근거 없는 어불성설의 망발이다.

세계 속의 한국의 나라이름 '코리아'(Corea, Korea)가 사실은 '고구려'에서 기원했음을 알게 되면 중국이 하고 있는 고구려의 중국사 편입공작이 21세기 과학시대에 학문과 과학을 저버린 '역사 제국주의', '역사 침략 공작'임을 전 세계 사람들과 중국인들도 한층 더 잘 알게 될 것이다.

2) 한국민족사로서의 고구려 역사

중국의 옛 역사가들은 '고구려 역사'를 일부 왜곡하면서도 '고구려 역사'는 남의 나라 역사이고 중국역사의 일부는 전혀 아니라고 생각했고 그렇게 기록하였다.

중국 옛 역사가들은 자기만 높이고 이웃 민족·국가들을 비하하면서 자존망대의 사필을 휘두르는 악습이 있어 왔다. 그러나 그 때에도 자기 역사와 남의 역사를 준별할 줄 알아서, 동북쪽 이웃 민족과 국가의 역사는 예컨대 '동이전(東夷傳)', '북사(北史)' 등으로 분류해서 중국역사가 아닌 동쪽 다른 민족의 역사, 북쪽 다른 민족의 역사로 엄격히 분류하였다. 그리고 외국 역사로 분류된 다른 민족의 역사는 중국과 '관계사' 중심으로 지극히 소략하게 자기중심적으로 기록하고 말았다. 고구려는 중국의 일부가 아닌 동쪽 외국의 역사로서 '동이전' 속에 포함시켰고 중국과 관계를 중심으로 지극히 간략하게 기록하였다.

중국 옛 역사가들이 '고구려'를 '동이전'에 분류해 넣은 것 자체가 고구려가 중국역사의 일부가 아니라는 중국측 자료의 명백한 증거이다. 중국의 역사가들은 최근까지(1990년대 전반기까지) 이 전통과 사실에 입각해서 '고구려'는 '조선민족의 역사'이며 '중국역사의 일부'가 아니라고 명확하게 기술해 왔다.

3) '코리아' 나라이름 기원으로서 고구려

중국 정사(正史)에서는 고구려를 '고려(高麗)'로 부르고 적은 것이 더 많다. 예컨대 《남제서(南齊書)》, 《주서(周書)》, 《수서(隋書)》, 《구당서(舊唐書)》, 《신당서(新唐書)》 등은 '고구려'를 공식적으로 '고려(高麗)'라고 표기하고 기록하였다.

예컨대, '구당서'를 보면 '고려(고구려)는 본래 부여의 별종이다'고 기술했으며, 당(唐)의 건국왕인 고조(高祖)가 662년 고려(고구려) 영류왕에게 보낸 공문편지에 "이제 두 나라(고구려와 당)가 서로 화평을 통하게 되었으니(今二國通和)"라고 쓰고, 수(隋)나라의 고구려 침공 때 잡힌 수나라 군인 포로들을 돌려보내달라고 요청한 기록을 수록하였다.

주목할 것은 이때 당 고조는 고구려를 당의 일개 지방정권이라고는 꿈에도 망상하지 않고, 도리어 '두 국가'(二國, 고구려와 당)라고 하여 '고구려'가 '당'과 어께를 나란히 한 당당한 외국 독립국가임을 정사 기록에서도 명백히 하였다. 고려(고구려)는 수나라 군인 포로 1만 명을 당나라에 반환해 주었다고 《구당서》에 기록되어 있다.

고구려의 역대 왕 가운데 어떤 왕은 당과 친선관계를 중시하여 선물을 가진 특사를 파견하였다. 이 때 중국은 한 무제 때부터 이어온 악습에 따라 이를 조공(朝貢)으로 기록하였다. 한나라 때부터 이어온 이 악습은 독립국가 사이의 일방적 '불평등 외교기록' 또는 '불평등 외교관계'이지 상대가 독립국가임을 부정한 것은 전혀 아니었다. 한(漢) 고조(高祖)는 북방의 흉노(匈奴)가 막강해지자 흉노에 대해 한(漢)을 흉노의 '신하'라고 '칭신(稱臣)'하면서 흉노에 대한 외교를 했는데, 그렇다고 한(漢)나라가 흉노의 지방정권이거나 독립국가가 아닌 것이 아니었다. 중국이 만든 동아시아의 외교 악습으로 중국은 화이(華夷)사상에 입각하여 자기 나라 이외의 모든 외국관계를 '조공관계'라고 기록했고 설정하고 싶어 했다. 만일 일시적 조공관계가 '중국 지방정권'의 증거가 된다면 중국의 동서남북 주변 모든 나라들과 아시아 전체가 중국의 지방정권이 될 것이다. 또한 같은 논리라면 중국은 북방 민족들인 흉노·몽골·요·금·만주의 지방정권이 될 것이다.

고구려가 건국되고 멸망하기까지 중국의 수·당 역대 왕들과 사관들은 고구려를 가장 두려운 동쪽의 부강한 독립국가 외국이라고 생각하고 기록했다. 고구려를 수·당 또는 중국의 지방정권이라고는 꿈에도 망상하지 않았다.

당은 668년에 고구려를 멸망시키고 수도 평양에 '안동도호부(安東都護府)'를 설치하였다. 평양은 황폐화되었다. 고구려 유민들은 다수가 피난민이 되어 대거 남으로 내려와서, 송악(松岳, 지금의 개성)이 고구려 피난민 유민의 중심 도시로 형성되었다.

신라가 쇠약해지자 궁예(弓裔)가 이 지방 고구려 유민 후손들을 기반으로 901년에 '후고구려(後高句麗)'를 건국하고 송악에 도읍을 정했는데, '후고구려'의 공식적인 명칭은 '고려(高麗)'였다. 그러나 궁예가 포악해지고 수도를 철원으로 옮기며 국호도 마진(摩震), 태봉(泰封) 등으로 고치자, 송악의 고구려 유민 후손세력은 궁예를 버리고 고구려 유민 직계인 왕건(王建)을 추대하였다.

왕건은 918년 국호를 다시 '고려'로 회복하여 고려왕조를 개창하고 수도를 송악(개성)으로 정하였다. 왕건은 즉위직후 그동안 폐허가 되어버린 평양에 황해도 배천·연안·황주·봉산 등지의 주민을 이주시켜서 평양을 재건하고 '서경(西京)'이라 이름하여 양경(兩京) 체제를 만들었다. 고려 태조 왕건은 '훈요(訓要) 10조'의 제5조에서 "서경은 아국(고려) 지맥의 근본(根本)이다"라고 했는데, 당시의 풍수설을 빌려 표현했지만 본뜻은 '고려의 근본은 고구려(평양)'임을 자손에게 명백히 밝힌 것이었다.

모든 면에서 '고려'는 '고구려'의 계승이며, '고려'의 나라 이름도 '고구려'의 계승임을 명백하게 알 수 있다.

고려는 중국 및 동남아 국가들뿐만 아니라 아랍 국가들과도 무역을 했으므로, 세계에 한국이 '고려'(Corea, Korea)로 알려지게 되었으며,

한국의 나라·겨레 이름이 '코리아'로 정립된 것이다. 즉, 고구려(고려)→고려→'코리아'로 된 것이다.

민족·언어·문화는 물론이요, 국가와 민족 명칭에서도 '고구려'는 한국민족·한국역사의 일부임이 명명백백하고, 당·중국의 일부, 당·중국의 지방정권이 전혀 아닌 것은 불을 보듯 명료한 것이다.

4) 중국의 역사 침략에 대한 한국의 대응

오늘날 중국에서 '고구려'를 중국역사의 일부, 중국 동북 지방정권의 역사로 만들려고 하는 것은 과거 한·위진(魏)·진(晉)·남북조(南北朝)·수(隋)·당(唐)·송(宋)·원(元)·명(明)·청(淸)·중화민국 어느 시기에도 하지 않았던 처음 있는 망발이다. 중화인민공화국에서도 초기에는 전혀 하지 않았던 일인데, 1996년부터 중국사회과학원이 일부 연구자들의 건의를 받아들여 '동북공정'을 중점 연구과제로 선택해서 연구를 시키더니, 2002년 2월 28일부터는 약 3조 원의 국가 예산을 배정한 국책사업으로 집행하며 처음으로 망발을 하였다.

역사는 과학적으로, 학문적으로, 객관적으로 연구해야지 정치목적으로 왜곡해서는 안 된다. 고구려 역사는 민족기원, 언어, 문화, 민족계승 관계를 객관적·과학적으로 연구해야지 그 영토가 현재 어느 나라에 속해 있는가만을 기준으로 고찰해서 압록강 이북의 고구려는 중국역사의 일부이고 압록강 이남의 고구려는 한국역사의 일부라고 유치한 정치적 해석을 해서는 안 된다. 동북공정 이후의 중국측 주장처럼 당이 고구려를 멸망시켜 정복했기 때문에 구고구려 영토는 모두 중국 색깔로 역사지도를 그리고 한국의 지도는 한강 이남만 한국 색깔로 그리는 유치한 제국주의 역사학을 허용해서는 안 된다.

중국 사회과학원에 이러한 '역사 침략', '역사 제국주의' 공작을 즉각 중단하도록 권고한다.

　또한 한국은 중국의 고구려 역사 뺏기가 고조선 역사와 발해 역사 뺏기의 전초전이며, 한국민족의 기원과 형성의 역사를 모두 파괴시키고 한국민족사의 앞부분을 모두 왜곡·말살·파괴시키는 결과를 초래하는 '역사 침략'임과 그 심각성을 정확히 인식하여 학계와 국민 그리고 정부 모두가 더욱 적극적인 대책을 세워야 할 것이다.

(조선일보, 2003년 12월 9일자)

9. 4월혁명 이념에서 본 21세기 한국의 진로

경애하는 4월회 회원 동지들!

우리들의 4월혁명이 있은 지 어느덧 반세기가 가까워오고 있다. 그때 우리들은 50년 뒤의 우리 조국 대한민국은 통일된 선진 민주국가가 될 것이라고 기약했다. 그런데 21세기에 들어선 2004년 3월에도 우리들은 여전히 같은 꿈과 목표를 되풀이 하며 다짐하고 있으니 어찌된 일인가? 1인당 국민소득 1만 달러를 달성한 지 9년이 되었는데 아직도 그대로이니 웬 일인가?

무엇이 우리들의 전진을 가로막고 있는가? 평소의 생각을 몇 가지 들어서 토론의 자료로 삼고자 한다.

1) 부정부패의 철저한 척결 · 청산

먼저 첫째, 우리들은 '부패', '부정부패'의 청산·척결에 실패하였다. 자유당 정권과 그 세력의 부정부패에 경악하여 이를 혁명적으로 청소하려고 봉기했었는데, 50년 뒤 오늘의 정치·재벌 현실을 보라. 50년 전 자유당 부패에도 없었던 '차떼기', '상자떼기'에 부정부패가 극치를 이루었다. '부패'로 복역 중인 죄수가 반성은커녕 "내가 입을 열면 너는 죽느니 사느니" 후안무치한 협박을 일삼는 세태가 되었다.

어떤 학자가 '부패'는 영어로 'Corruption'인데, 이것은 '함께'(Cor)와 '파멸하다'(rupt)의 합성어로서 '공멸(共滅)'을 의미한다고 쓴 것을 읽은 일이 있다. 민주경쟁사회에서 '부패'는 뇌물제공자에게 언제나 승리를 안겨주고 공정한 경쟁을 파괴하며, 악화가 양화를 구축케 하여 사회발전을 막는다. 사악한 자가 언제나 정직하고 무죄한 약자를 뇌물로 짓밟아 박해하고 죽인다. 국민의 창의와 의욕을 사라지게 하고 정신적 공황(panic) 속에 빠뜨리며, 희망을 잃고 절망 속에 빠지게 한다. 법과 경쟁의 규칙이 있어도 이를 신뢰하는 국민이 없어서 사회에 불신과 무규범, 아노미를 만연시킨다. 그러므로 부패는 민주사회의 가장 큰 적(敵)이다. 국가와 사회의 가장 큰 범죄가 '반역'과 '부패'임은 전 세계 사회과학자·역사학자들이 모두 알고 있는 진실이다.

한국사회의 이 악질범죄인 '부패', '부정부패'를 원칙대로 그야말로 철저히 그리고 공정하게 모두 척결하지 아니하면 21세기의 무한경쟁 세계에서 우리 대한민국은 '공멸'한다. 그러므로 '부정부패'의 '철저하고 공정한 척결'이 대한민국을 살리고 21세기에 대 도약을 이루는 첫 번째 조건이다. 만일 부정부패의 철저하고 공정한 척결을 음험하게 방해하는 책동이 있다면 제2의 4·19가 조국을 소생시키는 것을 마다할 국민이 어디 있겠는가!

2) 지역주의 고질병의 치유

둘째, '지역주의'의 고질병이 생기어 악화되었다. 자유당시대에는 '지역주의'라고 호칭할 것은 없었고, '고향'은 아름다운 향수가 어리는 정서의 단어였다. 그 뒤 권력찬탈자와 권력 추수배들이 '정책'과 '경륜'은 개발하지 않고 권좌 점령의 더러운 마키아벨리스트 전략으로 '자기 고향'을 '원시적' 지역주의 선동 제물로 만들어서, 이제 21세기 '고향'은 '맹목적 갈등과 상호 증오'의 단어로까지 변질되었다. 참으로 개탄할 일이다.

멀쩡한 한국(남한)마저 조각조각 '지역주의'로 분열시켜놓은 정상배들이 어떻게 감히 '남북통일', '민족통일'을 실현할 수 있겠는가. 모두 권좌 점령과 유지의 한건주의 말장난이라고 국민이 비판하면 그들이 진정으로 대답할 자격이 있겠는가. 한 지역이 권좌를 점령하면 요직부터 수위까지 모두 전리품으로 그 지역이 독식하는 이 더러운 정치행태가 어느 다른 나라에 있단 말인가. 만일 이 '지역주의'의 고질병을 우리가 척결하지 못하면 선진 민주국가는커녕 21세기에도 우리 한국은 후진국으로 정체될 위험이 있다.

우리는 4·19 이후 권력 추수배들이 만들어 점염시킨 질병인 '지역주의'의 전염병을 반드시 과학적으로 수술하고 치유하여 선진 민주국가로 나가야 할 것이다.

3) 일확천금 도박 조장의 삼제

셋째, '투기'와 '한탕주의'가 전 사회에 만연되었다. 자유당시대에는 '부패'했어도 대다수 성원의 사회 가치관과 기강은 '열심히 일해서 근검저축하여 부(富)를 쌓으려' 했었다. 그런데 50년이 지나 21세기에 들어선 오늘의 현실을 보라. 중앙정부와 지방자치체들이 '카지노'와 '로또(Lotto)복권'의 도박을 허가하여 한탕주의를 조장하고 있다. 성실했던 농촌청년들이 산촌 '카지노'에 찾아가서 온 재산을 도박에 탕진하고 폐인이 되어 유랑하는 것이 어찌 그들만의 잘못이고 중앙정부·지방정부의 잘못이 없다 할 수 있겠는가.

공익단체, 사회단체들이 자금이 필요하면 '복권'을 발행하여 국민을 '도박'에 끌어넣어서 '일확천금', '한탕주의'를 조장하면서 자금을 조성하도록 허가하니, 이것이 무슨 정책인가. 정부의 이러한 정책이 '도박'을 성행시키고, 국민들이 성실한 근로를 기피하고 '요행'을 바라며 '일확천금', '한탕주의'에 빠져들게 조장하는 것이다. 한국이 21세기에 선진국으로 비약하려면 국민이 '열심히 일하고 성실하게 저축하면서 전진하는 '기풍'을 조성해야 한다. '도박', '일확천금', '한탕주의'의 망상에 국민과 청년들이 빠져들지 않도록 정책을 바로잡아야 한다.

최근 번성한 투기적 자본주의, 천민자본주의로 가는 진로의 방향을 대전환하여 합리적 자본주의의 방향으로 핸들을 꺾어야 할 것이다.

4) 퇴폐·향락의 청소

넷째, 퇴폐·향락이 일부에서 지나치게 만연되어 있다. 처음에는 미국·서유럽 등의 퇴폐·향락주의가 도입된 듯하더니, 이제는 일부에서 그보다도 도가 지나쳐가는 상태이다. 밤새도록 마시고 쏟고 또 마시며 끝없는 퇴폐·향락의 순환을 허용하는 아시아의 나라가 어디 있는가? 정부 정책의 조정이 절실히 필요하다.

로마는 가난해서 몰락한 것이 아니라 부유해지자 퇴폐·향락이 지나쳐서 멸망했다는 역사적 교훈을 잊지 말아야 할 것이다.

5) 가짜 '세계화'와 국제자본의 지배에 대한 대책

다섯째, 맹목적으로 '세계화'를 추수하여 '자기상실'의 위험이 증가하고 있다. 이번의 이른바 '세계화'는 몇 개 선진 부강국들이 보호무역주의를 철폐하여 '세계단일시장'과 '무한경쟁체제'를 만들어서 후진국·중진국의 희생 위에 선진부강국들의 '국가이익 극대화의 담합'을 한 측면이 강하다. 이것은 인류 공존공영의 세계화가 아니라 선진 부강국이 통합된 '세계단일시장'에서 '무한경쟁'을 통하여 강자가 약자를 집어삼키는 '약육강식'의 세계화이다.

이러한 측면을 보지 않고 선진 부강국의 가짜 '세계화' 구호와 장단에 맞추어 춤만 추다가는 중진국 단계의 한국은 자기를 상실하여 희생당할 위험이 있다. 예컨대 외국 금융자본과 투기자본이 한국 증권시장 상장가액의 약 40퍼센트를 점유했다. 상장가액의 약 절반은 상속용 등으로 비교적 장기간 거래되지 않는 부분이므로, 거래되는 상장가액의 약 80퍼센트를 외국금융자본·투기자본이 점유하여 주식시장을 좌우하면서 주가를 자의로 조종하고 있는 것이다. 매우 위험한 상태이다. 이 위험에 대비하여 한국은행이 외환보유고를 약 1천5백억 달러 가까이 보유해서 본질적으로 가치퇴장을 시키고 있으니 구조적으로 문제가 심각한 것이다. 한국의 삼성전자, 현대자동차 등 100대 기업의 제1주주를 보라. 모두 국제금융자본·투기자본이다.

어찌 경제뿐인가. 문화부문에서도 초·중등 교사들과 협의도 없이 일본 대중문화를 전면 수입개방하여 안방까지 끌어들이고 있다. 정부의 적절한 대책 없이 한국의 부모들과 교육자들이 한국 청소년·학생들을 일본 대중·퇴폐·폭력문화로부터 어떻게 보호하여 유해·유독한 영향을 막아낼 수 있을 것인가.

이것은 우리 4월혁명 세대들이 꿈꾸고 추구하던 높은 수준의 문화국가 건설과 국제문화교류의 길이 아니다.

6) 사회 대원칙 붕괴의 방지

여섯째, 우리 한국사회의 골간을 이루고 있던 문화적·규범적·윤리적 대원칙들이 붕괴되는 조짐이 있다. 한국사회는 가난한 시대에도 무너지지 않는 규범적 사회기강이 버티고 있었다. 그런데 최근에는 황금만능주의, 배금주의가 급속히 만연되어, '돈'을 위해서는 수단방법을 가리지 않고 공덕·규범·윤리도 팽개치며, 범죄도 서슴지 않는 사회 대원칙 붕괴 현상이 나타나고 있다.

이러한 경향과 현상이 더 만연되고 진행되면 사회적 아노미와 국민적 절망감만 양산할 뿐, 도저히 선진 문화국가를 만들 수 없다.

너무 늦기 전에 정부와 교육기관과 언론정보 매체들이 합심하여 방향교정을 위한 적극적으로 대책을 마련하는 것이 절실히 필요한 것이다.

7) 통일된 최선진 민주국가로의 길

그러면 우리 한국인들은 이 난제들을 해결하고 21세기에 우리들이 간절히 소망하는 통일된 최선진 민주문화국가를 건설할 수 있을까? 물론 할 수 있다. 시간이 제약되어 있으므르 여기서는 몇 가지 방향만을 들어 토론의 자료를 제시하려 한다.

첫째, 정치제도·정치문화·정치행태를 근본적으로 변혁시켜야 한다. 현재 각계에서 이를 위한 방안이 광범위하게 검토되고 있으므로 여기서는 생략하기로 한다. 필자의 의견으로는 현재 서유럽 국가들이 부패 없는 선진 민주정치제도를 잘 운영하고 있으므로, 미국·일본보다는 서유럽국가들의 선행 모델을 참작하여 얼마든지 새정치 변혁을 실행할 수 있을 것이라고 생각한다.

둘째, 대대적 교육혁명을 실행해야 한다. 한국의 '교육열'은 현재 세계 정상이다. 이 교육열은 교육비 부담만 높이는 '망국의 교육열'이 아니라, 과학적 지식이 발전의 원동력이 되는 세기인 21세기에 한국을 최선진 문명국으로 비약시킬 원동력이다.

문제는 이 세계 정상의 '교육열'에 걸맞은 교육제도와 교육내용을 만들어 결합시키는 일이다. '교육혁명'이 비약의 열쇠이다. 그 내용은 여기서는 생략한다.

셋째, 평화통일과 한반도 평화를 확고하게 정착시키는 일이다. 제2의 한국전쟁이 터질 만한 작은 '불씨'라도 남기면 안 된다. 이것은 얼마든지 실현시킬 수 있다.

넷째, '목적의식적 경제정책'을 세워서 경제를 비약적으로 선진경제로 발전시켜야 한다. 한국경제는 노동집약적 부문에서는 중국의 강력한 도전을 받고, 자본·기술집약적 부문에서는 구미선진국과 일본의 강력한 도전을 받고 있으므로 '시장경제'에 맡겨 흘러 다녀서는 난파당할 위험이 있다.

정부가 마스터플랜 또는 국가발전계획을 수립하여 '시장경제'의 배후에서 의도적인 '비약적 성장정책'을 추진해야 한다. 한국은 인구조밀 국가이므로 그 방향은 '성장'이 '고용'을 창출하고 '안정'을 수반할 수 있도록 하는 것이다. '성장'과 '안정'은 한국의 경우 택일적인 것이 아니라 보완적인 것이다.

외국자본 도입은 산업자본과 투기적 금융자본을 준별하여 고용과 기술을 제공해주는 외국자본의 제조업 산업투자에는 적극 편의를 주어 도입하고, 투기·금융자본은 이를 실질적 '행정심사'로 규제하면서 들어온 뒤에 일거에 빠져나가 외환위기를 초래하지 않도록 '안정장치(safe-guard system)'를 붙여야 한다. 외국자본을 분별없이 아무 자본이나 끌어들이는 것은 유해하고 위험하다.

현재 내자가 많이 형성되어 있고 금융기관의 예금만도 500조 원이 건설적 투자대상을 못 찾아 방황하고 있는 형편인데, 이를 정책으로 유도하여 활용하지 않고 외국자본이 기존 한국기업과 금융기관을 기업사냥 하도록 방치하는 것은 정책 착오이다. 특히 전력·철강·철도·통신 등 한국의 기초산업을 국제금융자본이 사냥하지 못하도록 대책을 세워야 한다.

중·장기책으로 ①최첨단 최선진 제조업 ②고부가가치 생산 제조업 ③전략산업 ④성공 가능한 벤처기업 ⑤최선진 서비스 산업을 결합시킨 새로운 모형의 산업체계와 특정 농업·목축업·수산업 및 고용량 확충을 위한 전략적 중소기업 육성정책이 필요하다.

노·사간 산업평화의 중·장기 협정과 시스템 정립이 필요함은 물론이다.

다섯째, 과학기술 신혁명을 위한 적극적 정책이 절대 필요하다. 현재의 공학 기피현상은 위험한 것이다. 과학기술의 대발전을 위한 지원정책이 혁명적으로 강화되어야 한다.

여섯째, 사회적으로 부패·퇴폐·향락주의 방지를 위한 혁명적 결단의 정책이 필요하다. 공덕심·사회윤리·생산적 생활양식 제고를 위한 새생활운동이 4·19시기처럼 필요함은 물론이다.

한국은 현재 출산율이 세계에서 가장 낮은 나라로 급변했는데, 이것은 망국의 징조가 될 수 있다. 이를 교정하기 위해 출산과 산후 조리 비용을 전액(1인당 수백만 원) 국가가 지원하고, 직장여성을 위한 탁아시설을 국가와 모든 직장이 의무적으로 공급할 필요가 있다. 또한 2인 이상의 자녀를 출산·양육하는 여성에게는 양육을 일정기간 직업으로 간주하여 정해진 봉급을 지급할 필요가 있다.

일곱째, 신자유주의 세계화의 돌풍 속에서도 한국은 민족문화·민족언어·민족역사를 잘 가꾸고 발전시켜야 강대국 중심의 이번 '세계화'에 한국민족이 희생당하지 않고 세계 속에서 비약할 수 있다. 물론 신자유주의 '세계화'는 강대국문화에의 동화 압력이 매우 크게 마련이지만, 그 속에서도 아름다운 민족문화 유산을 버리지 말고 잘 간직하면서 더욱 발전시켜 21세기 한국민족의 세계적 발전의 원동력의 하나로 삼아야 한다.

전 세계 각국과 활발한 문화교류를 하고 외국문화도 취사선택하여 받아들여서 발전의 자극과 자원으로 활용해야 함은 물론이다. 비단 여기에 그치지 말고 민족문화를 발전시켜 세계에 수출해야 한국도 더욱 발전하고 세계문화도 더욱 다양하게 발전시키는 데 이바지하게 될 것이다.

이러한 모든 과제들을 수행할 주체는 전 국민, 모든 기관과 단체들, 개혁된 언론기관들이지만, 이 가운데서도 '정치'가 핵심적으로 중요하다는 사실은 우리 모두가 알고 있는 바이다.

이런 면에서 이번 '4월총선'은 21세기 한국의 진로를 좌우하는 매우 중요한 총선거이다. 어떤 국민대표를 선출해야 이 과제들을 해결하는 길로 힘차게 전진할 수 있겠는가?

(4월혁명 44주년 기념, 4월회 특강, 2004. 3.)

1. 21세기 한국사회, 가족, 공동체문화

1) 세계체제 변동과 가족해체의 경향

우리가 21세기에 건설하려는 나라와 사회는 단지 물질적·경제적으로만 풍요한 선진사회는 아니다. 물론 물질적·경제적으로도 풍요해야 하지만, 그와 함께 반드시 사회적·문화적·윤리적·정신적으로도 풍요한 선진사회를 건설해야 하는 것이다. 그래야 사람들은 사회 속에서 행복하게 생활할 수 있다.

사람은 빵만으로는 살 수 없다. 사람이 행복을 느끼며 사회 속에서 사람답게 살기 위해서는 물질적·경제적 생활의 풍요로움뿐만이 아니라 사회적·문화적·윤리적·정신적 생활의 풍요로움과 애정이 충만한 사회단위(가족·공동체) 속에서 생활하면서 끊임없이 발생하는 긴장과 스트레스를 풀고, 정서적으로 행복감을 느끼면서 생활하도록 사회가 조직·구성되어야 하는 것이다.

현대사회 그리고 21세기의 사회는 그 사회조직의 원리가 사회학적으로 대부분 '게젤샤프트'(Gesellschaft ; 이익사회)의 조직으로 구성되어 있다. 이익사회라는 것은 사회학적으로는 개인 또는 집단의 특정이익과 관련된 목적을 달성하기 위해서 인위적으로 조직된 사회단위를 말하는 것이다. 이러한 게젤샤프트에서는 개인이익 또는 집단이익의 달성이 목적이기 때문에, 언제나 경쟁과 능률을 중시하고, 개인의 정서적 안정과 행복은 고려하지 않는 것이 보통이다. 그 뿐만 아니라 이러한 게젤샤프트의 목표 달성을 위한 경쟁과 능률의 활동 속에서는 끊임없이 긴장과 스트레스가 만들어져 쌓이는 경향이 있다.

반면에 사회조직 유형에는 개인적 이익을 추구하지 아니하고, 오히려 개인적 이익에 손실을 입더라도 다른 성원과 함께 더불어 융합하여 생활하며 정서적 안정과 이해와 애정으로 충만한 조직유형의 사회단위가 있다. 이것을 사회학에서는 게마인샤프트(Gemeinschaft ; 공동사회)라고 한다. 게마인샤프트의 대표적인 것이 가족과 그 밖에 전체 사회 속에 부분적·파편적으로 남아 있는 여러 가지 작은 공동체들이다. 이 중에서 '가족'은 인류사회가 창안해 낸 가장 완벽한 게마인샤프트이며 유니언(union ; 공동체)이다. 사람들은 전체 사회 속에서 또는 게젤샤프트 속에서 발생한 모든 긴장들을 이 가족과 공동체 속에서 해소하고 처리하여 피로와 긴장의 중압 속에서 쓰러지지 아니하고 다시 소생하여 끊임없이 재활성화하면서 다시 활동하게 되는 것이다.

1995년 WTO(세계무역기구) 출범을 계기로 세계체제가 크게 변동하여 제3차 세계체제가 시작되자 국제적 무역경쟁·경제경쟁·과학기술경쟁 등이 갑자기 더욱 격화되었다. 이를 계기로 나라의 모든 크고 작은 정책들이 물질적·경제적 경쟁과 관련된 것으로 집중되고 있다. 이에 따라 가족과 공동체가 해체될 수도 있는 위험을 간과하는 경향이 발생하게 되었다. 그 뿐만 아니라 제3차 세계체제 경쟁의 본질도 잘못 이해하여 정책을 수립하는 경우도 많음을 볼 수 있다.

1995년부터 본격적으로 출범한 제3차 세계체제는 일부 선진국 학자들이 환상적으로 지적하는 바와 같이 화합하는 세계정부를 지향하면서 이른바 '국경없는 경제'(borderless economy), '국경없는 세계'(borderless world)를 만들어가는 세계체제가 아니다. 이번 제3차 세계체제는 이미 대부분의 분야에서 월등한 국제경쟁력을 가지고 있는 선진국들이 그때까지 후진국과 중진국의 보호주의정책으로 말미암아 그들에게 전면 개방되어 있지 않았던 후진국과 중진국들의 국내시장을 전면 개방케 해서 하나의 '단일 세계시장'을 형성하고 그 속에서 무한경쟁을 시킴으로써 이미 국제경쟁력을 월등하게 높게 가지고 있는 선진국들이 더 많은 이익과 이윤을 획득하기 위해 만든 세계체제이며, 선진국들의 국가이익을 극대화하기 위한 담합으로 형성된 체제이다.

제3차 세계체제가 종전의 제1, 2차 세계체제와 특히 다른 점을 몇 가지 들면 다음과 같다.

첫째, 자유무역과 완전개방의 범위를 종래의 제조공업 산품에 한정하지 않고, 지금까지 주권국가의 보호정책을 받던 농산물·축산물·수산물 등의 제1차 산품, 그리고 금융·자본·교통·운수·통신·광고·정보·지적 재산권 등 서비스 부문(제3차 산업부문)으로 확대하였다. 이것은 모든 산업부문을 자유무역과 완전개방의 범위 안에 포함시키는 것을 의미하는 것이다. 그 뿐만 아니라 이번 체제는 종래 국민과 시민을 양성하기 위하여 그 국가의 주권 아래 놓여 있던 교육을 무리하게 일종의 서비스 산업으로 간주하여 개방하도록 규정하고 있다.

그 뿐만 아니라 산업으로 간주할 수 없는 문화 부분도 텔레비전 프로그램과 영화를 제외하고는 결국 전면 개방하도록 자유무역과 완전개방의 범위 안에 포함시켰다. 물론 하루아침에 개방되는 것이 아니라 단계적 조치로 단계적으로 개방되지만, 21세기에는 궁극적으로 전면 개방하도록 규정되어 있는 것이다.

둘째, 이러한 자유무역으로 완전개방된 세계시장 속에서 무역과 교역의 경기규칙이 근본적으로 변동되었다. 종래에는 후진국과 중진국의 유치산업(infant industry), 경쟁력이 약한 산업을 보호하기 위하여 후진국·중진국 정부가 일종의 보호조치를 할 수 있도록 허용되었다. 또한 후진국이 선진국과 직교역을 할 때에는 공정한 거래조건을 보장하기 위하여 후진국에게 일정한 보호정책과 보호조치를 허용하면서 경쟁하도록 인정되어 있었다.

그런데 이번 WTO체제에 바탕을 둔 제3차 세계체제의 무역과 교역의 경기규칙은 후진국·중진국일지라도 어떠한 보호정책·보호조치 없이 각 기업 및 사회단위들이 완전히 선진국 각 기업이나 사회단위들과 무제한 경쟁을 하도록 규정하고 있다.

예컨대 권투경기에 비긴다면 이제까지 권투선수들의 체급을 규정하여 중량급은 중량급끼리, 미들급은 미들급끼리, 경량급은 경량급끼리 경쟁하는 것이 공정한 경쟁이라고 했다. 그리고 후진국인 경량급과 선진국인 중량급이 바로 직접 사각의 링 위에서 경쟁하도록 하는 것은 불공정한 경기라고 규정하여 그러한 경쟁을 허용하지 않았던 것이 이제까지의 경기규칙이었다. 그런데 이번에는 전 세계 200개 국가가 동시에 올라올 수 있도록 링을 확대해놓고,— 즉 하나의 단일세계시장을 만들어놓고 —200개 국가의 모든 중량급·미들급·경량급 선수들이 동시에 링 위에 올라와서 아무런 보조정책이나 보조장비 없이, 맨주먹으로, 상대를 임의로 자유롭게 골라서 무한경쟁을 하여 천하장사를 가리겠다는 것이고, 이것을 이른바 공정한 경쟁이라고 새로 규정을 정하고 있는 것이다. 즉 국제사회에서 '약육강식'의 세계체제를 수립하고, 이를 공정한 것이라고 하여 규칙으로 정하고 있는 것이다.

이러한 특징을 가진 제3차 세계체제의 국제교역 경기규칙과 제3차 세계체제의 구조는 선진국에게 일방적으로 유리하고, 후진국에게는 상대적으로 매우 불리한 경기규칙이며 체제임을 바로 알 수 있다. 그리하여 세계 석학들은 WTO체제에서는 선진국은 계속 더욱더 크게 발전하겠지만, 이 체제 아래에서 선진국이 될 만한 후진국은 단 한 나라

도 없으며, 선진국과 후진국의 격차는 더욱더 벌어질 것이라고 의견일
치하여 예측하고 있는 것이다.

오직 관찰의 초점은 중진국 상태에 있는, 이른바 신흥공업국의 진로
이다. 아시아의 한국·대만·말레이시아, 도시국가인 싱가포르와 홍
콩, 그리고 중미와 남미의 멕시코·아르헨티나·칠레·브라질 등과
같은 중진국들은 이미 공업화의 상당한 단계에 진입해 있기 때문에 만
일 그들이 국제경쟁력을 갖추어 역시 개방된 세계시장 속에서 선진국
과 경쟁을 할 수만 있다면, 이들 중진국들에서 몇 나라는 선진국으로
진입할 수 있지 않을까 하고 세계 석학들은 중진국들을 주목하고 있
다. 그리고 그중에 우리 한국이 선두주자의 하나로 포함, 주목을 받고
있다.

이러한 특징을 가진 WTO체제는 결코 국경 없는 경제, 국경 없는
세계를 만드는 체제가 아님을 똑바로 인식해야 한다. 예를 생산요소부
터 살펴보기로 하자. 생산요소로는 자본·노동력·토지·기술 등을
들 수 있다. 토지는 붙박여 있어 이동이 불가능한 것이므로 제외하기
로 하고, 자본·노동력·기술의 자유이동 문제를 보기로 하자.

자본이라는 생산요소는 선진국들이 그 대부분을 풍요롭게 가지고
있으며, 선진국들은 대체로 자본 잉여국가이다. 그러므로 그들은 이
자본의 전 지구적, 전 세계적인 자유이동과 자유활동을 보장하기 위하
여 이번 WTO체제의 경기규칙에서 이를 절대적으로 보장하였다. 왜냐
하면 자본의 자유이동과 자유로운 활동이 그들에게 바로 더 많은 이익
과 이윤을 산출하여 가져다줄 것이기 때문이다.

반면에 노동력은 후진국들이 많이 가지고 있는 생산요소이다. 예컨
대 인도·방글라데시·파키스탄·필리핀·인도네시아 등과 같은 나
라는 노동력이 넘치는 노동력 과잉국가이다. 이러한 후진국의 풍부한
과잉노동력의 자유이동에 대해서는 선진국들은 울타리를 없애는 것
이 아니라, 도리어 울타리를 더욱 높여 자유이동과 자유활동을 엄격

히 통제하고 있다. 만일 울타리가 걷히고, 국경이 없어져서, 이러한 노동력이 선진국 경제영역으로 유입·이동된다면, 이동된 노동력은 선진국의 소득을 나누어 분배받아 매우 풍요로운 삶을 살 수 있을 것인데, 선진국들은 울타리를 높여 그 이동과 유입을 엄금하고 있는 것이다.

한편, 과학기술은 그 대부분을 선진국이 가지고 있는 요소이다. 후진국은 선진국이 발명, 발견한 기술들을 대부분 학습하고 도입하여 중진국·선진국으로 발전하는 길을 걸어온 것이 사실이다. 선진국들은 이를 보고 이번 WTO체제에서는 이 과학기술과 기술지식을 지적 재산권이라고 하면서 이의 학습과 생산에의 응용에는 울타리를 쳐서 자유로운 이동과 응용을 금지하고 있다. 이를 응용하려면 반드시 로열티라고 하는 대가를 선진국에 지불해야 한다. 또 선진국과 경쟁하는 상품을 생산해낼 수 있는 최첨단 특정기술에 대해서는 로열티를 지불한다 하더라도 선진국이 이를 팔지 않으면서 통제하기 때문에 응용이 불가능하다. 그러므로 국경 없는 경제는 생산부문에는 없는 것이다. 경제의 생산부문에서 국경은 엄연히 존재하고 있으며, 오직 자본의 자유이동·자유활동 등에 대하여 울타리만 걷히고 있는 것임을 확인할 수 있다.

경제는 생산으로만 이루어지는 것이 아니라, 분배가 하나의 중요한 구성부문이 된다. 연(年) 생산물, 즉 국민총생산의 분배는 국경을 기준으로, 국경에 따라서 분배된다. 국민소득 3만 달러의 나라는 그 높은 소득을 반드시 자기 국민에게만 분배하여 선진국들은 1인당 국민소득이 3만 달러가 되는 것이다. 반면에 1인당 국민소득이 300달러인 후진국은 자기의 연 국민총생산을 자기 국민에게만 분배하여, 1인당 평균 국민소득이 300달러가 되는 것이다.

따라서 선진국의 어느 한 나라에는 식량이 남고, 축산물이 남고, 영양공급이 과잉이어서 다이어트 음식을 광고하고 보급하고 있는 반면에, 다른 나라들에서는 동시에 수많은 사람들이 굶주리고 있다. 선진국의 농축산물이 창고에서 썩어가고 있음에도, 모잠비크·르완다·소말리아 같은 나라의 어린아이들이 1년에 수십만, 수백만 명씩 기아로 죽어가고 있다. 그러나 WTO체제를 만든 사람들은 이것을 후진국 그 나라 정부의 책임이라고 보고 있으며, 선진국 정부들은 전혀 관여하지 않고 있다. 오직 유엔기구와 기독교 자선단체들이 몇 푼 안 되는 구호기금을 모아서 식량을 사다가 투입하고 있는 형편이다. 분배부문에서 국경은 1, 2차 세계체제와 조금도 다름없이 제3차 세계체제(WTO체제)에서도 그대로 엄존하고 있다.

그러므로 일부 선진국 학자들과 이를 추종하는 후진국·중진국 학자들이 WTO체제의 출범으로 말미암아 '국경없는 경제', '국경없는 세계'가 이루어지게 되었다고 주장하는 것은 사실이 아니다. 또 이 WTO체제에서는 민족과 국가의 개념도 달라져야 하며, 국가이익의 개념도 달라져야 한다고 주장하는 것도 전혀 사실이 아니다. 민족과 국가는 그대로 엄존하고 있으며, 국가이익도 그대로 엄존하고 있다. 구태여 이 제3차 세계체제의 특징을 꼬집어 말한다면, 궁극적으로 '울타리 없는 경제'(fenceless economy), '울타리 없는 세계'(fenceless world)로 가고 있다고 저자는 표현하고 싶다. 그러나 결코 '국경 없는 경제', '국경 없는 세계'로 가고 있는 것은 아니며, 국가이익이 고려되지 않고 전 인류의 이익이 고려되고 있는 것도 아니다. 오히려 이 체제(제3차 세계체제 ; WTO체제)는 선진국들의 국가이익을 극대화하기 위한 담합체제의 측면이 매우 강하다는 사실을 지적하지 아니할 수 없다.

WTO체제의 본질이 이러함에도, 선진국의 일부 학자들과 관료들이 '국경없는 경제', '국경없는 세계'의 환상적 개념과 해설을 홍보하는 것은 진실을 밝혀주는 것이 아니라, 선진국의 이익 극대화를 위해, 후진국의 상대적 불이익 때문에 후진국이 저항하는 것을 사전에 방지하고 그에 대한 인식을 바꾸어 놓기 위한 것이라고 볼 수 있다. 또한 후진국과 중진국의 일부 학자와 관료들이 이러한 '국경없는 경제', '국경없는 세계'의 개념과 해설에 적극적으로 동조하는 것은 그들이 자기 나라와 후진국·중진국의 이익을 대변하거나 사물의 진실을 밝히려고 하는 것이 아니라, 선진국들의 이익과 선진국 학자들의 해설에 무비판적으로 동조하기 때문에 그러한 것이라고 볼 수 있다.

이 제3차 세계체제에서는 국경도, 민족도, 국가도 없어지지 아니한다. 또한 국가이익 추구도 조금도 없어지지 아니한다. 도리어 이 체제 아래에서 국경은 그대로 남아 있고, 민족과 국가와 국가이익 추구도 그대로 남아 있기 때문에, 그러면서도 하나의 통일된 세계시장 속에서 후진국·중진국들에 대한 아무런 보호정책과 보호장치도 없이, 선진국·중진국·후진국들이 모두 발가벗고 무한경쟁을 해야 하기 때문에, 치열한 '약육강식의 시대'가 다시 펼쳐지는 것이다. 이 체제에서는 이미 경쟁력을 가지고 있는 강자(선진 부강국)는 살아남고 경쟁력이 없는 약자(후진국)는 죽어가게 되어 있다. 이것이 어찌 인류의 미래에 대하여 낙관적인 체제라고 할 수 있겠는가? 국경은 남아 있으면서 울타리만 걷힌 상태에서 국경과 국가를 지키는 것은 선진국에게는 쉬운 일이지만, 후진국과 중진국에게는 울타리가 걷힌 국경을 지키기는 힘들어졌으며, 울타리가 걷힌 상태에서 국가이익을 지키기는 더욱더 힘들고, 더욱더 어렵고, 더욱더 많은 지혜와 자주성과 새로운 정책을 필요로 하게 되는 것이다.

제3차 세계체제에서는 자유로운 전면 개방의 교역 영역이 교육과 문화에까지 확대되기 때문에, 선진국의 문화와 교육이 선진국의 경쟁력 있는 상품과 함께 후진국과 중진국에 들어와 자리 잡을 수 있게 되어 있다. 만일 선진국들의 문화와 교육이 모두 후진국과 중진국들의 관점에서 바람직한 것이고 인류생활과 인류 미래에 행복을 가져다 줄 수 있는 것이라면, 이에 대한 염려는 줄어들 수도 있다.

그러나 대부분의 선진국들은 그들의 선진경제·선진자본주의체제를 발전시켜오는 과정에서 경제와 과학기술 이외의 사회적·문화적·윤리적·정신적 제도화 측면에서 귀중한 것을 스스로 잃어버리고 타락한 병든 사회, 타락한 병든 문화, 타락한 병든 정신과 도덕들을 독버섯들처럼 많이 배양하여 고통 받고 있는 것이 그들의 현실이다. 선진국 자신들이 고통 받고 있는 이러한 독버섯과 같은 병든 사회제도와 문화들이 후진국과 중진국에 무제한 쏟아져 들어와서 경제적·과학기술적의 경쟁에 허덕이고 있는 후진국·중진국들을 함께 병들게 할 수도 있다. 이 점은 우리가 눈을 똑바로 뜨고 특히 경계해야 할 부분이라고 강조하지 아니할 수 없다. 그 가운데에서 대표적인 것이 가족제도와 공동체적 생활양식의 해체이다.

미래를 위한 교훈을 얻기 위해 미국의 예를 간단히 들어보기로 하자. 미국은 산업자본주의가 한창 발전하던 19세기와 20세기 초엽 시대에는 비교적 건전한 가족제도와 공동체적 협동의 생활양식을 가지고 있었다. 그러나 20세기 후반에 들어와서 개인주의와 이기주의가 가족에까지 침투, 가족을 구성하는 제1차 단위인 부부(남편과 아내)에게도 서로 이기주의와 향락주의에 침투당해 이혼율이 급속히 증가해서 가족이 해체되어 가는 경향이 널리 퍼지게 되었다. 그리고 사회와 국가의 정책은 이를 방치한 결과 오늘날에는 이혼율이 급속히 증가해서 가족해체현상이 전 미국, 전 유럽사회, 전 기독교 문명의 선진국 사회에 만연하게 되어 버렸다.

미국의 경우 성인가족 가운데에서 한 번 이상 이혼한 가족이 이미 2분의 1을 넘어 3분의 2에 육박하고 있다. 초등학교 학생들은 주말에 자기의 친부모와 함께 가정에 남는 수보다 부모들이 이혼했기 때문에 딴 곳에 흩어져 있는 자신의 친부모를 찾아가는 학생들 수가 반을 넘어서서, 오히려 이러한 비정상이 정상이 되고, 정상이 비정상으로 전도된 형편에까지 이르게 되었다. 이기주의와 향락주의로 말미암은 부모들의 이혼이 자기의 자녀들을 희생시키기 시작한 것이다. 특히 흑인 청소년

학생들의 경우 이러한 문제는 매우 심각하다. 이혼가족에서는 부모와 가정의 애정에 굶주린 고독한 학생들과 자녀들이 초등학교 7, 8학년이 되어 의식이 깨이기 시작하면 학교 안과 사회의 경쟁에서 형성되는 긴장과 스트레스를 가정 안에서 다 해소하지 못하는 것은 당연하기 때문에 그 보조수단으로서 마약의 유혹에 빠지게 된다. 모두 알다시피 마약은 개인을 망치고 사회를 망치는 것이므로 학교에서나 사회에서나 공시적으로는 엄격하게 금지되어 있어서 엄청난 마약 구입비용을 마련하기 어렵다. 따라서 청소년들은 마약을 구입할 자금을 마련하기 위해 폭력과 범죄에 의지하고, 그 결과 현재 미국사회는 청소년들의 폭력과 범죄를 감당하지 못하는 상태로 되어 가고 있다.

우리 국민들은 오늘 미국사회가 되어 가는 현실을 바로보아야 한다. 미국은 현재 세계에서 가장 부유하고 강한 세계 최부강국가이다. 미국은 세계에서 과학기술 수준이 가장 높은 국가이다. 미국은 바로 세계를 지배하고 있는 것이다. 그런데 미국의 뉴욕·시카고·샌프란시스코·로스앤젤레스 등 어떠한 도시도 오후 8시가 넘으면 미국 시민들이 자유롭게 거리를 걸을 수 없다. 폭력과 범죄에 부딪히기 때문이다. 반드시 차를 타고 다녀야 하며, 차에서도 문을 함부로 열어서는 아니 된다. 낮에는 멀쩡하고 활동적인 거대한 산업금융도시들이 밤에는 범죄와 폭력의 대도시들로 변해버린다. 아무리 우리가 21세기에 세계 최선진 부국과 최선진 강국을 만든다 할지라도 시민들이 저녁 8시 이후에 거리를 걷지도 못하는 폭력과 범죄의 나라가 된다면, 이것이 무슨 바람직한 21세기의 사회라고 하겠는가.

우리가 예를 들고 있는 미국사회는 왜 이렇게 되어 버렸을까? 궁극적인 원인을 분석해 들어가면, 높은 이혼율로 나타나는 가족의 해체로 말미암아 이렇게 되었음을 알 수 있다. 미국은 경제 발전과 과학기술 발달 그리고 세계 지배에만 온 정력을 쏟으면서 동시에 사회적·문화적·정신적·도덕적 발전에 대한 연구와 정책개발 및 그 실행에는 소

홀했기 때문에 오늘날과 같이 반은 성공하고, 반은 실패하여 높은 이
혼율과 마약·폭력·범죄로 병든 사회를 만들어 온 것이다.

　이 사실은 전 세계의 모든 민족, 모든 나라, 모든 인류에게 커다란
교훈을 준다. 특히 우리나라와 같이 중진국 상태에서 21세기에 최선진
국이 되고, 그리하여 미국·일본·독일 등 모든 선진국들을 따라잡고
마침내 추월해서 세계 최선진 부강국 가운데 하나가 되면서 동시에 전
인류가 행복하게 살 수 있는 그러한 세계를 만드는 데 이바지하고자
하는 나라에게는 미국의 이 쓰라린 경험이 많은 교훈을 주는 것이다.

　21세기 WTO체제에서는 미국·유럽 등 선진국들로부터 '우리를 닮
으라'는 문화적 압력이 상품·자본 개방과 함께 문화와 교육 개방의
흐름을 타고 물밀듯이 밀려들 것이다. 그 속에는 미국과 유럽의 '높은
이혼율과 가족해체'도 닮으라는 문화적 압력이 포함되어 밀려들어올
것이 틀림없다. 그리고 이를 온갖 방법으로 합리화하면서 모방하는 사
람들이 나타날 것이다. 미국과 유럽의 '높은 이혼율과 가족해체'의 경
향이 21세기 한국사회에도 나타나면, 우리가 아무리 과학기술과 산업
경제를 최선진 수준으로 발전시켜도 우리는 결코 행복하고 건강한 최
선진사회를 건설할 수 없다. 만일 우리가 21세기에 건전하고 건강하며
행복하게 살 수 있는 최선진국가와 사회를 건설하고자 한다면, 우리는
과학기술과 산업경제를 최선진 수준으로 발전시키면서도 동시에 반드
시 '가족해체'의 위험을 사전에 철저히 방지하고 건전한 가족제도를
유지 발전시켜야 할 것이다.

2) 21세기와 한국 가족제도

　한국의 가족제도는 최근 30여 년 동안 급속하게 산업화가 진전되었
지만 아직까지는 건전한 내용과 형태를 유지하고 있다고 볼 수 있다.

그러나 최근 2~3년 전부터 가족제도에 큰 변동의 조짐이 나타나고 있으며, 그에 따라 가족에 대한 가치관도 바뀌는 조짐이 발견된다. 그 징표 가운데 하나가 최근 20대 후반, 30대 초반 부부 이혼율의 놀라운 급증이다. 여기에 WTO체제 아래에서 전 세계적 문화교류의 진전 속에서 미국 등 서양의 가족해체 풍조가 직수입되고, 만일에 이러한 풍조가 무비판적으로 수용된다면 한국의 가족제도도 가족해체의 수렁에 빠져들 위험이 전혀 없는 것은 아니라고 볼 수 있다. 최근 그런 위험 징후가 나타나기 시작하고 있는 것은 주목해야 할 일이다. 따라서 그에 대한 대책을 미리 시급하게 논의하고 수립하야 할 것이다.

21세기 인류문명의 전망을 우리의 가족제도를 중심으로 살펴보면 수십 개의 유형을 설정할 수 있다. 이 글에서 우리가 논의할 목적과 관련해서도 편의상 최소한 3개의 큰 유형을 설정할 수 있을 것이다.

그 첫째 유형은 한국을 비롯한 중국·일본·베트남·인도 등 동양의 가족제도이다. 이 유형은 20세기 현재의 다양한 변동에 적응하면서 동시에 유니언 또는 게마인샤프트로서 가족의 본질적 원형을 여전히 비교적 잘 보존하면서, 합리적 제도로서 지속적으로 발전하여왔다고 볼 수 있다. 특히 관련 세계 사회학자들은 동양의 가족제도 유형 가운데서도 한국의 가족제도를 가장 대표적인 것으로 간주해왔다. 예컨대 하버드 대학의 사회학 교수 다니엘 벨은 세계의 가족제도들 가운데서 한국의 가족제도가 가장 대표적인 건전한 가족제도라고 평가한 바 있다. 마찬가지로 하버드 대학의 일본경제사 교수인 로솝스키는 한국과 일본의 가족제도를 높이 평가하면서 그 가운데에서도 한국의 가족제도가 가장 부러운 가족제도라고 평가하였다.

둘째 유형은 미국·서유럽 등 서양의 가족제도이다. 서양도 20세기 전반까지는 기독교 문명의 영향에 기초하여 건전한 가족제도를 유지 발전시켜왔다. 그러나 20세기 후반부터 사회에서 만연된 향락주의와 이기주의가 가족제도 안에 침투한 결과 이제는 이혼율이 급증하게 되었으며, 이혼을 경험한 남녀가 미국의 경우 성인가족의 2분의 1을 넘어서 3분의 2에 근접하게 되었다. 예컨대 미국의 가족제도에서는 우리 동양 사람들이 볼 때에는 도저히 납득할 수 없는 하찮은 이유를 가지고 툭하면 이혼을 하는 경우가 잦다. 그 과정에서 이혼 당사자들은 자신만의 이기적 향락을 누릴 수 있을지 모르지만 그 속에서 고통 받는 자녀들과 다른 가족 성원들의 희생은 매우 큰 것이다. 최근 반세기 동안에 미국 가족제도가 크게 변동하고 가족해체가 광범하게 진전되자 일부 미국 사회학자들은 가족의 개념과 본질마저도 바꾸어서 정의하려고 하는 경향을 보여준다. 예컨대 미국 사회학자들의 일부는 가족은 더 이상 유니언이나 게마인샤프트라고 볼 수 없다고 하면서 이제 가족의 개념을 게젤샤프트·어소시에이션으로 정의하거나 또는 적어도 게마인샤프트로부터 게젤샤프트(Gesellschaft ; 이익사회)로 이행하는 중간 위치의 사회단위로 보아야 한다는 주장을 펼치고 있다. 미국 등 서양 가족제도의 이러한 본질적 내용의 변화는 21세기에 그대로 둔다면 더욱 진전되어 서양의 가족제도는 더욱 '게젤샤프트'화하고 '이익사회'화할 전망이다.

셋째 유형은 중동 아랍의 회교권 가족제도이다. 이 유형의 가족제도는 회교문명의 강력한 영향 아래 아직도 근대 이전의 가족제도 내용과 중세적 양상을 간직하고 있으며, 우리가 볼 때에는 여성에 대하여 여전히 억압적 제도를 갖고 있는 것으로 관찰된다. 이 가족제도는 아직도 한 남편이 네 명까지의 부인을 공식적·합법적으로 둘 수 있도록 허용하며, 부인이 외출할 때에는 여전히 얼굴을 가리는 차도르를 씌우는 등 남녀차별을 엄격히 지키고 있다. 이 유형의 가족제도에서는 물론 이혼은 상상할 수도 없는 일이고 허용되지도 아니하며, 남편과 부인의 정절은 엄격히 지키도록 규제받고 있고, 특히 부인의 정절은 생명과 같이 엄수되며 다른 남자와는 길거리에서 대화하는 것조차 금지되고 있는 형편이다. 가족제도에서의 극단적인 종교적 퓨리터니즘이 회교 교리에 기초하여 엄격히 준행되고 있는 것이다.

21세기에는 이러한 회교권의 중세적·종교적 가족제도도 상당히 변할 것이라고 생각한다. 그러나 이러한 회교권 가족제도의 변동 내용 속에 서양식 향락주의나 이기주의가 가족 안에 침투하여 가족의 해체를 유인할 요소는 회교 교리에 의하여 엄격히 금지되고 통제되어 있다. 따라서 가족의 보존과 가족의 종교적 퓨리터니즘이 21세기에도 여전히 지배할 것으로 전망된다. 21세기의 회교 문명권은 가족제도에서 여전히 전근대적·중세적 요소를 비판 극복하고 합리적 근대화를 추구할 수는 있어도, 미국과 서양의 향락주의와 이기주의가 회교권 가족제도 안에 침투하여 가족해체를 전반적으로 일으킬 가능성은 전혀 없다고 말할 수 있다.

이상의 간단한 논의를 통해 보아도 우리는 지구 위의 문명과 가족제도는 매우 다양하며, 미국 및 서양의 문명과 가족제도가 세계의 지배적 유형이 전혀 될 수 없음을 잘 알 수 있고 잘 인식할 수 있다.

하버드 대학의 정치학 교수인 사뮤엘 헌팅턴은, 반드시 가족제도를 말한 것은 아니지만, 21세기에 (가족제도를 포함한) 세 문명의 충돌을 전망, 예언하고 있다. 그런데 헌팅턴의 문명충돌론 핵심은 기독교문명과 회교문명의 충돌에 대한 전망이다.

한국을 비롯한 동양 문명권의 가족제도는 기독교 문명의 현 가족제도와 회교 문명권의 현 가족제도의 양 극단에서 중간 정도에 있다고 보인다. 그 가운데에서도 한국의 가족제도는 문명사적으로 볼 때 그 중간 가운데서도 최상의 위치에 있는 가족제도라고 많은 학자들에 의하여 평가되고 있는 것이다.

한국의 가족제도는 동양의 가족제도 가운데서도 특히 부부간의 평등관계에서 일본과 중국의 가족제도를 훨씬 앞서가고 있으며 합리적으로 조직되어 있다. 물론 한국의 가족제도에도 부인에 대한 약간의 차별과 가부장제도의 유제(遺制)가 남아 있는 경우가 있기는 하다. 그러나 이것은 지금 거의 수정되어 사라져 가고 있으며, 오히려 부인은 확고한 경제권을 갖고 남편과 평등한 위치에서 가족생활을 주도하며 주인으로서 가정을 관리하고 있다. 이 면에서 한국과 일본을 아는 미국의 한 사회학자가 한국 가족이 일본 가족보다 부부관계 면에서 훨씬 평등한 이상적 모형의 가족제도라고 지적한 것은 적절하다고 생각한다.

현대 사회에 일부 향락주의와 이기주의가 대두하고 있지만, 한국 가족제도는 향락주의와 이기주의의 가족 내 침투를 완강히 거부하고 있으며, 하나의 게마인샤프트로서 한국 가족은 성원끼리의 자기희생적 사랑과 헌신으로 충만해 있다. 한국 가족제도에서는 남편의 아내에 대한 사랑과 헌신, 아내의 남편에 대한 사랑과 헌신, 부모의 자녀에 대한 사랑과 헌신, 자녀의 부모에 대한 사랑과 헌신, 형제 자매간의 사랑과 헌신 등이 완전히 이해관계를 초월한 하나의 자기희생적 공동체인 가족애 하나로 융합되어 있다. 한국 가족제도에서는 아직도 누나가 동생을 대학 보내기 위하여 자기를 희생하면서 직장에 나가서 일할 수도 있고, 큰형이 동생을 대학에 보내기 위해 자기를 희생할 수도 있으며, 또 형을 대학에 보내기 위하여 동생이 희생적 노동을 할 수도 있다. 이는 한국의 가족제도에서 자주 볼 수 있는 일이다. 그러나 이러한 희생적 융합은 한국 가족제도를 제외하고는 다른 나라의 가족제도, 특히 서양의 가족제도에서는 거의 볼 수 없으며 또 서양 사람들은 이해할 수도 없는 것이다. 한국 가족은 성원의 개인적 이해를 넘어서 자기를 희생하면서도 다른 가족 성원을 애정과 헌신으로 도와 하나가 되는 진정한 유니언이고 진정한 게마인샤프트이며 진정한 공동체의 원형이라고 할 수 있다.

한국 가족제도의 이러한 특징은 물론 미국·독일·프랑스 등 서양 가족제도보다 한 차원 더 높은 본질적인 공동체로서의 가족제도이며, 또한 회교문명의 가족제도보다 더 합리적이고 선진적인 가족제도이다. 한국의 가족제도는 현재 논의되고 있고 또 앞으로 드러날 조짐이 있는 약간의 문제점만 미리 해결하면 세계에서 가장 좋은 가족제도가 될 수 있으며, 21세기에도 세계에서 가장 아름다운 가족제도가 될 수 있다.

만일 21세기에 우리 한국이 세계에서 가장 아름다운 이러한 가족제도를 계속해서 잘 유지하고 발전시키면서 경제적 소득과 과학기술을 현재의 미국 등 최선진국과 같이 발전시킨다면, 그리하여 한국이 현재의 미국 등 최선진국들과 같은 수준의 소득을 갖게 된다면, 우리 한국은 최선진국 가운데서도 세계에서 가장 아름답고 훌륭한 가족제도를 갖고 있기 때문에 가장 행복한 생활을 할 수 있는 최선진국이 될 수 있을 것이다. 그리하여 사랑과 헌신의 제도를 사회의 기본제도로 하고, 메마르지 않는, 삶의 질을 높일 수 있는, 사람들이 행복하게 살 수 있는 그러한 최선진 사회를 건설할 수 있을 것이다.

그런데 제3차 세계체제에 의해서 미국 대중문화를 중심으로 한 서양문화가 더욱 물밀듯이 한국에 쏟아져 들어오면서 우려할 만한 조짐들이 나타나고 있다. 미국의 가족해체와 관련된 가치관이 한국 안에 들어와 자리 잡을 가능성이 현실화되면서 미국 가족제도식 사고에 젖은 20대 후반 30대 초반의 신혼부부 또는 신세대 부부들이 우리로서 도저히 납득할 수 없는 별것 아닌 이유를 들어 이혼을 하여 현재 신세대의 이혼율이 급격히 높아지고 있으며, 한국형 가족제도의 원래 가치관이 약화되고 변질되는 조짐들이 발견되고 있는 것이다.

더욱 주목할 것은 일부의 미국 미래학자들이 후진국·중진국 사람들에 대하여 가족에 대한 개념을 바꾸자고 권고하고 있는 것이다. 예컨대 유명한 미래학자 앨빈 토플러는 이제 미국에서는 부모가 두 자녀를 데리고 행복한 4인 가족의 전형을 보이던 것은 옛이야기가 되어 버렸고 가족을 공동체라고 여기지도 않는다고 지적하였다. 일부 미래학자들은 이제 21세기가 되면 가족도 게젤샤프트 가운데 하나라고 보게 될 것이며, 가족해체를 두려워하지 말고 후진국·중진국 사람들도 이를 객관적 추세로 인지하여 개인 단위로 살아가는 것을 정상이라고 보

<표 1-1> 재판에 의한 이혼건수(단위 : 건)

연 도	혼 인	이 혼	
		협 의	재 판
1973	325,031	17,570	1,325
1976	354,566	23,894	2,305
1981	782,394	43,692	7,969
1986	718,779	61,017	16,460
1988	763,943	66,307	18,626
1989	769,834	68,156	18,968
1990	760,658	70,269	20,142
1991	767,221	71,689	20,194
91/ 76	2.2배	3.0배	8.8배
91/ 81	-1.9%	64.1%	2.5배
91/ 86	6.7%	17.5%	22.7%

자료 : 법원행정처, 《사법연감》

〈표 1-2〉 연령별 이혼자 비율(연령별 이혼자 수/총 이혼자 수)

성 별	나이	1989	1990	1991	1992	1993
여 자	23～25	40.2	40.4	41.9	44.8	44.8
	26～28	21.9	21.0	21.2	22.0	22.5
남 자	29～31	21.9	23.4	24.8	25.3	24.7
	32～34	6.2	6.6	7.2	7.5	8.1

자료 : 통계청, 《인구동태통계연보》, 각 연도

게끔 생각을 바꿀 것을 시사하기도 한다.

이것을 풀어 해석하면, 즉 미국의 가족해체와 그 원인으로서 높은 이혼율, 가족제도 안에 침투해 들어가 있는 향락주의와 이기주의를 불가피한 대세로서 정상적인 것으로 받아들이고, 오히려 동양의 가족제도나 회교 문명권의 가족제도를 비정상적인 것으로 간주할 수 있는 가족에 대한 사고·관념·가치관의 변화를 예언하고 있는 것이 아닐까?

병들어가고 있는 미국 가족제도의 해체과정을 불가피한 대세로서 정상이라고 해설하는 것과 거의 같은 것이 아닐까? 미국의 다른 사회학자들처럼 미국의 가족해체를 미국의 사회병리의 하나로 여겨서 이를 치유하려 하지 않고, 도리어 미국의 가족해체 병리현상을 어쩔 수 없는 객관적 대세라고 합리화하고 있는 것과 마찬가지가 아닐까? 경제적·물질적 소득만 높고 기계에 의존하는 생활만 능률적이고 합리적으로 된다면 가족과 사랑과 헌신 같은 가치는 있어도 좋고 없어도 좋으며, 없는 것이 다수이면 그것이 정상이고, 있는 것이 다른 문명의 것이면 그것을 비정상으로 간주하여 미국식 가족제도의 방향으로 전 세계를 유도하는 듯한 방향을 우리가 받아들일 수 있을까? 요컨대 미국의 가족제도에서 볼 수 있는 높은 이혼율, 노인들에 대한 방기, 가족해체, 가족제도 안의 향락과 퇴폐, 이기주의 등을 미국 미래학자들은 미국 사회학자들처럼 병리현상으로 취급하여 이의 교정과 치료에 노력해야 하지 않을 것인가?

한국은 한국형 가족제도의 장점에 대한 명확하고 긍정적인 가치판단을 가지고, 21세기에 경제적·물질적·과학기술적으로도 최선진 국가가 됨과 동시에 사회적·문화적·정신적 측면에서도 최선진 국가가 되어서 가장 행복한 생활을 할 수 있는 종합적 의미의 최선진 국가와 최선진 사회를 만들어야 할 것이다. 사람은 빵만으로 살 수 없고, 사람에게는 따뜻한 사랑과 상호 헌신이 있어야 하며, 사람은 사람답게 살아야 하는 것이다. 이를 위해서는 21세기에도 한국은 세계 최상의 가족제도 유형을 잘 보존하고, 문제점은 합리적으로 해결하면서 더욱더 발전시켜 가장 선진적인 독자적 문명과 독자적 가족제도를 발전시켜야 할 것이다. 그리하여 한국은 진정한 공동체로서 사랑과 헌신의 가족제도를 오히려 미국에 수출해서 가르쳐주어 미국이 가족제도의 해체와 사회병리를 고치고 미국과 서양 문명이 21세기에 행복하게 생활할 수 있는 길로 나아가는 데 도리어 도움을 주어야 할 것이다.

그러므로 한국은 21세기에도 현재 세계의 아름다운 제도의 하나인 한국 가족제도를 더욱더 합리적이고 더욱더 선진적이며, 21세기 최상의 가족제도로서 독자적으로 발전시키는 연구와 대책을 당장 수립할 필요가 절실한 것이다.

3) 21세기와 한국의 공동체적 생활양식

① 인류사회와 가족 이기주의의 극복

21세기에 인류사회는, 정치적으로는 자유민주주의를 바탕으로 하고, 경제적으로는 자본주의, 그리고 사회적으로는 시민사회의 원리를 축으로 하여 결합한 모양새를 갖추게 될 것이다. 이러한 사회형태 속에서 살아가는 사회성원들은 자칫 지나치게 경쟁적인 관계를 유지할 가능성이 높다. 왜냐하면 자유민주주의·자본주의·시민사회가 모두 경쟁을 기본적 원리로 하기 때문이다. 시대를 불문하고 전체 사회는 본질적으로 게젤샤프트이고 결사체(association)이며, 그 안에 다시 수많은 하위단위의 공동체적 조직들과 결사체적 조직들을 포함하고 있다고 볼 수 있다. 이러한 다양한 하위단위의 조직들 가운데에서 가장 원초적인 동시에 가장 따뜻한 전형적 공동체가 바로 가족인 것이다.

21세기에도 우리의 가족공동체는 잘 유지되어야 하고 더욱 합리적으로 발전되어야 한다는 점에는 이의가 있을 수 없다. 그러나 만약 이러한 가족공동체가, 그 자신을 둘러싸고 있는 이웃과 지역사회 그리고 더 나아가 전체 사회와의 관계에서 가족이기주의에 빠진다면 이는 커다란 문제라 하지 않을 수 없다. 가족이 자신의 토대가 되는 지역사회 및 전체 사회의 발전과 진보에 무관심한 태도를 보인다거나 이에 해악을 끼쳐서는 절대로 안 될 것이다. 가족공동체의 긍정적인 유지는 바로 지역사회와 전체 사회의 관계 속에서 가족이 스스로의 이익에만 집착하는 편협한 태도를 버리고 더욱 건설적이고 포괄적인 사회적 애정을 실천하는 주체가 되었을 때 비로소 가능한 것이다. 다시 말해서, 가족공동체와 지역사회 전체의 관계를 상호 보완적이고 상호 지원적인 것으로 만들어 나가도록 적극적으로 노력해나가고, 이러한 과정에서 걸림돌이 되는 가족이기주의를 단호하게 극복할 필요성이 절실하게 요구된다고 하겠다.

동양과 서양을 막론하고 전통시대에는 가족제도와 가족에 대한 성원들의 긍정적 가치관이 확고하였다. 그러나 이러한 가족의 신성불가침성은 폐해도 적지 않았는데, 그것은 바로 가족적 가치를 최상위에 놓고 그 아래에 전체 사회의 가치를 놓는, 이른바 '가족이기주의'에서 드러났다. 동·서양의 많은 전통적 가족들은 이러한 가족이기주의에 매몰되어, 자기의 가족·가문을 구성하고 있는 사람들의 영달을 위해서만 모든 노력과 자원을 투입하는 경우를 많이 찾아볼 수 있었다. 이는 자기의 가족을 포함하는 이웃과 전체 사회에 대해서는 별로 관심을 갖지 않거나 때로는 이웃이나 전체 사회의 이익에 해를 끼치는 현상으로 나타나는데, 이것은 동·서양을 막론하고 모든 전통시대의 특징이라고 할 수 있다.

오늘날에도 세계의 일부 가족들과 일부 한국인들은 자기 가족구성원의 행복과 성공에 대해서만 오로지 관심을 갖고 자원을 투입하며, 이웃과 자기가 속해 있는 나라, 전체 인류에 대해서는 별로 관심을 기울이지 않는 현상이 여전히 존재한다. 그리하여 오늘날 한국의 도시사회에서는 이웃사촌이라는 아름다운 개념이 사라져가고 있으며 지역공동체에 대한 소속감 역시 사라져가고 있는 것으로 보인다. 심지어는 자기 가족구성원의 영달을 위해서는 이웃과 전체 사회에 해악을 끼치는 일도 서슴지 않고 자행하는 경우도 발견된다. 신문의 사회면을 불쾌하게 장식하는 여러 가지 입학시험과 관련된 교육비리, 또 여러 부정부패와 고위 공직자들의 부정축재 등은 대부분이 그 동기가 이에 관련되어 있다고 해도 지나친 말은 아닐 것이다. 가족을 위해서라면 모든 것이 허용된다는 이러한 논리는 전통사회를 벗어나서 새로운 시대로 나아가는 사회 전체의 이익과는 참으로 배치되는 것이다.

21세기의 한국 가족은 이러한 맥락에서 가족 그 자체를 하나의 공동체로서 잘 유지하고 합리적으로 발전시키는 것은 물론이요, 이 합리적 가족공동체가 우리의 이웃과 지역사회 및 전체 사회에도 협조적이고 지원적이며 공헌적인 구실을 수행하는 방향으로 잘 발전시켜 나가야 할 것이다.

② 공동체적 상부상조의 생활양식

21세기 전 세계의 경쟁적 생활양식과 서양문화의 밀물 같은 유입 속에서 한국 사람들과 전 인류가 행복하게 생활하기 위해서는 가족공동체를 잘 유지하는 것만으로는 불충분하다고 본다. 가족공동체와 함께 전체 사회 안에서 동시에 다수의 작은 공동체들과 공동체적 생활양식을 잘 보존하여 발전시킬 필요가 있는 것이다.

특히 21세기의 세계체제는 그 체제적 특성으로 말미암아 개인주의적 생활양식을 더욱 조장하고, 더 나아가서는 개인주의가 이기주의로 변질하여 이기주의적 생활양식을 널리 퍼뜨릴 가능성을 풍부하게 내포하고 있다. 만약 이러한 이기주의적인 삶의 방식이 일반적인 것으로서 지배하게 된다면, 사회는 따뜻한 정서적 교류와 애정적 관계가 결핍된 메마른 사막으로 변화할 것이고, 이에 따라서 자연스럽게 살벌한 경쟁과 갈등이 지배하는 이른바 '만인의 만인에 대한 투쟁'의 장으로 변질되어 버릴 위험이 큰 것이다.

그러나, 한국사회는 아직까지 공동체적 생활양식을 많이 보존하고 있다. 따라서 21세기에 한국사회는 가족공동체와 함께 이러한 공동체적 생활양식을 잘 보존하고 더욱 합리적으로 발전시키는 데 더할 나위 없이 유리한 조건을 갖추고 있다고 할 수 있다. 이러한 가족과 공동체적 생활양식의 보존이 중요한 이유는 바로 21세기 사회가 구조적인 차원에서 인간적인 애정과 연대를 파괴하고 정서적 유대를 위협하기 때문이다. 사람들은 게젤샤프트 안의 생활과 경쟁 속에서 발생한 피곤과 긴장과 압박감에 시달리지만, 게마인샤프트인 가족과 다른 공동체적 단위조직들이 잘 보존되어 있다면 그곳에 들아와서 피곤과 긴장을 해소하고 안정과 해방감을 되찾을 수 있게 되며, 이웃 및 전체 사회와 상호 부조적인 따뜻한 연대를 느끼면서 더 행복한 생활을 할 수 있을 것이다. 이러한 기본적 연대감과 공동체적 사랑은 바로 사회 전체의 연대감과 인류에 대한 애정으로 확산되고 승화되는 바탕을 이루게 된다.

한국사회의 전통적인 공동체적 상부상조 생활양식의 대표적인 것은 '두레'와 '품앗이'이다. 우리들에게 친숙한 '계'는 품앗이의 영역에 포함된다.

두레공동체의 특징은 이에 참가하는 성원들이 자신들의 삶 속에서 발생하는 다양한 문제들을 해결하는 데, 이해관계를 초월하여 반대급부를 기대함이 없이 공동부조를 한다는 점이다. 조선왕조의 농사일을 예로 들면, 마을 안의 과부나 병약자의 가족들은 두레에 일꾼을 내거나 두레 성원들에게 보상을 할 능력이 없음에도 두레는 이러한 과부나 병약자의 가족에 대해서는 무상으로 모를 심어주거나 김을 매어 공동부조를 해 주었다. 이와 같이 두레는 마을 전체에 대하여 공동부조하는 중요한 기능을 수행하였다. 또한 두레 성원 사이에 상호 부조를 하는 경우에도 장정 두 사람을 낸 가족과 한 사람을 낸 가족이 두레에서 상호 부조를 하는 경우에 서로 제공한 노동력의 차이를 놓고 그것을 계산하여 따지는 일이 없이 모두 공동으로 함께 단결하여 과제를 해결하였다. 지금은 아쉽게도 이러한 두레의 전통이 많이 사라졌으나, 저 아득한 삼한시대부터 조선왕조 말에 이르기까지 두레의 공동체적 상부상조와 공동부조의 전통은 한국사회에 강력하게 존속하여 한국인들의 삶 속에서 강한 공동체적 유대의 틀로 기능하여왔다.

이러한 두레의 전통은 반드시 보존하고 발전시켜야 할 필요성이 있을 것이다. 두레는 그야말로 한국문화 고유의 공동체적 생활양식으로서, 대상은 농업에 국한되는 것이 아니라 사회의 모든 부문에 걸쳐서 불우한 처지에 있는 사람들의 문제를 해결한다는 측면에까지 확장되어 그 존재에 합당한 가치를 부여받는 방향으로 재구성되고 보완되어 발전시켜야 할 것이다. 예를 들어 한국사회의 그늘 속에서 드러나지 않은 채로 고통 받고 있는 장애자들, 병약자들, 편부·편모가장, 소년·소녀가장, 실업자 등에 대해서는 반대급부를 전제로 하지 않는 두레의 방식으로 공동부조하고 상부상조하는 것이 요구된다. 어려운 처지에 있는 동포들에게 어떻게 반대급부나 정확한 교환을 기대할 수 있겠는가? 그러한 이해타산적인 도움은 위와 같은 경우에는 부합되지 않는다. 위와 같은 경우에는 두레의 방식을 통한 고차원적인 공동체적 애정의 실천이 다양한 문제들을 현실적으로 해결하는 구체적 방안으로서 자리 잡아야 할 것이다.

이러한 맥락에서 저자는 가족공동체의 보존 발전과 함께 사회성원들이 이해관계나 반대급부를 초월하여 두레의 공동부조 방식으로 불운에 처한 사람들을 도와주는 생활양식과 가치관이 21세기에 부활하여 계속 존속해서 우리 한국사회와 문화에 깊이 뿌리를 내리고 더욱 크게 발전해야 할 것이라고 생각한다. 우리에게는 오랜 역사를 통하여 형성 발전해온 한국 고유의 '두레 방식'이라는 찬란한 유산이 남아 있으며, 이러한 '두레 방식', '두레의 생활양식'을 우리는 21세기에도 반드시 보존 발전시킬 필요가 있는 것이다.

앞에서 설명한 두레와는 달리, 품앗이의 특징은 상호 협동과 부조를 하되 반대급부를 정확하게 계산하여 교환하면서 협동·협조·상부상조를 발전시켜나가는 생활양식이다. 농사일을 예로 들면, 노동력을 정확하게 교환하여 협조하면서 다른 구성원들의 일을 함께 해주는 것이다. 그리고 협조를 받은 사람은 정확하게 협조 받은 노동력을 계산하여 반대급부로써 그만큼의 노동을 반드시 갚아주는 것이다. 품앗이는 비단 농업뿐만 아니라 모든 작업활동과 모든 생활어 적용되어 오늘날에도 일상생활의 각 부문에서 널리 행해지고 있다.

물론 품앗이의 역사는 두레처럼 오랜 것은 아니다. 품앗이는 역사적으로는 조선왕조 중·후기에 널리 보급되기 시작하여 그 이후에 정착된 상부상조의 전통이다. 이것은 사람들이 화폐의 계산을 정확히 할 줄 알고, 또한 이익사회(게젤샤프트)의 요소가 생활양식과 행동양식 속에 크게 영향을 끼치게 된 단계에서 널리 보급된 협동의 생활양식이라고 볼 수 있다.

그러나 품앗이는 완전히 이해타산에만 기초해서 노동의 교환을 하는 것은 아니다. 물론 정확한 반대급부를 기대하고는 있지만, 품앗이는 이해계산의 토대 위에서 적극적으로 상호 협조하는 것에 그 특징이 있다. 따라서 품앗이의 생활양식은 이익결사체의 성격을 가지는 동시에, 한국사회의 공동체적 요소를 그 안에 함유하고 있으며, 그리하여 한국사회의 공동체적 상부상조의 전통 가운데 하나로 남아 있는 것이다. 즉 품앗이의 방식도 한국사회의 확고한 상호 부조의 전통이라고 할 수 있다.

21세기의 한국사회가 최선진사회가 되고, 자유민주주의와 자본주의, 시민사회가 더욱 발전하는 경우에도 품앗이는 그 정확한 교환을 바탕으로 한 상부상조의 특징으로 말미암아 세계체제의 변동과 충분히 병존하여 크게 발전할 수 있고, 품앗이의 방식으로 많은 문제들이 해결될 수 있는 것이다. 그러나 품앗이는 일종의 한계를 갖고 있다. 품앗이의 조직원리는 정확한 반대급부의 교환을 바탕으로 하기 때문에, 반대급부를 지불할 능력이 없는 구성원들의 경우에는 품앗이의 방법으로 그들의 문제를 해결하는 데 난점을 지니고 있는 것이다. 그러나 반대급부를 정확하게 교환할 수 있는 '잠재적' 능력을 가진 사람들 사이에서는 품앗이는 정치적 자유민주주의와 경제적 자본주의와 선진적 시민사회에 매우 적합한 공동체적 상부상조의 생활양식이기 때문에 한국사회는 21세기에도 이를 잘 살려서 많은 문제를 해결하는 데 한국적 지혜와 제도의 하나로써 널리 활용할 수 있을 것이다.

한국사회와 한국문화의 전통에는 공동체적 생활양식으로서 확고한 가족공동체의 기초 위에, 두레라고 하는 공동체적 생활양식과 품앗이라고 하는 공동체적 생활양식을 모두 갖고 있기 때문에, 개인적 차원에서는 해결할 수 없는 어려운 과제들을 형식적인 비인간적 관계 속에서가 아니라 참으로 따뜻한 공동체적 애정 관계 속에서 해결해나갈 수 있는 것이다. 반대급부를 지불할 능력이 없는 이웃과 사회성원에 대해서는 두레의 방식으로 공동 부조하고, 반대급부를 지불할 현재적·잠재적 능력을 갖고 있는 이웃과 사회성원에 대해서는 이를 품앗이 방식으로 공동부조하고 상호 부조하면, 한국사회는 21세기에 많은 어려운 문제들을 따뜻하게 애정을 갖고 협동하면서 해결할 수 있고, 한층 더 행복한 사회를 만들 수 있을 것이다.

③ 가족공동체와 사회복지

우리가 가족제도를 공동체적으로 아무리 발전시켜도 사회에는 가족제도만으로는 해결할 수 없는 가족과 관련된 좀더 구조적 원인을 갖고 있는 문제들이 발생한다. 그것은 가족공동체를 만들 능력 그 자체를 갖고 있지 못한 사회성원들이 나오기 때문이며, 또 가족공동체를 갖고 있다가 이것이 와해됨으로써 다시 가족공동체를 재건할 수 없거나 또는 이전의 가족공동체로 돌아갈 수 없는 많은 성원들이 나올 것이기 때문이다. 예컨대 병이나 사고에 의한 장애와 죽음은 반드시 개인의 이성적 판단이나 합리적 선택의 대상이 아니며, 예고 없이 찾아오는 불행인 것이다. 따라서 가족공동체를 잘 발전시켜서 가족공동체 안에서 많은 과제를 해결할 수 있는 부분들에 대해서는 이를 가족공동체에서 해결하도록 하지만, 그러나 가족공동체 안에서 해결할 수 없는 부분에 대해서는 전체 사회와 정부, 민간자치단체, 법인체들이 주체가 되어 사회복지제도를 확립하고 크게 발전시킴으로써 이를 해결해야 할 것이다. 따라서 가족공동체와 사회복지제도는 상호 보완적으로 상호 지원하면서 동시에 모두 발전시켜야 할 중요한 사회제도인 것이다.

한편, 사회복지제도를 우리가 아무리 잘 발전시켜도 사회복지제도만 가지고서는 사회의 내부에서 발생하는 여러 가지 가족과 관련된 문제들을 다 해결할 수 없다. 거듭 말하지만, 사람은 빵만으로는 살 수 없다. 사람은 반드시 애정과 정서가 충만한 공동체 속에서 정을 나누고 서로를 사랑하면서 살아가기를 원한다. 이것은 사회적 동물로서 인간의 특징 가운데 하나이다. 예를 들어서, 노인복지제도를 살펴보기로 하자. 노인복지와 관련된 사회복지제도를 아무리 잘 발전시킨다 하더라도, 즉 모든 노령자를 수용할 수 있는 세계 최선진 양로원들을 전국에 여러 군데 설립하고, 전국 방방곡곡에 최고급 실버타운들을 다수 만든다 할지라도, 그것은 노인복지라는 문제의 한 부분에 대한 접근일 뿐이지, 문제 전체가 해결되는 것은 아니다. 왜냐하면 많은 노인들은 자신의 자녀·손자녀들과 함께 정을 나누며 가족공동체 안에서 생활하기를 간절하게 희구하고 있기 때문이다.

저자는 1994년도 여름에, 세계에서 가장 시설이 잘 되어 있는 대표적인 양로원으로 정평 있는 일본의 모 양로원을 동료 교수들과 함께 방문한 일이 있다. 양로원의 시설들은 참으로 경탄할 만한 것이었다. 시설 그 자체는 세계 정상의 것임에 틀림이 없었다. 그러나 그 안에 거주하고 있는 한 남자 노인에게 동료 교수 한 분이 다가가서 일본인과 구별되지 않을 만큼의 유창한 일본어로 이야기를 나누었을 때, 그 일본 노인의 말을 듣고서 저자는 역시 물질적 시설의 완벽성은 노인문제 해결의 일부에 지나지 않는다는 것을 거듭거듭 절감할 수 있었다. 그 노인에게 당신이 가장 원하는 것이 무엇이냐고 물어보자 그는 아들과 손자가 살고 있는 아들의 가족 속으로 다시 돌아가고 싶다는 것이 최대의 소망이라고 했다. 그리고 당장 우리가 해줄 수 있는 무슨 부탁이 있는가라는 질문에 대해서, 그는 자신의 아들집 전화번호를 알려주면서, 원래 지난주에 아들이 손자들과 함께 면회를 오기로 되어 있었는데 오지 않았으니, 전화를 좀 걸어서 빨리 와주었으면 하는 말을 전해달라는 것이었다. 양로원에서 행복하냐는 질문을 받은 그 노인은 아무런 말도 하지 않은 채 우리를 호소 어린 눈빛으로 그냥 바라보았다. 이것이 세계 최고의 복지시설을 갖춘 양로원에서 살고 있는 노인들의 진정한 소원이었다.

우리는 세계 최고의 최선진 사회복지제도의 발전을 계속 추구해야 하지만, 동시에 사회복지제도가 아무리 훌륭할지라도 제도 그 자체만으로는 문제를 완벽하게 해결할 수 없다는 점을 충분히 인식해야 할 것이다. 인간의 본질적 특성에 대한 이러한 인식을 전제로 할 때, 복지제도가 해결할 수 없는 많은 부분들은 바로 가족공동체를 보존 발전시킴으로써 대부분 해결할 수 있을 것이다. 따라서 우리는 사회복지제도와 가족공동체는 어느 하나를 위해서 다른 하나가 포기되어야 하는 그러한 것이 아니라, 오히려 반드시 상호 보완적이고 상호 지원적이며 상호 공헌적인 것임을 명확하게 인식할 필요가 있는 것이다.

21세기의 한국사회가 최선진 민주사회, 최선진 문화사회가 되려면 경제적 고소득과 과학기술, 선진문화만으로는 불충분한 것이다. 최선진 문화사회가 되려면 그 사회 안에서 생활하고 있는 모든 사회성원들이 자기 나라와 자기 사회가 사람이 살 만한 좋은 사회이고 행복한 사회이며, 자기를 희생해서라도 지켜야 할 나라와 사회라고 하는 확신을 가질 수 있도록 애정이 넘치는 가족제도와 애정이 있는 복지제도가 갖춰져야 하며, 개인의 여러 가지 고난들을 사회가 공동체적으로 해결하는 데 도움을 줄 수 있는 사회여야 할 것이다. 이렇게 사회가 개인을 공동체의 품으로 끌어안고, 애정과 도움을 줄 때 비로소 개인들도 사회에 헌신하게 되는 것이다. 국가도 마찬가지다. 국가가 그 안에 포함되어 있는 국민 개개인의 고난을 공동체적으로 해결해주고 도움을 줄 때 개인은 국가에 대하여 더욱 헌신하게 되고 나라와 사회를 더욱 사랑하게 되는 것이다.

21세기의 한국사회는 최선진 고소득사회를 성취하고 최첨단 과학기술사회를 이룩할 뿐만 아니라, 그와 함께 반드시 가족공동체를 더욱 애정이 충만한 합리적 공동체로 보존하고 발전시켜야 하며, 한국사회에 고유한 두레와 품앗이의 상부상조와 공동부조의 생활양식을 더욱 발전시켜서 서로 돕고 협동하는 사회를 만들어야 할 것이다. 또한 사회복지제도를 더욱더 발전시켜서, 이러한 제도들이 상호 보완적으로 그리고 상호 지원적으로 21세기 한국사회에 사는 모든 성원들을 보호하고 자유롭게 활동할 수 있도록 제도와 정책을 발전시켜야 할 것이다. 이것이 바로 21세기의 한국사회가 가족공동체와 관련하여 성취해야 할 과제라고 말할 수 있다.

2. 현대 한국 가족제도의 기능과 역할

1) 애정 배양의 기능과 역할

인류가 원시사회에서부터 가족제도를 발명하여 오늘날까지 활용하면서 발전시켜온 이유에는 그것이 갖고 있는 독특한 긍정적 기능과 역할이 있었기 때문이다. 물론 근대사회 이전까지 가족제도의 기능에는 긍정적인 것뿐만 아니라 부정적인 것도 상당히 많이 있었다. 이것은 흔히 '가족이기주의', '가족주의'라는 용어와 개념으로 많은 사회학자들에게 지적되어 왔다. 그러나 오늘날에는 가족제도의 이러한 역기능도 대부분 사라지고 극히 일부에만 남아 있으며, 이제는 도리어 서양문화의 심대한 영향 아래에서 가족해체의 위험까지 직면하기에 이르렀다. 모든 나라, 모든 민족의 가족제도는 대체로 일반적인 순기능을 갖고 있다. 한국 가족제도도 이러한 다른 민족의 가족들과 함께 공유하는 순기능이 있음과 동시에, 약간의 특징을 보이면서 그 강조점에서 한국 가족제도의 독자적 순기능의 특징을 보이기도 한다. 일반적 순기능까지 포괄하여 한국 가족제도의 몇 가지 순기능과 역할을 들면 다음을 지적할 수 있을 것이다.

첫째는 애정 배양의 기능과 역할이다. 이것은 많은 사회학자들에 의하여 성의 기능, 생식의 기능 또는 인구 재생산의 기능이라는 표현과 내용으로 설명되어 오기도 했다. 여기서는 자명한 인구 재생산의 기능은 접어두고, 이것을 애정 배양의 기능과 역할로 약간 강조점을 이동하여 설명하기로 한다.

일부 사회학자들이 가족의 첫째 기능을 성 및 생식의 기능이라고 지적하고 애정 배양의 기능과 역할을 등한시하는 것은 약간의 문제가 있다고 본다. 물론 가족은 최초에 양성의 혼인과 성적 결합으로 형성되며, 이때 생식의 기능은 매우 중요한 것이다. 그러나 이것만으로는 절대 충분하지 않다. 이것은 동물사회와 인간사회의 명료한 구분을 전제하지 아니하는 생물학적 접근에 바탕을 두고 있으며, 사회학적 접근에 바탕하고 있는 것이 아니라고 볼 수 있다. 성과 생식의 기능은 모든 생물의 보편적 기능이며 반드시 가족제도라고 하는 인류의 특수한 제도를 통해서 실현되지 않아도 그 기능을 수행하는 방도가 얼마든지 있는 것이다. 우리의 문제와 관련된 인류 가족제도의 특징은 애정을 배양하면서 실현되는 데 있다고 할 수 있다. 특히 한국 가족제도는 이러한 특징이 두드러진다.

우리는 인간의 애정이 물론 본능적 요소도 포함하고 있지만 본질적으로 가족에서 생산되어 배양되는 것임을 명료하게 인식할 필요가 있다. 부부 사이의 애정은 물론이요, 부모의 자식에 대한 헌신적 애정, 그리고 자녀의 부모에 대한 헌신적 애정, 형제에 대한 지극한 애정이 애정의 극치이며, 이것이 가족에서 생산된다고 하는 사실을 명료하게 인식해야 하는 것이다. 물론 가족제도의 애정에는 본능적 요소도 바탕을 이루고 있기는 하다. 특히 어머니의 자녀에 대한 애정과 자녀의 어머니에 대한 애정은 본능적 요소가 매우 강하며 일차적인 것이다. 그러나 그 밖의 가족 성원의 애정은 가족 안에서 생산되고 배양된 것이 거의 모두임을 주목할 필요가 있다. 한국의 가족제도는 애정의 생산과 배양의 기능과 역할에서 다른 어떠한 가족제도보다도 이를 매우 훌륭하게 수행해왔다고 볼 수 있다.

10여 년 전의 이야기지만 저자는 한국을 연구하는 외국 친구로부터 인상적인 질문을 받은 일이 있다. 한국 영화와 소설을 보면 서양 사람으로서는 도저히 이해할 수 없는 것이 있다는 것이다. 그것은 한국 시골의 한 가족원 가운데서 누나가 동생을 대학에 보내기 위하여 서울에 상경해서 술집에 나가 웃음을 팔면서 자기에 대한 가혹한 희생을 감수하고 동생의 학비를 벌어주면서도 그러한 자기희생을 가족들에게는 감추고 있다가 이것이 알려져서 일어나는 여러 가지 문제들을 드라마화하고 있다는 것이다. 그는 묻기를 어떻게 자기의 동생을 위하여 누나가 그러한 자기희생까지 감수할 수 있느냐는 것이다. 그러나 한국 가족제도에 익숙한 한국 사람들에게는 이러한 드라마의 내용과 구성은 매우 진부한 것으로 여겨지며 과거 10여 년 전까지도 자기 동생을 위하여 희생하는 누나의 이야기나 또 자기 동생을 공부시키기 위하여 희생하는 형들의 이야기 역시 보편적이고 있을 수 있는 것으로 받아들여졌던 것이다.

가족은 애정공동체로서 가족 성원들 사이의 애정을 끊임없이 생산하고 확대 재생산하는 사회단위이다. 가족 성원 사이의 애정 가운데서도 부모의 자녀에 대한 희생적 애정은 애정의 극치이다. 또한 형제자매 사이의 헌신적 애정도 그 다음의 애정의 극치이다.

우리가 항상 애정을 강조하여 표현할 때, 부모와 자녀, 형제자매에 대한 애정을 말하며, 다른 사람에 대한 애정을 말할 때에 '형제'라는 말을 강조하는 것은 바로 '가족'이 애정 형성과 배양의 가장 기본적인 조직임을 경험적으로 알고 전제하여 말하는 것이라고 볼 수 있다.

그러므로 21세기 한국에서도 사회성원들이 애정을 가진 정답고 따뜻한 국민으로 배양되고 생활하려면 반드시 애정의 공동체인 가족을 잘 유지하고 발전시켜야 하는 것이다. 가족제도가 해체되고서는 건전한 국민을 배양하고 교육하는 것은 불가능하다. 우리는 가족이 애정을 생산하고 애정을 배양하는 기본적 기능과 역할을 가진 사회의 가장 기본적인 단위임을 항상 주목할 필요가 있다. 애정은 일차적으로 가족에서 생산되고 배양되는 것이다.

한국의 가족제도는 일반적으로 애정 배양의 기능과 역할에서 세계 어느 민족 어느 나라의 가족제도보다도 더 훌륭하게 이를 잘 수행해온 모범적인 가족제도라고 볼 수 있다.

2) 사회화 및 교육의 기능과 역할

둘째는 자녀의 사회화 및 교육의 기능과 역할이다. 여기서 사회화라고 하는 것은 사회 일반의 문화와 가치, 규범을 인간의 초기 성장기에 학습하고 공유하여 자기의 성격, 퍼스낼리티(인성), 가치관, 사고방식, 행동양식, 습관 등을 형성해나가는 것을 말한다. 여기서 교육이라고 하는 것은 이러한 사회화 과정에서 명백한 가치지향을 갖고 일정한 방향으로의 사회화를 진행시키는 가정교육을 뜻한다. 이때 가족의 어린이 양육 기능은 교육의 기능과 역할 속에 포함시킬 수 있다.

가족은 자녀가 인격·인성을 형성하는 가장 중요한 장소이고 단위이다. 갓 태어난 백지상태의 아기는 가족 속에서 가족 성원에 의하여 일차적으로 사회화한다. 이 사회화에 의거하여 자녀는 일차적으로 가족을 통해서 그 사회와 문화를 공유함으로써 처음으로 사회의 성원이 되는 것이다. 그러므로 사회화를 어떻게 시작하는가의 여부가 자녀의 성격·인성 형성에 결정적 영향을 미친다고 할 수 있다.

사회화의 특성을 이해하기 위해서 자주 사용되는 예가 야생아의 이야기다. 예컨대 인도에서 이리와 함께 살아온 소녀 이야기, 프랑스의 아베동 계곡에서 살아온 이리소녀의 이야기, 키플링이 쓴 소설 늑대소년 모글리 이야기 등을 들 수 있다. 실제로 존재했던 인도에서 발견된 이리소녀는 발견 당시 약 8살로 추정되는 아이로서 이리에 의해서 사회화가 수행된 아이였다. 인간사회로 데려온 뒤 10년 가까이 인도 사람들이 이 소녀를 열심히 교육시켰음에도 소녀의 사회화는 매우 지지부진하였다. 옷을 입을 수 있도록 교육하고 일정한 방식으로 식사를 하게 하고 직립해서 보행하도록 훈련을 시키고 또 다른 사람들의 물건을 훔쳐서는 안 된다는 것을 가르치는 데 참으로 오랜 시간이 걸렸다. 특히 언어를 익히는 데는 매우 큰 노력이 들었으며, 결국 교육된 많은 단어 가운데서도 40개 단어만 취하여 의사표시를 할 수 있게 된 것에 그쳤다. 이러한 이리소녀의 실례는 사람이 태어나서 가족 속에서 부모와 가족에 의하여 사회화되어야만 인간으로서 생활할 수 있는 사람다운 사회인·사회성원이 된다는 것을 잘 증명해주고 있으며, 또 이러한 사회화는 태어나자마자 바로 어머니와 아버지와 가족들에 의해 수행되는 것이 매우 중요하다는 사실을 잘 증명해주는 것이다.

기본적 사회화의 과정이 진전된 뒤에 자녀들이 언어와 규범을 최초로 인지할 수 있는 단계에 도달하면 바로 가정교육을 실시함으로써 그 사회의 가치관·도덕·규범을 언어학습과 함께 습득시켜야 한다. 이것이 바로 사회화와 병행되는 가정교육인 것이다. 물론 현대사회에서 교육은 가족만이 담당하는 것은 아니며 6, 7살 이후에는 유치원·초등학교·중고등학교 등 교육기관에서 분리하여 담당한다. 그러나 이러한 경우에도 반드시 가정교육은 학교교육과 함께 동시에 이루어져 가족이 사회화 및 교육의 장소와 단위로서 기능과 역할을 하게 되어 있으며, 또 그러해야만 훌륭한 교육이 이루어질 수 있는 것이다.

물론 어린이가 학교교육을 받기 시작하면서 학교와 교사, 동료집단들의 영향이 매우 커지지만, 가족 안에서 이루어지는 가정교육의 중요성에 비할 바가 아니다. 특히 인성과 도덕심의 형성 부문에서는 가족의 사회화 및 교육의 기능과 역할이야말로 제일차적으로 중요한 제도인 것이다. 가정교육이 훌륭해야만 그 가족원과 그 사회성원도 훌륭하게 되는 것이라고 말할 수 있다.

한국 가족제도의 사회화 및 교육의 기능과 역할은 전통시대부터 오늘날까지도 상당히 잘 수행되어 왔다고 말할 수 있다. 특히 전통시대에는 많은 가족들이 가정교육을 엄격하게 실시하고 그 가족의 가훈을 정하여 실천케 해서 가족 성원들이 반드시 지켜야 할 규범과 가치관, 도덕을 배양해주었다. 그리고 한국 가족의 가정교육은 가족도덕과 함께 사회도덕도 교육하였다. 한국 전통가족의 가정교육은 윤리·도덕적 측면에서는 매우 훌륭한 교육이었음을 여러 가지 자료에서 확인할 수 있다.

오늘날 한국 가족의 사회화 및 교육의 기능과 역할은 많은 문제점을 갖고 있음에도 세계 정상의 교육열을 조성하여 발전시키면서 종합적으로 보면 대체로 잘 수행되고 있음을 볼 수 있다. 문제가 되는 것은 가정교육을 학교교육에서 실시하는 과목지식의 보조의 장으로 생각하는 일부 학부모들이 지식교육에만 치중한 나머지 사회의 공공도덕과 질서 및 공동체에 대한 헌신 등 가정교육이 이전에 담당해 왔고 고유하게 담당해야 할 가장 중요한 분야를 소홀히 하는 경우가 발생하고 있다는 점이다. 그러나 이것은 가정교육 프로그램을 체계적으로 입안하고 개발하면 개선될 수 있기에 그렇게 심각한 문제는 아니라고 볼 수 있다.

문제는 미래에 있다. 미래에 한국 가족제도의 사회화 및 교육의 기능과 역할이 그 문제점이 더욱 커지는 방향으로 전개되면 문제는 심각하게 될 것이다. 반대로 가정교육이 사회와 인류가 필요로 하는 방향으로 발전되면 가족의 사회화 및 교육의 기능과 역할은 21세기에도 한국이 세계 최정상의 높은 교육열을 갖고, 교육에 기초하여 우리 한

국을 세계 정상의 나라의 하나로 발전시키는 데 크게 이바지하는 제도
가 될 것이라고 본다.

3) 정서적 지지 및 안식처의 기능과 역할

셋째는 정서적 지지 및 안식처의 기능과 역할이다. 일부 사회학자들
은 이를 '정서적 안정화의 기능'이라고 표현하기도 하며, 심리학자들은
이를 '긴장처리의 기능'이라고 표현하기도 한다. 이를 보조하기 위한
가족의 오락과 휴식의 기능도 물론 이에 포함된다. 비록 쓰이는 용어
는 다르다 할지라도 그 내용은 모두 같은 의미를 가리키고 있다. 한국
가족은 충만한 애정과 따뜻한 정서적 융합을 기반으로 구성되었으며,
가족원 상호간에 잘 융합된 애정의 공동체이다. 따라서 한국 가족의
성원은, 가족 밖의 이익사회 즉 게젤샤프트에서 활동하는 중에 발생하
여 축적된 여러 가지 긴장들을 가족 속에서 해소하고 처리하고 위안과
위로를 얻는다. 가족 밖의 이익사회에서 발생하는 첨예한 대립과 긴장
들은 가족이라는 애정의 공동체로 돌아옴으로써 거의 모두 해소되고
처리되는 것이다. 한국 가족의 이러한 기능과 역할 때문에 한국의 가
족 성원들은 예컨대, 회사에 나가는 가장들은 회사에서 어떠한 긴장과
피곤이 축적되고 누적되어 거의 탈진된 상태로 돌아왔을지라도, 가족
속에서 하룻밤을 지내고 나면 이 긴장이 모두 해소되고 처리되어 이튿
날 아침에는 다시 원기왕성하고 쾌활한 사회인으로서 다시 이익사회
속에 나가게 되는 것이다. 한국 가족제도의 이러한 정서적 지지 및 안
식처의 기능과 역할은 다른 사회집단이나 다른 게젤샤프트가 도저히
공급할 수 없는 가족 고유의 기능이라고 할 수 있다.

이러한 가족의 정서적 지지 및 안식처의 기능과 역할은 서양 가족제
도에도 물론 존재한다고 볼 수 있다. 그리고 모든 민족과 나라의 가족

제도들이 이러한 기능을 갖고 있음은 말할 나위가 없을 것이다. 그러나 한국 가족제도의 특징은 이러한 기능과 역할이 더욱 크다는 데 있다. 서양의 현대 가족제도에는 개인주의가 깊숙이 침투하여 부부간에도 상당한 정도의 간격이 남아 있도록 제도화되어 있다. 특히 서양 가족제도에서는 이혼율이 높아 자녀와의 관계에서 친자녀가 아닌 경우가 매우 많다. 물론 의붓아버지·의붓어머니와 자녀와의 관계가 한국 설화에 등장하는 '콩쥐와 팥쥐' 설화의 경우와 같이 극단적인 것으로서 일반화할 수는 전혀 없을 것이다. 그러나 서구 가족제도가 갖고 있는 높은 이혼율을 고려해보건대, 이혼이 별로 없는 친부모의 가족제도가 지배하는 한국 가족제도와 동일한 수준으로, 서구의 가족제도가 부모와 자녀의 애정관계를 유지한다고 생각하기에는 무리가 있다. 이혼 후 재혼 가족에 국한시켜 말하자면, 서구 가족제도 속에서는 부모와 자녀의 관계가, 긴장 처리를 완벽하게 해주는 관계가 되기에는 부족함이 있는 것이다. 부모와 자녀 사이의 관계에서 한국 가족제도가 좀더 정서적 지지 및 안식처의 기능을 더 잘 수행할 수 있다고 말할 수 있다.

따라서 일반적으로 가족이 없는 개인, 가족생활을 하지 않는 개인은 정서적 지지와 안식처를 공급받지 못하기 때문에 언제나 고독하고 정서가 메마르기 쉽다. 한국 가족이 가지고 있는 매우 따뜻한 정서적 지지와 긴장 처리 및 안식처의 기능을 주목할 필요가 있는 것이다.

한국의 가족제도는 정서적 지지 및 안식처의 기능과 역할에서 현재 세계 모든 나라와 민족들의 가족제도 가운데서도 정상의 위치에 있다. 한국은 이러한 한국 가족제도의 정서적 지지 및 안식처의 기능과 역할의 장점을 21세기에도 잃어버리지 않고 잘 보존하고 발전시켜서, 한국 사람들이 행복하게 사회생활을 영위할 수 있도록 대책을 수립할 필요가 있는 것이다.

4) 경제적 기능과 역할

넷째는 경제적 기능과 역할이다. 고대사회로 거슬러 올라가면 갈수록 생산과 소비가 가족 단위로 이루어졌기 때문에 가족은 하나의 자급자족적인 공고한 경제단위의 기능을 수행해왔다. 근대사회에 이르게 되자 가족의 경제적 기능과 역할 속에서 생산과 소비가 분리되어 생산은 대부분 전체 사회 속의 전문화된 생산기관이 이를 담당하고 가족의 경제적 기능은 주로 가족 성원 일부의 가계소득 획득과 그 획득된 소득의 지출·소비의 부문으로 변동하게 되었다. 특히 소비와 관련된 경제생활은 전적으로 가족 단위로서 가족 안의 일로 강화되었다고 볼 수 있다.

한국 가족제도도 근대사회에 이르자 가족농업을 제외하고는 많은 부문에서 생산과 소비가 분리되었다. 물론 현대사회에도 가족 단위의 생산을 수행하는 소생산 단위가 없는 것은 아니지만, 생산이 소비와 분리되거나 생산이 가족과 분리되는 경우가 대부분이 되었다. 그리하여 한국 가족제도에서는 가족 성원의 일부, 특히 경제활동 연령에 있는 남성 성원(예 : 남편)은 전체 사회에 나가서 경제활동을 하여 소득을 획득해 들어오고 가족 성원의 여성 성원, 특히 주부는 이의 지출과 소비를 관리하는 방식의 분업구조가 한국 가족의 특징으로 정착되어 왔다.

한국 가족제도의 경제적 기능과 역할의 이러한 분화와 관련하여 가족 성원에서의 남편과 아내 사이의 성별 분업 및 남녀 평등관계에서 매우 중요한 특징이 있음을 주목할 필요가 있다. 그것은 상대적으로 높은 주부의 지위이다.

한국 가족제도에서는 남편이 회사에 나가 받은 봉급을 바로 봉투째 부인에게 갖다주면 부인은 그 봉급 전체를 갖고 자기의 책임 아래에 가족을 위하여 이를 소비 지출한다. 이 경우에 남편은 소득을 벌어들이는 역할을 맡는 것이고 부인은 이 벌어들인 소득을 지출 소비하는 역할을 맡는 것이다. 이 경우에 지출과 소비를 결정하는 것은 대개 많지 않은 큰 문제(예컨대 주택 구입, 학교 입학, 큰 가재도구의 구입)를 제외하고는 거의 모두 주부가 결정하는 것이다. 따라서 한국 가족제도에서는 경제적 기능과 역할에서 주부의 경제권이 매우 강하다. 이것은 전 세계 가족제도 가운데서도 한국 가족제도의 특징적인 것이라 할 수 있다.

최근 통계에 따르면 한국 가족 가운데 무려 약 90퍼센트의 가족이 경제적 기능의 소비 지출을 주부가 자신의 책임 아래 결정하고 있다. 이것은 서양의 가족제도에서나 다른 민족의 가족제도에서는 찾아보기 힘든, 매우 특이한 것이라고 할 수 있다.

예컨대 미국 가족제도에서는 남편이 회사에 나가 봉급을 가져오고 부인이 가계를 꾸려나가는 경우에 소비 지출의 결정은 주로 남편이 하고 주부는 매일매일 소비 지출에 소요되는 금액을 남편으로부터 타서 소비하는 것이 기본적 유형이다.

한국 가족제도의 경제적 기능과 역할에서 궁극적으로 가족 안의 권리를 만드는 권력 형성요소의 하나는 지출권인 것이다. 누가 가족의 소비 지출을 결정하고 실제로 지출하는가 하는 것이 경제적 권력의 주요 내용을 이루고 있다. 한국 가족의 성원들 가운데 경제권을 갖고 있는 것은 바로 주부들이라고 말할 수 있다. 일부 학자들의 글을 보면, 이러한 소비 지출에 대한 여성들의 권력 행사 활동까지도 모두 재택노동으로 간주하여 마치 주부가 노동자로서 육체노동을 하는 것처럼 분류하고, 주부의 가족 내 가계지출 활동을 여성노동자의 가내노동의 일종인 것처럼 기술하는 경우가 가끔 있다. 그러나 저자는 그러한 견해에는 문제가 있다고 생각한다. 왜냐하면 이 경우의 주부는 노동을 하고 있는 것이 아니라, 가족과 가정을 관리하고 있는 것이기 때문이다. 즉 가족의 관리자로서 관리권을 행사하고 있는 것이 기본적인 것이고,

여기에 부엌에서의 취사노동 등은 보조적인 것이라고 이해하는 것이 합당하리라고 생각한다. 만일 주부들의 이러한 관리권 행사를 노동으로만 보는 시각에 집착한다면 남편들이 밖에서 하는 회사활동은 무엇인가? 이것도 동일하게 노동에 불과한 것이 아니겠는가? 그것도 애정이 없는 이익사회 속에서의 가혹한 노동이 아니겠는가? 그래서 한국의 40대 남편의 사망률은 40대 주부 사망률의 3배에 달하고 있다. 그러나 그들은 가족을 위하여 활동하는 머슴이 아니라, 다시 말하자면, 가족을 위해서 밖에 나가서 새경을 벌어들이는 머슴이 아니라, 가족을 부양하기 위한 아버지로서, 가장으로서 경제활동을 하는 것으로 간주해야 함은 물론이다.

따라서 한국 가족제도에서는 남편과 주부의 이러한 분업을 본질적으로 대등한 것으로 인정해야 하며, 주부의 경제권과 가정 관리자로서 높은 지위의 역할을 사실대로 관찰할 필요가 있다고 본다. 한국 가족제도의 경제적 기능과 역할에서 주부가 경제권을 갖고 가정의 소비 지출을 대부분 결정한다는 사실은, 한국 가족제도에서 남편과 부인 사이의 남녀평등을 보장해주는 기초적인 구조라고 볼 수도 있을 것이다.

한국 가족제도는 가족 성원의 경제적 부양에 대하여 가장 뿐만 아니라 가족 성원들이 공동체적 책임을 지고 있는 특징이 있다. 따라서 분가하지 않고 아직 미혼의 아들이나 딸이 사회에 나가서 취직하여 경제활동을 하는 경우에 받는 봉급도 그 가족의 가계지출 관리자인 어머니, 곧 주부에게 일단 바치고 그의 처분 아래 지출이 결정되는 것이 대부분이다. 이것은 가족 성원의 경제적 문제를 가족이 공동체적으로 책임지는 것이 한국 가족제도의 한 특징임을 잘 나타내주는 것이라고 할 수 있다.

한국의 가족제도에서는 경제적 기능과 역할도 공동체적으로 수행하는 것이 매우 큰 특징의 하나이며, 주부의 경제권과 소비 지출권으로 인하여 주부의 가족 내 지위가 높다는 것도 큰 특징의 하나라고 할 수 있다.

5) 복지 및 보호의 기능과 역할

다섯째는 복지와 보호의 기능과 역할이다. 한국 가족은 가족 성원의 보호와 안전과 복지를 담당하는 중요한 사회적 기능을 수행한다. 가족은 자녀를 출산하여 양육하는 기능을 담당하며, 또 가족 성원 가운데 장애자나 불우한 처지에 빠진 성원이 발생하는 경우 가장 따뜻한 애정을 가지고 가장 완벽하게 그를 보호하고 부양한다. 또한 성원 가운데 부모가 노약자가 되는 경우에는 가장 큰 존경과 애정을 가지고 노약자를 부양하고 보호하며 공양한다. 한국 가족제도는 가족 성원의 각종 복지와 보호를 종합적으로 담당하는 제도로서 발전되어 온 것이다.

한국 가족제도의 복지기능 특징은 무엇보다도, 애정과 복지를 융합시켜 복지와 보호의 기능과 역할을 수행하는 데 있다고 할 것이다. 예를 들어, 노인복지를 고찰해보자. 모든 가족 성원은 언젠가는 반드시 노인이 된다. 만일 노인복지문제를 가족 이외의 양로원·실버타운과 같은 노인복지제도에서만 해결하도록 한다면, 그곳에 과연 가족 성원인 자녀가 보이는 따뜻한 존경과 애정이 복지제도와 결합될 수 있을까? 또 그곳에서 노인의 자녀와 손자녀에 대한 애정이 복지와 결합될 수 있을까? 노인복지는 가족제도를 통해서 다른 가족 성원과 함께 살면서 이루어질 때 가장 완벽한 복지와 보호와 공양이 이루어질 수 있음을 주목할 필요가 있다.

예컨대 가족 성원 가운데 장애자나 불우한 처지에 빠진 성원이 발생하는 경우에 이를 가족 밖의 사회복지제도에만 의존하는 경우와 가족 안에서 가족 성원들이 애정을 가지고 그들의 안전과 보호와 복지를 가족제도가 담당하는 경우를 비교해 보자. 이 중에서 장애자나 불우한 처지에 빠진 성원에게도 행복감을 주면서 복지를 보장해주는 것은 애정과 복지를 융합하여 보장하는 가족제도의 복지가 말할 것도 없이 가장 훌륭한 복지제도가 될 것이다. 다른 복지대상 항목에 대해서도 같은 이야기를 할 수 있다.

따라서 가족처럼 완벽한 복지제도를 다른 곳에서 찾기는 힘들다. 특히 한국 가족제도에서와 같이 가족 성원에 대하여 완벽한 사회복지를 제공하는 제도에서는 더욱 그러하다

물론 모든 복지문제를 가족제도가 전담할 수는 없다. 왜냐하면 가족 그 자체를 잃어버린 불우한 사람들, 가족을 구성할 수 없는 불우한 사람들이 이 사회에는 많이 발생하기 때문이다. 따라서 가족제도가 완벽하게 복지기능을 수행하는 경우에도, 반드시 가족 밖의 사회복지제도는 체계적으로 크게 발전되어야 할 것이다. 그러나 아무리 완벽한 사회복지제도를 발전시킨 경우에도 이것만으로 사회성원들의 복지문제가 해결되지는 아니한다. 왜냐하면 사람은 정(情)적인 요소를 갈구하며, 반드시 애정과 복지가 결합되고 존경과 복지가 결합되는 복지제도를 요구하기 때문이다. 이러한 측면을 담당하는 것은 더 말할 것도 없이 가족제도가 최상의 제도인 것이다. 특히 한국 가족제도는 이를 잘 담당할 수 있는 특징을 가지고 있다.

해외를 여행하거나 해외에서 잠깐 거주하다 보면, 서양 도시들에 살고 있는 수많은 외로운 노인들을 발견하게 된다. 그 노인들은 자녀들이 일찍 독립하여 떠난 뒤 노부부가 고독하게 살면서 거리 쪽의 난간에 흔들의자를 놓고 앉아, 지나는 사람을 바라보면서 쓸쓸한 노년을 보내는 경우가 대부분이다. 이 중에 노부부의 한 쪽이 먼저 타계한 경우에는 나머지 한 쪽의 복지문제가 심각하게 발생한다. 서양사회에서는 이러한 노인들이 매우 많다. 그 사이 (한쪽 남은 노인이 배우자와 사별하고 나서 나머지 노인이 타계할 때까지의) 생활이란 비참하기 짝이 없다. 서양의 대도시에서는 심지어 홀로 사는 노인들이 타계한 줄도 모르고 때로는 한 달 뒤에 아파트에서 타계한 노인을 발견하는 경우도 비일비재하다. 언제 타계했는지 아무도 모르고, 집주인이 월세를 받으러 방문을 했다가 노인이 타계한 것을 발견하는 경우가 그것이다.

사람이 사람답게 사는 사회가 되려면, 사람의 최후를 이렇게 보내게 되는 사회제도를 그대로 방치해 두어서는 아니 된다. 사회복지제도가 발전하고 있는 서양에서도 이러한 문제는 매우 심각한 것이다.

한국 가족제도에서는 현재까지는 일반적으로 이러한 문제는 발생하지 아니한다. 왜냐하면 노부모를 모시고 사는 직계가족에서나 또는 노부모와 분가해서 사는 가족에서나 어떠한 유형을 막론하고 노부모에 대한 사회적 거리와 정신적 유대가 매우 강하기 때문에 노인들의 안위와 동태에 대해서 대부분의 가족들이 항상 이를 점검하고 대책을 세우기 때문이다. 그러나 이것만으로는 충분치 않다. 왜냐하면 노인들이 생애의 마지막까지 행복하게 생활하다가 타계하는 것이 바로 그 노인의 문제일 뿐 아니라 인간의 사회생활의 기본적인 문제이고 과제이기 때문이다. 따라서 한국 가족제도에서와 같이 모든 사람이 부딪치게 되는 노인복지의 문제를 가족제도를 통해서 해결하도록 하고, 가족제도의 복지와 보호 기능이 더 잘 수행되도록 제도화되어 있는 가족제도가 가장 훌륭한 가족제도라고 볼 수 있는 것이다.

21세기에도 한국 가족제도의 복지와 보호의 기능과 역할이 계속 존속하고 발전할 수 있도록, 우리는 대책을 세울 필요가 절실하다고 할 것이다. 그리고 사회복지의 기능과 역할의 많은 부분을 계속해서 한국에서는 가족제도가 담당하도록 가족제도를 발전시키는 것이 한국사회 성원들의 미래의 행복을 위하여 절실하게 필요하다고 말할 수 있다.

한국의 가족제도는 가족 성원의 보호와 안전과 복지를 담당하는 기능과 역할에서 현재 세계에서 가장 앞서고 가장 훌륭한 제도의 하나로 남아 있다고 말할 수 있는 것이다.

3. 한국 가족제도의 몇 가지 모형

1) 제1 모형

21세기 한국이 세계에서 가장 아름다운 가족제도를 보존하고 발전시키기 위하여 여기서는 참고가 되는 기준으로 4개의 모형을 제시해서 논의하고자 한다. 이 장에서는 여기서 제시하는 한국 가족의 네 가지 모형에 대한 세밀한 분석을 하려는 것이 아니라 다음 장에서 할 논의를 진전시키기 위한 준비로서 설정해두려는 것이다.

제1모형은 3세대 직계 확대핵가족이다. 이 모형은 할아버지 할머니의 제1세대, 아버지 어머니의 제2세대, 그리고 손자 손녀의 제3세대의 직계들이 하나의 가족을 이루고 있는 3세대 직계가족이다. 우리나라의 일부 사회학자들은 서양 사회학을 직수입해서, 마치 부모와 그 자녀로만 구성된 것만을 핵가족으로 생각하고 할아버지 할머니와 함께 사는 것을 대가족 혹은 확대가족이라고 이름을 붙이고 있다. 이것은 서양 유형의 사회학 개념이다. 대가족 또는 확대가족이라고 하는 것은 할아버지 할머니 밑에 그 아들들의 모든 형제들이 한 가정 안에 거주하고, 또 그 손자 손녀들이 한 가정 안에 거주하여 어린 손자들의 입장에서 보면 사촌들과 함께 사는 것이 대가족이고 확대가족인 것이다. 그러나 직계가족만으로서 할아버지 할머니, 그 자식인 아버지 어머니, 그리고 그 자식인 손자 손녀의 직계 3세대가 이룬 가족은 대가족이 아니라 직계가족이며, 반드시 대가족인가 핵가족인가 여부를 따진다면 오히려 직계 핵가족이라고 볼 수 있다. 저자는 이것을 제1모형 직계 확대핵가족이라고 이름 붙이겠다.

이 직계 확대핵가족에서는 3세대가 한 가족으로 동거하기 때문에 가족의 모든 기능이 완벽하게 발휘될 수 있다. 물론 이 3세대 직계 확대핵가족에서도 문제가 발생할 수도 있다. 여기서는 3세대 직계가족의 기능 면에서의 장점과 문제점을 각각 나누어 고찰하기로 한다.

첫째, 제1모형의 3세대 직계 확대핵가족에서는 애정 배양의 기능과 역할이 배가된다. 즉 여기서는 부모의 자녀에 대한 애정 배양뿐만 아니라 조부모의 손자녀에 대한 애정, 손자녀의 조부모에 대한 감사와 애정이 겹쳐져서 애정 배양이 배가되는 것이다. 물론 젊은 부부들 가운데에는 조부모의 손자녀에 대한 교육에 사랑이 너무 넘친 나머지 손자녀들을 버릇없게 만드는 요인이 된다고 지적하는 경우도 가끔 볼 수 있다. 그러나 이것은 극히 지엽적인 문제다. 가족 성원 사이의 가장 중요한 공동체적 융합의 기초가 되는 애정과 감사는 바로 3세대 직계 확대핵가족에서 조부모의 손자녀에 대한 깊은 애정과 손자녀의 조부모에 대한 감사와 애정이 부모의 그것 위에 겹쳐졌을 때 더욱 공고하게 융합되고 애정이 배가되어 충만케 된다. 즉 3세대 직계 확대핵가족에서는 애정 배양 기능과 역할이 훨씬 강화되어 배가되는 것이다. 또한 이것은 사회에 대한 가족의 공헌에서도 매우 중요한 것이다.

둘째, 3세대 직계 확대핵가족에서는 자녀의 사회화 및 교육의 기능과 역할도 더욱 풍부하게 강화된다. 조부모가 부모와 함께 그의 풍부한 생활경험과 축적된 지혜를 통해 손자녀의 사회화 및 교육을 도울 때 손자녀에 대한 사회화 및 교육 기능은 더욱 강화되어 한층 훌륭한 가정교육이 이루어지는 것이다. 역사에서 훌륭한 업적들을 낸 위인들의 전기와 생애를 보면 뜻밖에도 할아버지의 사랑과 훈도를 받은 사람들이 매우 많다는 사실에 우리는 놀라게 된다. 우리가 경험을 통해 되돌아보면 부모들의 자녀에 대한 사회화와 교육은 경험이 부족한 젊은 연령층의 부모가 자녀를 출산한 시점부터 이루어지기 때문에, 매우 바쁘고 관련 지식도 부족하여 자녀의 사회화와 교육을 체계적으로 수행하지 못하는 경우가 많은 것을 알 수 있다. 그러나 할아버지와 할머니는 오랜 생활경험과 여기서 획득·축적한 풍부한 지혜를 가지고 상당한 시간적 여유와 함께 손자녀를 사회화시키고 교육시키는 데 중요한 노릇을 한다. 이 때문에 조부모의 가정교육을 받고 성장한 손자녀들은 나이에 비해 훨씬 더 성숙한 지혜를 갖출 수 있으며 더 훌륭한 가정교육을 받을 수 있는 것이다. 이것은 경험을 해본 가족과 세대에서는 잘 깨닫고 있을 것이라고 본다. 조부모의 손자녀에 대한 사회화 및 교육의 기능과 역할의 보조는 제1모형 직계 확대핵가족의 매우 큰 장점이라고 지적하지 아니할 수 없다.

셋째, 제1모형 직계 확대핵가족에서는 정서적 안정 및 안식처의 기능과 역할도 강화된다. 조부모가 동거하는 가족에서는 애정 배양이 더욱 배가되므로 여기에 비례하는 정서적 안정과 안식처 기능이 더욱 강화되어 배가될 것은 너무 당연한 일이다. 제1모형 직계 확대핵가족에서는 가족 성원이 게젤샤프트인 전체사회 속에서 발생한 여러 가지 긴장을 가족 속에 갖고 돌아와 해소하고 처리해서 정서적 안정을 획득하고 가족 성원들과 더불어 오락과 휴식을 취할 수 있으며, 이 직계 확대핵가족 속에서 새로운 원기를 회복하여 다시 게젤샤프트로 들어감으로써 사회의 기능이 더욱 강화되는 것이다. 이 모형은 오직 2세대 핵가족 및 부부만이 동거하는 다음의 제2모형 핵가족에 견주어 훨씬 더 강화된 정서적 안정 및 안식처의 기능과 역할을 하고 있음을 주목할 필요가 있다.

넷째, 제1모형 직계 확대핵가족에서는 경제적 기능과 역할도 다소 강화되는 경향이 있다. 노부모를 봉양하여 돌보지 아니하는 경우는 별 문제이지만 노부모를 반드시 책임감과 의무감을 가지고 공경하면서 봉양하여 돌보는 경우에는 경제적 기능과 역할의 문제가 분명하게 드러난다. 즉 노부모를 별개의 가족 단위로 하고 부모와 자녀가 분가하여 제1모형 직계 확대핵가족이 두 핵가족으로 분화할 때의 경제적 비용보다 이를 처음부터 분화시키지 말고 3세대 직계 확대핵가족으로 존속시킬 때의 경제적 비용이 훨씬 적을 것은 더 설명할 필요도 없는 것이다. 특히 근대사회에서 가족의 경제적 기능은 주로 소비의 기능이 중심으로 되고 있기 때문에 두 개의 핵가족이 소비하는 것보다 하나의 직계 확대핵가족이 소비하는 것이 더 규모가 작을 것임은 명약관화하다고 말할 수 있다. 따라서 노부모가 생존해 있는 가족에서는 제1모형 3세대 직계 확대핵가족이 경제적으로 훨씬 더 비용절감의 효과를 갖는 것이다.

특히 젊은 부모가 어린 자녀와 살고 있는 핵가족의 경우에는 처음부터 분화하지 아니하고 제1모형 3세대 직계 확대핵가족으로 생활하는 것이 자녀 교육과 양육에도 매우 큰 도움을 주는 경제적 기능을 수행한다고 볼 수 있다. 21세기에는 부모가 자녀를 평균 2명 이하로 출산할 것으로 예측되며, 또 부모 모두 직업을 가질 것으로 예측된다. 이 경우, 자녀(손자녀)를 탁아소에 맡기는 것보다 한 가족 안에 거주하는 조부모에게 맡기고 직장에 나가는 것이 사회적으로나 경제적으로 큰 도움이 된다. 조부모가 존재하는 가족들은 구태여 자녀를 탁아소에 위탁할 필요가 없는 것이다. 바로 가족 안에서 아이들을 조부모에게 위탁하면 되며, 조부모는 충분한 애정과 교육적 목적을 가지고 손자녀들을 돌보아줄 뿐만 아니라 교육까지 시켜서 훌륭한 인재를 만들기 위해 노력하는 것이다. 따라서 제1모형 3세대 직계 확대핵가족에서는 경제적 기능과 역할이 강화된다고 볼 수 있다.

다섯째, 제1모형 직계 확대핵가족에서는 복지 및 보호의 기능과 구실이 강화된다. 한국 가족은 가족 성원의 복지와 보호를 담당하는 중요한 사회적 기능을 수행해왔고 21세기에도 이러한 기능은 계속 이어질 것이다. 가족 성원 가운데 장애자나 불우한 처지에 빠진 성원이 발생하는 경우 가장 따뜻한 애정을 가지고 가장 완벽하게 그를 보호하고 부양하는 것은 한국의 가족이다. 부모가 노약자가 되는 경우에 이들을 양로원에 보내는 것은 대부분 자녀가 없는 경우이다. 노부모를 모신다는 것은 가장 큰 존경과 애정을 가지고 노약자를 봉양하고 보호하는 것으로서 완벽한 가족복지를 수행하는 것이다. 따라서 한국 가족처럼 완벽한 복지 및 보호의 기능과 역할을 갖고 있는 가족제도를 다른 나라에서는 찾기 힘들다.

물론 가족의 복지 및 보호의 기능과 구실만으로 사회복지나 노인복지가 다 해결되는 것은 아니기 때문에 가족의 복지 및 보호 기능과 함께 반드시 사회복지제도가 노인복지, 장애자복지, 결손가족복지 제도 등 여러 가지 복지제도로서 크게 발전되어야 할 것임은 물론이다. 그럼에도 한국 가족처럼 노인과 장애자 등에 대한 복지와 보호 기능을 완벽하게 갖춘 제도는 거의 없다. 노부모를 가족원 안에서 공경하고 봉양하는 것보다 더 완벽한 복지와 보호가 지구상에 어디 있겠는가? 아무리 발전된 훌륭한 합리적 사회복지제도를 고안한다 할지라도 가족 안에서 이를 발전시켜 노부모에 대한 애정과 감사와 공경이 충만하고 융합된 가족의 복지 및 보호의 기능과 역할을 수행하는 것과는 비교가 되지 아니할 것이다.

따라서 가장 이상적인 21세기 한국 가족 모형은 3세대 직계 확대핵가족의 제1모형 가족이라고 할 수 있다. 한국 가족제도에서는 장남의 경우 이러한 모형의 가족제도를 보존하고 발전시켜왔다. 그런데 21세기에는 장남과 차남의 구분이 없어지고 모든 아들이 장남이 될 가능성이 크다. 왜냐하면 현재 평균 자녀수가 약 1.6명인데, 이것은 1세대 2자녀를 갖는다는 말이고, 또 이러한 2자녀는 성별구성비로 볼 때 평균 1남 1녀의 자녀를 의미하는 것이기 때문이다. 21세기의 한국 가족은 1남 1녀의 자녀 구조가 될 것이라고 전망할 수 있다. 따라서 앞으로 21세기의 한국 가족제도에서는 장남·차남 구별 없이 모두 장남이 될 것이며, 조부모를 모시는 제1모형 3세대 직계가족이 이론적으로 한국 가족제도의 전통을 계승하는 가족모형이 될 것이라고 말할 수 있다. 그러나 최근의 경향을 보면 제1모형 3세대 직계가족의 전체 한국 가구구성 속에서의 비중은 줄어드는 경향을 보이고 있다.

〈표 3-1〉에서도 볼 수 있는 바와 같이 3세대 직계가족, 즉 제1모형 직계가족은 한국 가족제도의 경우에 1960년에는 가구구성 가운데에서 26.9퍼센트였는데, 1970년에는 22.1퍼센트로, 1980년에는 16.5퍼센트로, 1990년에는 12.2퍼센트로 계속해서 감소하여 왔다. 왜 이렇게 되었는가?

한국의 종래 제1모형 3세대 직계가족에 상당한 문제점이 있었기 때문이다. 그 문제점과 해결의 방향을 다음에서 간단히 논의하기로 한다.

〈표 3-1〉 한국 가구구성의 변화(단위 : 명, %)

연도	1960	1970	1980	1990
1세대 가구	325,909(7.5)	376,468(6.8)	658,416(8.3)	1,219,667(10.7)
2세대 가구	2,798,160(64.0)	3,905,660(70.0)	5,457,340(63.5)	7,529,077(66.3)
3세대 가구	1,176,657(26.9)	1,230,232(22.1)	1,311,755(16.5)	1,382,749(12.2)
4세대 가구	69,450(1.6)	63,917(1)	41,990(5)	35,342(3)
단 독 가구	-	-	382,743(4.8)	1,021,481(9.0)
비혈연 가구	423*(0.0)	-	116,957(1.5)	166,224(1.5)
계	4,370,599(100.0)	5,576,277(99.0)	7,969,201(100.1)	11,345,540(100.0)

* 1960년 자료에는 미상으로 되어 있음.

출처 : 1. 경제기획원(1960), 《인구 주택 국세 조사보고》, p. 52
2. 경제기획원(1970), 《총인구 및 주택 조사보고》, p. 312
3. 경제기획원(1980), 《인구 및 주택 센서스 보고》, p. 302
4. 대한통계협회(1990), 《인구 주택 총조사 보고서》, p. 342 모음집 p. 547

　첫째의 문제점은 고부갈등으로 표현되는 가정의 권력배분 구조에 있다. 한국의 전통가족에서는 가정 안의 관리권이 전적으로 시어머니의 전제적 권력 아래에 있었으며, 며느리는 오직 이에 순종하고 그 지시대로 따라야 하는 것이 전통적 가족규범이었다. 물론 오늘날 이러한 규범을 그대로 갖고 있는 전통적 한국 가족은 존재하고 있지 않지만 그 유제는 아직도 남아 있다. 추상적으로 말하면 가족 관리권의 권력배분 문제가 여전히 남아 있는 것이다.

　이 문제의 해결은 푸코가 말하는, 작은 권력으로서 가족 관리권의 배분양식을 새로이 개혁함으로써 가능하다고 본다. 예를 들어 며느리가 새로 들어오면 일정의 수습기간(예컨대 1년)을 거친 뒤에 가족의 관리권을 시어머니가 모두 며느리에게 이양하는 것이다. 즉 가족 관리권의 이양을 조기에 실현하는 것이다. 그리고 시어머니의 위치를 오직 며느리의 요청에 따라서 자문만 해주는 구실로 조정하여 권력배분의 양식을 수정한다면 대부분의 고부갈등은 해소될 가능성이 있다고 본다. 이런 경우 전통적 가치관이 남아있으면서 대부분의 시어머니들은 권력의 지나친 조기 이양에 반대할 가능성이 있다. 그러나 시어머니의 권위는 권력을 이양하는 경우에 붕괴되는 것이 아니라고 본다. 시어머니는 중요한 자문 역으로 존경받음으로써 강력한 권력을 여전히 행사하게 되며, 또 며느리는 가족관리에 대한 경험 부족으로 말미암아 정작 책임을 맡은 경우에는 시어머니의 자문에 크게 의존하지 않을 수 없다. 따라서 며느리와 시어머니 사이에 공생과 상호 보완적 협동체제가 구성될 필요가 절실하게 되며, 이에 따라서 진정한 구조적 협동과 기능적 협동, 나아가 한 가족으로서 융합이 이루어질 것이라고 내다볼 수 있다. 이러한 제도개혁은 21세기에 제1모형 3세대 직계 확대핵가족의 존속과 발전을 위하여 필요한 처사라고 말할 수 있다.

　둘째의 문제점은 젊은 부부의 사생활 보호 불능과 불편함을 들 수 있다. 이것은 젊은 부부뿐만 아니라 노조부모에게도 동시에 불편한 점이라 할 수 있다.

김자혜 교수의 조사결과를 살펴보면 노부부 독립가구의 노부부들이 아들 부부와 살지 않는 이유는 첫 번째, 서로 불편하지 않기 위해서(36.8퍼센트), 두 번째, 아들 부부의 직장이나 교육 때문에(21.1퍼센트), 세 번째, 아들 부부에게 신세지기 싫어서(13.2퍼센트), 네 번째는 아들 부부의 불화 때문에(10.5퍼센트)로 나타나고 있다.

여기에서도 간접적으로 알 수 있는 바와 같이 직계가족이 형성되지 않고 분화되는 가장 중요한 이유는 서로 불편하지 않기 위해서이다. 나머지 요인, 즉 아들의 직장과 교육으로 인한 문제는 전근 등의 지리적 위치 변동 때문이므로 별 문제이며, 그 밖의 요인들은 그렇게 높은 비율을 차지하고 있지 않다. 처음 문제를 해결하기 위해서는 우리나라의 주택구조와 공간생활양식을 약간 수정할 필요가 있다고 본다. 예컨대 아파트 생활을 살펴보자. 현재 3세대 직계 확대핵가족은 하나의 아파트 공간을, 방 하나는 노부모가 사용하고, 다른 방은 젊은 부부가, 또 다른 방들은 손자녀들이 사용하는 식으로 함께 하면서 식사도 동일한 시간에 공동으로 하는 등 모든 것을 지나치게 공동으로 하고 있는데, 이는 반드시 그렇게 할 필요는 없는 것이다. 이 문제를 해결하기 위해서는 하나의 아파트 공간 중앙에 약간의 칸막이를 설치하여 두 개의 공간으로 나누는 것을 생각해볼 수 있다. 공간을 양분화하고, 기상시간과 취침시간 역시 노조부모와 부모, 손자녀들이 자유롭게 구분되도록 하며, 식사도 편리할 때에 각각 나누어서 할 수 있으면서 때로는 함께 하고, 정기적으로는 의무적으로 함께 하기도 하는 것이다. 이렇게 한다면 하나의 아파트 안에서 노조부모와 젊은 부부의 프라이버시가 보존·보호되면서 동시에 불편함 역시 처음부터 하소될 수 있다. 즉, 가옥 또는 아파트의 공간구성과 건축양식을 새로이 설계하여 3세대 직계 확대핵가족에게 적합한 가족생활 공간을 재구성할 필요가 있는 것이다.

셋째는 교육문제이다. 이것은 조부모와 젊은 부부의 학력 차이 때문에 손자녀의 교육을 조부모에게 맡기는 경우 발생하는 문제점이라고 지적이 되어 왔다. 그러나 이것은 문제가 거의 발생하지 않는 사안이다. 실제의 교육문제란 대부분 손자녀들의 교육을 위하여 교육여건이 좋은 곳으로 젊은 부모들이 이사하면서 분화가 일어나는 경우에 생기는 것이다. 더구나 21세기에는 조부모의 학력과 부모의 학력이 거의 같게 될 것이므로 학력 차이로 말미암은 손자녀의 교육문제는 거의 일어나지 않을 것이며, 따라서 이는 따로 논의할 필요가 없을 것으로 본다.

만일 우리가 이러한 위의 몇 가지 문제점을 해결할 수가 있다면 한국의 가족제도에서 제1모형 3세대 직계 확대핵가족은 앞으로 줄어들지 않고 오히려 늘어날 수도 있을 것이다. 만일 우리가 21세기에 3세대 직계 확대핵가족의 제1모형을 가장 중요한 한국 가족제도의 모형으로 존속시킬 수 있게 되면 한국의 가족제도는 세계에서 가장 아름다운 가족제도로서 더욱 발전하게 될 것이라고 내다볼 수 있다.

2) 제 2 모형

21세기 한국 가족의 제2모형은 한국적 2세대 핵가족이다. 즉 아버지 어머니의 한 세대와 그 자녀가 사는 두 세대 핵가족 모형이다. 이것은 외형상 서양에서 말하는 핵가족과 동일한 것이기 때문에 더 이상 긴 설명이 필요하지 아니할 것이다.

우리나라의 경우에 2세대 핵가족이 한국의 가구구성에서 차지하는 비율은 최근까지 계속 증가하여 왔다. 즉 〈표 3-1〉에서도 볼 수 있는 바와 같이 2세대 핵가족이 한국 가구구성에서 차지하는 비중은 1960년에 64.0퍼센트, 1970년에 70.0퍼센트, 1980년에는 68.5퍼센트, 1990년에는 66.3퍼센트로 되어 있다. 1970년대까지는 2세대 핵가족 가구가 증가하다가, 1980년대부터는 약 60퍼센트 수준에서 고정되어 있다. 그러나 이것은 한국의 가족구성에서 가장 비중이 큰 모형이라고 말할 수 있다.

한국형 2세대 핵가족의 경우에는 서양의 가족제도와는 달리 여기서 반드시 강조해 두어야 할 중요한 것이 있다. 즉, 한국형 2세대 핵가족은 분가되어 있는 할아버지·할머니 혹은 시아버지·시어머니 가족과의 긴밀한 유대와 왕래를 반드시 제도화할 필요가 있다는 것이다. 원래 한 가족이란 3세대 직계가 모여서 이루어지는 것이기 때문에 이를 두 개의 가정으로 분가·분할시킨 것으로 생각하면 된다. 즉, 한 직계 확대핵가족의 제1모형이 두 개의 가정, 즉 노부모의 가정과 2세대의 핵가족으로 공간적으로 나누어졌다고 보면 되는 것이다. 이렇게 나누어졌지만, 한국형 가족제도에서는 그 사회적 거리, 즉 사회적 통신과 왕래, 심리적 융합이 굉장히 가깝게 봉합되어 있어서 항상 소통과 유대가 굳게 맺어져 있는 것이 큰 특징이다. 특히 한국 가족제도에서는 '효'문화가 제2모형 2세대 핵가족에도 그대로 적용되기 때문에 비록 가정은 공간적으로 두 개로 나누어져 있다 할지라도 그 사회적 거리는 하나의 가족제도와 큰 차이 없이 굳게 융합되어 있는 것이다.

21세기에도 이러한 2세대 핵가족이 노부모 가정과 사회적 거리를 최소로 좁히기 위해서는 그 통신과 왕래를 빈번하게 촉진하고 이를 계속 존속시키는 작은 제도나 규범을 만들 필요가 있다고 본다. 이를 위해서 필요한 몇 가지 사항을 들면 다음과 같다.

① 조부모에게 전화통화를 빈번히 하도록 규칙화할 것.
② 조부모를 찾아뵈는 정기방문을 제도화할 것.
③ 제사·생일·식사 등 행사를 반드시 제도화하여 시행하면서, 이 때에는 모든 가족 성원이 한 자리에 모이도록 할 것.
④ 조부모의 건강진단을 정기적으로 실행할 것.

⑤ 손자녀들을 조부모의 집에서 적어도 한 달에 한 번 이상 재우면서 생활화하도록 할 것.

⑥ 매달 정기적으로 조부모에게 용돈과 생활비를 드리도록 할 것.

⑦ 조부모의 과외의 긴급한 소용에 충당하기 위하여 일정액의 예금통장을 만들어 별도로 드리도록 할 것.

⑧ 정기적으로 선호하는 오락행사에 조부모를 모시고 나갈 것.

제2모형 2세대 핵가족에서는 가족의 사회화 및 교육의 기능과 역할이 약화될 개연성이 매우 높다. 그러므로 제2모형 2세대 핵가족에서 자녀 교육 기능을 충분히 강화하기 위하여 다음과 같은 일을 보완할 필요가 있다.

① 자녀양육을 과학적으로 실행하기 위하여 부모가 교육을 받거나 관련 서적으로 철저히 학습할 것.

② 자녀의 건강상태를 정기적으로 그리고 수시로 점검할 것.

③ 조부모에게 수시로 전화하여 양육과 교육의 경험에 기초한 풍부한 지도와 자문을 받을 것.

④ 부모가 외출한 때 감독 없는 상태에서 자녀의 상태를 점검하고 지도할 것.

⑤ 자녀의 가정교육에 배당하는 자녀의 시간을 대폭 늘릴 것.

⑥ 자녀와 대화시간을 대폭 늘릴 것.

제2모형 2세대 핵가족에서는 고부 갈등을 피할 수 있는 대신 부부간의 행동과 예의에서 절제를 잃고 방자해질 위험도 전혀 없는 것이 아니다. 또한 제2모형 핵가족에서는 부부간 또는 부모와 자녀간의 문제가 발생했을 경우에 이를 중재하는 조부모라고 하는 가족의 권위가 없으므로 이 문제를 조기에 해결하지 못하고 도리어 문제가 악화될 수도 있다.

제2모형 2세대 핵가족에서 부부는 이 문제를 해결하기 위하여 항상 서로가 자제하는 생활태도를 갖출 필요가 있을 것이다. 제2모형 2세대 핵가족에 도움이 되는 것으로서 서병숙 교수의 〈건전가정수칙〉을 참고로 들면 다음과 같다.

▷ **건전가정수칙**

① **다양하고 원활한 커뮤니케이션을 하라.**
   (ㄱ) 가족간의 대화를 충분히 나누고 주의 깊게 경청하라.
   (ㄴ) 감정 표현을 명확히 하라.
   (ㄷ) 일상생활에 유머와 재치를 보여라.
   (ㄹ) 공통의 관심사를 갖도록 노력하라.
   (ㅁ) 가족 각자의 견해차를 인정하라.
   (ㅂ) 가족에게 몰입하라(극단적인 개인주의적인 성향을 버리고).

② **가족간에 상호 작용을 하라.**
   (ㄱ) 서로를 인정하고 지지하라.
   (ㄴ) 서로 신뢰하라.
   (ㄷ) 서로에게 늘 감사하라.
   (ㄹ) 많은 시간을 함께하라.
   (ㅁ) 가족의 문제를 인정하고 해결책을 함께 찾도록 노력하라.

③ **의도적·비의도적 가정교육을 하라.**
   (ㄱ) 타인을 존중하도록 가르쳐라.
   (ㄴ) 가족 가치관이나 도덕관을 가르치고 강조하라.
   (ㄷ) 서로의 사생활을 존중하라.

(ㄹ) 가족의 자원을 충분히 활용하도록 하라.

(ㅁ) 가족 안의 지위에 맞는 역할을 충실히 수행하라.

(ㅂ) 가족 안 변화(가족생활주기에 따라 나타나는 변화들, 예를 들면 가족원의 사망, 결혼, 부모의 이혼 등)를 수용하고 적절히 대처해 나가라.

위의 가족수칙은 물론 모든 가족 모형에 적용될 수 있는 것으로서 크게 참고가 되는 것이지만, 특히 제2모형 2세대 핵가족에서는 많이 참고해야 할 수칙이라고 생각된다.

3) 제 3 모형

제3모형은 1세대 핵가족 모형이다. 1세대 핵가족에는 다시 그 안에 내용이 전혀 다른 두 개의 형태가 있다. 그 하나는 2세대 핵가족 또는 3세대 직계가족의 모형으로 생활하다가 자녀들이 결혼한 뒤 분가해 나가버림으로써 노부모 또는 노조부모만 남아 1세대 핵가족이 된 경우이다. 이것을 여기서는 제3A모형이라고 분류하기로 한다. 다른 하나는 자녀들이 결혼하여 분가해 나가서 젊은 자녀들이 만든 1세대 핵가족이다. 이것을 여기서는 제3B모형이라고 분류하기로 한다. 그러나 제3B모형은 곧 자녀를 낳아서 1년 내지 3년 뒤에는 바로 2세대 핵가족이 되므로, 1세대 핵가족의 압도적 다수를 구성하고 있는 것은 바로 제3B모형이 아니라 제3A모형이라고 할 수 있다. 즉 노부모 또는 노조부모로 구성된 1세대 핵가족이 제3모형의 대부분을 이루는 것이다.

제3모형 1세대 핵가족이 한국 전체 가구구성에서 차지하는 비중은 〈표 3-1〉에서도 알 수 있는 바와 같이, 1960년에 7.5퍼센트, 1970년에 6.8퍼센트, 1980년에 8.3퍼센트, 1990년에 10.7퍼센트로서 21세기에는 10퍼센트 이상의 비중을 차지할 것으로 예견된다.

21세기에는 인구구성의 노령화가 한국에서도 더욱 진전될 것이고 그에 따라서 제3A모형의 1세대 핵가족의 수도 상대적으로 늘어날 것이다. 제3A모형의 노부모 또는 노조부모 1세대 핵가족에서 유의해야 할 몇 가지 사항을 들면 다음과 같은 점을 지적할 수 있을 것이다.

① 노부모는 자기의 독립생계를 유지하기 위한 경제적 대책을 미리 수립하고 아들·딸 등 분가한 자녀에게 대한 경제적 의존도를 최소화하도록 노력할 것.

② 노부모는 오랜 삶을 통해 얻은 풍부한 경험과 지혜와 지식을 자손들에게 적극적으로 전수해 줄 것.

③ 노부모는 손자녀들을 정기적으로 불러서 함께 생활하면서 애정과 교육을 보완하여 담당해 줄 것.

④ 노부모는 자녀와 손자녀들에게 친척관계의 지속을 체계적으로 교육시키고 전수해 줄 것.

⑤ 노부모는 자식가족에게 문제가 있을 때 적극적으로 이의 중재와 해결에 앞장설 것.

⑥ 노부모는 한국민족의 전통적 민족문화를 가정교육을 통해 손자녀에게 부분적으로라도 반드시 학습시킬 것.

⑦ 노부모는 전체 가족의 상징적 지도자로서 항상 가족원의 정신적 구심점이 되도록 노력할 것.

⑧ 노부모는 자신의 건강상태를 항상 스스로 점검하고 반드시 정기 검진을 받을 것.

⑨ 노조부모는 손자녀의 가정교육에 적극적으로 참가할 것.

4) 제 4 모형

제4모형은 이른바 결손가족의 모형이다. 이는 다시 세 가지의 유형으로 나누어볼 수 있다.

① 편부모 가족

양친의 어느 한쪽이 사망·이혼·별거·유기 등으로 인하여 편부 또는 편모와 자녀로 구성된 독립가족을 말한다. 여기서는 이를 제4A모형이라고 분류하기로 한다.

② 조부모·손자녀 가족

양친이 모두 사망 또는 유기로 말미암아 자녀들이 조부모 또는 편조부모의 슬하에서 독립가족을 이루어 생활하는 유형이다. 여기서는 이를 제4B모형이라고 분류하기로 한다. 조부모·손자녀의 가족은 비록 조부모가 있을지라도 조부모가 경제능력이 없는 노조부모 또는 노편조부모이기 때문에 매우 심각한 문제를 갖고 있는 독립가족이라고 말할 수 있다.

③ 소년·소녀 가장가족

부모의 사망·이혼·별거·유기 등으로 인하여 자녀들만으로 구성된 독립가족을 말한다. 여기서는 이를 제4C모형이라고 분류하기로 한다. 이 제4C모형에서는 아직 부양 받아야 할 소년·소녀들만으로 가족이 구성되어 있기 때문에 모든 면에서 참으로 심각한 문제를 안고 있다고 할 수 있다.

왜 결손가족이 발생하는가? 최근 한국보건사회연구원에서 그에 대해 조사한 결과를 보면 〈표 3-2〉와 같다.

표에서와 같이 결손가족 발생의 원인을 대별하면, 사망에 의한 것이

<표 3-2> 결손유형별 사별원인 및 이혼사유(단위 : %)

	편부가구	편모가구	기타결손가구	전체
사별원인	(58)	(472)	(23)	(553)
병 사	81.0	61.4	30.4	62.2
교통사고	3.4	17.4	17.4	15.9
기타 사고	3.4	10.4	17.4	10.0
기 타	12.1	10.8	34.8	11.9
이혼·별거사유	(123)	(145)	(32)	(300)
배우자의 부정	11.4	29.0	9.4	19.7
학대·폭력	4.9	8.3	3.1	6.3
성격차이	36.6	26.9	34.4	31.7
부양기피	6.5	8.3	9.4	7.7
가족간 불화	19.5	7.6	13.8	13.7
경제적 문제	11.4	9.0	12.5	10.3
기 타	9.8	11.0	12.5	10.7

자료 : 한국보건사회연구원(1995), 공세권·조애저·허미영,
《가족결손의 유형별 특징과 가족정책의 접근방안》(1995)

64.8퍼센트, 이혼·별거 등에 의한 것이 35.2퍼센트로서 주로 사망·이혼·별거 등에 의한 것임을 알 수 있다. 이를 다시 사망 원인별로 보면 병사가 62.2퍼센트, 교통사고가 15.9퍼센트, 기타 사고가 10.0퍼센트, 기타 사망요인이 11.9퍼센트로 되어 있다. 한편 이혼·별거사유의 원인을 다시 세분해보면 성격차이가 31.7퍼센트, 배우자의 부정이 19.7퍼센트, 가족간의 불화가 13.7퍼센트, 경제적 문제가 10.3퍼센트, 부양기피가 7.7퍼센트, 학대·폭력이 6.3퍼센트, 기타 문제가 10.3퍼센트로 되어 있다.

이러한 결손가족은 매우 심각한 문제에 부딪혀 있다. 가장 중요한 몇 가지 문제를 들면 다음과 같다.

첫째, 제4모형 결손가족은 어떠한 유형의 결손가족이든 간에 낮은 소득으로 말미암아 심각한 생계문제에 부딪혀 있다. 편부이든, 편모이든, 조부모·손자녀 가족이든, 또는 소년·소녀 가장가족이든 간에 모두가 소득의 부족으로 생존 유지 그 자체가 심각한 문제에 부딪혀 있

는 것이다.

둘째, 제4모형 결손가족은 그 자녀에 대한 사회의 편견에 시달리고 있다. 결손가족이 어려운 조건 속에서 자녀를 훌륭히 양육하고 교육하려고 노력하는 경우에도 사회는 결손 그 자체를 이유로 하여 결손가족에 대하여 편견을 갖고 이를 차별하며 낮은 사회적 지위를 부여하려고 하는 등, 여러 가지 사회적 문화적 불이익을 주는 일이 매우 많다.

셋째, 제4모형 결손가족은 일반적으로 건강문제와 질병으로 어려운 처지에 떨어져 있는 것이 보통이다. 특히 편부가족과 소년·소녀 가장 가족의 제4모형에서는 이 문제가 상당히 심각하다는 조사보고가 제출되어 있다. 결손가족의 경우에 질병 등 건강문제가 겹쳐진다면 문제는 더욱 심각한 것이라고 지적하지 않을 수 없다.

넷째, 제4모형 결손가족의 자녀는 심리적 고독감과 사회·문화적 애정 결핍으로 어려움을 겪고 있다. 사회는 그들을 지원하기보다는 오히려 결손부분을 약점으로 여겨 그들과 사회적 교류나 상호 작용의 밀도를 줄이는 경향이 있다. 결손가족에게 가장 고통스러운 것은 외부로부터 가해지는 사회적 고립감의 엄습이라는 보고가 제출되어 있다.

위의 문제점에서도 알 수 있는 바와 같이 결손가족은 사고로 말미암아 가족 구성원의 일부를 잃고 가족의 기능과 구실을 스스로의 힘만으로는 잘 수행하기 어려운 처지에 있는 가족이다. 따라서 결손가족에 대해서는 국가와 사회와 기업이 반드시 이를 지원해주는 가족정책과 복지정책을 제도화하여 실행할 필요가 있다.

이제까지 살펴본 21세기 한국 가족의 네 가지 모형은 다음의 논의를 진전시킬 때 참고를 하기 위한 것이므로 이에 대한 논의는 여기서 일단 멈추기로 한다.

4. 21세기 한국의 바람직한 가족관계

1) 부부관계

21세기 한국 가족제도의 가족관계에서 가장 크게 변화할 것으로 예상되는 부분은 바로 부부관계이다.

전근대시기에 한국 전통가족의 부부관계는 가부장적, 권위주의적 관계를 토대로 하고 있었다. 이러한 사실은 남편에 대한 전통적 명칭이나 혹은 아내의 도리에 대한 가치관, 그리고 남편과 아내의 관계를 규정하는 한자용어 등에서도 쉽게 찾아 볼 수 있다. 즉, 전통가족에서 남편은 '가군(家君)'이라고 불렸는데 이는 글자 그대로 '가족의 임금'이라는 말이다. 여기에는, 가족이 하나의 국가이며 이를 통치하는 것은 바로 가부장이고 남편이라는 전통시대의 관념이 들어가 있다. 또한, 이러한 가족 속에서 여자가 지켜야 할 도리를 규정하고 있는 말로는 '삼종지도(三從之道)'라는 용어를 찾아볼 수 있다. 즉, 여자는 일생에 세 단계에 걸쳐 세 가지의 방식으로 남자를 따라야 한다는 것이다. 어려서는 아버지를 따르고, 결혼해서는 남편을 따르고, 노쇠한 이후에는 아들을 따른다는 것이다. 이와 더불어 남편과 아내의 관계를 단적으로 드러내는 말로서 부창부수(夫唱婦隨)라는 용어도 있는데, 남편이 부르면 아내는 뒤를 따른다는 순종적이고 일방적인 관계를 강조하는 말이라고 할 수 있다.

그러나 이러한 전근대적·가부장적·권위주의적 관계는 개화기 이후 점차 해체되기 시작하여 현재 한국 가족제도에서는 거의 사라졌으며, 오늘날에는 급속하게 평등한 부부관계로 나아가고 있는 중이다.

따라서 21세기 한국 가족에서는 이와 같이 전근대적이고 가부장적인 권위주의를 바탕으로 한 불평등한 부부관계는 거의 극복되고, 평등하며 매우 민주적인 부부관계가 만들어지고 크게 발전하리라고 전망된다.

즉 21세기 한국 가족의 부부관계는 좀더 평등하고, 민주적이며, 동반자적이고, 우애적인 부부관계로 발전할 것이며, 남편과 아내 어느 한쪽의 자아실현을 위해서 다른 쪽이 일방적으로 희생하는 것이 아니라, 서로가 서로의 삶을 풍성하게 가꿀 수 있도록 도와주고 배려해주는 부부관계로 발전하리라고 예측되는 것이다.

위에서 살펴본 21세기 한국 가족의 평등한 민주적·동반자적 부부관계를 다음과 같이 몇 가지 측면으로 나누어보기도 한다.

① 의사결정의 부부평등

21세기 한국 가족에서는 가족 안의 여러 가지 일에 대한 의사결정에서 남편과 아내 사이의 평등한 민주적 의사결정 참여가 실현될 것이라고 예견된다.

제2정무장관실에서 1994년에 사회 각계 인사 510명을 대상으로 조사한 바에 따르면, 평등한 부부의 기준으로 가장 중요하게 생각하는 것은 '의사소통과 의사결정'의 평등이 53.7퍼센트로 집계되었다. 그 가운데에서도 '가정 안의 대·소사에 대한 의사결정에서의 평등'이 35.7퍼센트로 가장 높게 나타났으며, 둘째 '자녀양육 분담' 면에서의 평등이

17.4퍼센트의 비중으로, 셋째 '심리-정서적 유대'의 평등이 17.0퍼센트로 나타났다. 한국 가족제도에서 남편과 아내 사이의 관계를 중심으로 살펴보면, 가장 중요한 핵심적 평등으로서 부부간의 의사소통, 의사결정의 평등이 지적되고 있는 것이다.

21세기 한국 가족에서 부부간 의사결정의 평등한 관계를 실현하는 일은 매우 낙관적이라고 생각된다. 왜냐하면 한국 가족에서는 전통적으로 '부인'의 지위는 낮았으나 '어머니'의 지위[모권]는 매우 강했다. 그리하여 자녀의 양육과 교육에서 어머니의 구실과 비중이 매우 컸던 것이 사실이었다. 이러한 문화적 바탕 위에, 의사결정 때 부부가 서로 평등한 발언권을 갖게 되는 새로운 관습과 문화를 무리 없이 첨가하게 된다면, 21세기 한국 가족의 의사결정에서 부부간의 평등은 충분히 실현될 수 있는 것이라고 볼 수 있다.

② 역할분담의 부부평등

21세기 한국 가족에서 역할분담의 부부평등은 역할에 대한 개념 정의에 따라 상당히 달라질 수 있다. 일반적으로 가족은 부부라고 하는 남녀의 자연적인 양성(兩性) 결합을 기반으로 하여 구성되기 때문에, 자연성의 분화에 기초한 역할분담은 21세기에도 여전히 엄존할 것이다. 즉, 임신·출산·수유(제1차 양육)의 자연적 특징을 전유(專有)하고 있는 여성은 반드시 이 역할과 그에 직접 연관된 일을 분담할 수밖에 없다. 왜냐하면 이러한 역할분담은 자연적인 속성을 갖고 있기 때문이다. 오귀스트 콩트는 일찍이 이와 관련하여 여성은 앞에서 말한 출산·수유·양육 능력의 전유자라는 자연적 특성을 갖고 있기 때문에 자연적으로 남성보다 애정적 성능(affective faculty)에서 훨씬 더 우월하다고 주장한 바 있다. 이러한 맥락에 따르면, 21세기에 만약 여성들이 임신·출산·수유 등의 부문과 또는 이와 직접적으로 연관된 부문에서의 독특한 역할을 남성도 분담할 것을 요구하는 경우에, 이러한 요구가 실현될 가능성은 희박하다고 볼 수 있다.

그러나 '사회적' 역할분담의 경우에 문제는 전적으로 달라진다. 이 경우에는 부부간의 역할분담에서 평등이 절대적으로 강조되어야 하는 것이다. 자연성과 관련하여 비추어보면, 취업기회가 사회적으로 제한되어 남편만이 취업, 가족 밖의 집단에서 일을 하여 소득이 있는 경우에는 남편은 밖에 나가서 가계수입을 가져오고, 아내는 그 가계수입을 갖고 집안살림과 육아를 담당하는 역할분담을 하는 것은 자연스러운 것이었다. 이 경우에 아내의 가사노동은 1일 8시간에서 10시간에 달하여 남편의 그것보다 적지 않았던 것이 사실이다. 따라서 이러한 아내의 고된 일을 과소평가했다는 비판과 불평은 있을 수 있다. 사실이 그렇다. 그럼에도 이 경우에 잘못된 것은, 그러한 역할분담의 유형 그 자체가 아니라, 아내의 가사노동을 낮게 평가해온 의식과 태도와 관습이라고 보는 것이 더 정확할 것이다.

그러므로 21세기 한국 가족에서는 이러한 가사노동의 경우에, 남편이 아내의 가사노동을 더욱 높이 평가하고, 아내의 과중한 가사노동 부분을 남편이 적극적으로 도와주는 것을 바람직한 것으로 여기는 새로운 가족문화의 창조가 필요하다.

서양의 일부 국가에서는 아내들이 가장 싫어하는 가사노동 가운데 하나가 식사 뒤 설거지이기 때문에, 남편들이 바로 이 설거지를 담당하는 경우가 많다. 이것은 남편과 아내 사이에 서로의 부담을 나누는 아름다운 풍속이라고 볼 수 있다.

그러나 21세기 한국 가족제도에서 이러한 부분은 심각한 문제로 대두되지는 않을 것임이 분명하다. 왜냐하면 21세기에는 아내의 가사노동을. 대체해줄 수 있는, 더욱 자동화된 가전제품과 기계와 도구들이 발명되어 과중한 가사노동의 많은 부분을 해결해줄 것이라고 예견되기 때문이다.

문제는 아내가 남편과 마찬가지로 가족 밖의 직장에 취업하는 경우이다. 이 경우에는 취업한 아내가 가사일과 육아까지 전담하면 이중의 중노동상태에 빠지게 되므로 남편은 반드시 가사일과 육아에 적극 참여하여 이를 반드시 분담해야 할 필요가 있는 것이다. 아내가 취업하지 않은 경우에도 남편이 여력만 있으면 아내의 가사일과 육아에 적극 참여하여 협조해야 하는 것이 당연한 것인데, 하물며 아내가 취업한 경우에는 남편은 의무적으로 가사일과 육아를 아내와 함께 반드시 분담해야 할 것임은 더 말할 필요도 없다. 특히 가사일의 어려운 부분과 육아의 어려운 부분들에서 남편은 이를 적극적으로 분담해야 한다는 점을 특히 강조해두는 바이다.

③ 소득처분과 소비에서의 평등

21세기의 한국 가족에서 설령 남편이 취업하고 아내는 가사일과 육아를 담당하는 역할분담이 이루어지고 있는 경우에도, 남편이 취득한 소득의 처분과 소비에서는 부부 사이에 반드시 평등이 이루어져야 할 것이다. 한국의 가족제도에서는 현재도 남편이 취득해온 소득(예 : 봉급)을 그대로 아내에게 가져다주면, 아내가 소득의 처분·소비권을 갖고 이를 지출하는 것이 현실 상황이므로, 21세기에도 이 유형이 지속되는 한 한국 가족제도에서 소득처분·소비에서의 부부평등이 계속 이루어지리라고 하는 것은 의문의 여지가 없다.

어느 나라나 현대가족에서는 가족의 생산단위 기능은 전체 사회로 이전되고 오직 소비단위로서 기능이 가족의 중요한 경제적 기능으로 남아 있는 것이 일반적이다. 이때 소득의 처분·소비권을 남편과 아내 가운데 어느 쪽이 갖는가 하는 것은 바로 가족의 경제권을 사실상 어느 쪽이 갖는가를 좌우하는 것으로서 부부의 평등관계에 큰 영향을 미치는 것이라고 볼 수 있다.

한국 가족 대부분이 소득의 처분·소비권을 아내에게 이양하여 아내가 이 권리를 갖고 행사하는 방식의 가족문화를 갖고 있다는 것은 한국 가족제도가 부부의 평등관계를 경제적으로 보장해주고 있다는 사실을 말해주는 것이다. 이것은 부부간의 평등관계를 경제적으로 지원해주는 중요한 사실이다. 물론, 일부에서는 아내가 집안살림(가정경제)을 하면서 절약하며 잘 운영하기 때문에 가족이익의 극대화를 위하여 아내에게 이 권리를 이양한 것이라고 설명하기도 한다. 한국의 아내들이 절약과 저축을 매우 잘하는 것은 큰 미덕이며, 가계를 잘 운영하는 것은 매우 귀중하고 자랑스러운 일이다.

그러나 그렇다고 해서 세계의 많은 민족과 국가들이 이러한 제도, 즉 가계소득의 처분·소비권을 아내에게 다 이양하는 것은 아니다. 서양 가족제도에서는 대부분이 소득을 취득한 쪽이 소득의 처분·소비권을 갖고 있다. 그래서 남편이 가족 밖의 직장에서 취업을 하고 아내가 집안살림을 하는 서양 가족의 경우에는 아내가 매일 남편으로부터 용돈과 가계소비 비용을 타서 쓰는 경우가 대부분이다. 가까운 일본에서도 대부분 남편이 소득의 처분·소비권을 갖고 있다. 한국의 남편들이 봉급을 모두 아내에게 갖다 바치고 매달 용돈과 매일 교통비를 아내로부터 타서 사용하는 관행은 한국 가족제도가 갖고 있는 특징 가운데 하나이며 매우 아름다운 가족문화임을 기꺼이 인정할 필요가 있다.

21세기 한국 가족에서 소득 처분·소비에서의 부부 평등은 완벽하게 실현될 것이라고 내다볼 수 있다. 오히려 이 소득의 처분·소비권을 아내에게 이양하는 것이 아내의 다른 권리의 신장과 함께 아내의 위상을 높여주고 그 권리를 대폭 증진시켜서 이른바 '아내우위형 가족'들이 21세기에 많이 출현할 가능성이 크다고 내다볼 수 있을 것이다.

④ 정서적 융합에서의 부부평등

한국 가족은 전 세계 수백 개 민족의 가족 가운데에서도 가장 공동체적 융합이 강한 가족이므로 21세기 한국 가족에서 정서적 융합의 부부평등이 실현되리라는 것은 더 이상 의심할 여지가 없다. 단지 관습상 수정하고 개선해야 할 부분은 정서적 융합의 언어적 표현양식이다. 여기서는 최소한 개선해야 할 두 가지 부분을 지적하고자 한다.

첫째, 정서적 융합의 언어표현에서 남편은 아내에게 예사말을 하고 아내는 남편에게 존댓말을 하는 불평등한 언어표현을 고치는 일이다. 그러나 이른바 새세대는 남편과 아내가 마치 친구처럼 모두 상대방에게 서로 예사말·반말을 한다고 하므로 이 문제는 자연스럽게 해결되는 셈이기도 하다. 그러나 자녀가 출생한 이후부터는 남편과 아내가 모두 예사말·반말이 아니라 모두 서로 존댓말을 사용하는 방식의 평등으로 나아가야 하지 않을까? 물론 예사말이 더 다정다감한 정서적 융합과 평등을 가져오는 경우에는 예외이다. 그러나 자녀들이 출생하여 성장하고 있는 도중에서도 부부의 예사말·반말이 과연 이전과 동일한 기능을 수행할 것인가 하는 문제와, 또 자녀의 가정교육에 어떠한 영향을 미칠 것인가 하는 문제도 반드시 생각해 보아야 할 것이다.

둘째, 애정의 언어적 표현을 더 늘리고 더 강화시키는 일이다. 한국의 가족제도에서는 남편과 아내가 서로 헌신적·자기희생적으로 애정을 주고받으면서도 이를 언어상으로는 전혀 표현하지 않는 경우가 너무 많다. 특히 한국의 남편들 대부분은 마음으로는 아내를 지극히 사랑하여 모든 희생을 감수하는 깊고 깊은 애정을 간직하고 있으면서도, 이를 전혀 언어로 표현하지 않을 뿐 아니라 무뚝뚝하기 그지없는 경우가 매우 많다. 이러한 정서적 표현의 경직성은 남편뿐만 아니라 아내의 경우도 이에 버금가는 것으로 보인다. 이러한 관습은 실제로 의사소통과 감정에 오해를 불러일으킬 뿐 아니라 이상적인 인간관계에서 가장 중요하게 요구되는 정서적 융합의 실현에 장애요인으로 작용할 가능성이 있다. 그러므로, 21세기에는 이를 수정하고 개선하여 애정의 언어적 표현을 활발히 하는 방향으로 나아가야 할 것이며, 또 반드시 그렇게 되리라고 예견된다.

⑤ 권위에서의 부부평등

한국의 전통가족에서는 가족 안에서 권위가 가부장적 남편에게만 주어져 있고, 아내는 권위를 갖지 않은 채 애정만 갖는 것이 특징이었다고 볼 수 있다.

그러나 다른 한편, 최근 한국 가족에서는 남편의 (가부장적) 권위가 대부분 무너졌을 뿐만 아니라 남편 그 자체의 권의가 붕괴된 경우가 많이 발생하였다고 지적되고 있다. 그래서 이제는 남편도 아내도 모두 권위를 갖지 못한 가족이 많이 출현하게 된 것이 사실이다. 이는 특히 도시가족에서 더욱 빈번하게 찾아볼 수 있는 현상이라고 하겠다. 그러나 이러한 현상은 다음의 가정교육 항목에서 설명하는 바와 같이 자녀의 교육에는 매우 좋지 않은 것이다. 자녀에게는 규율과 자기 통제 교육이 반드시 필요한 것인데, 이를 위해서는 가족 안에 부모의 애정에 넘친 자연스러운 권위가 반드시 있어야 하기 때문이다.

21세기 한국 가족에서는 아버지와 어머니가 모두 일정한 권위를 가질 필요가 있다고 생각한다. 아버지는 엄격하고 원칙적인 가치판단의 권위를 갖추도록 어머니가 이에 협조하여 그동안 대부분 무너져 버린 아버지의 권위를 회복할 필요가 있으며, 또한 어머니에게는 역할분담의 특정 분야에서 아버지의 적극적 협조 아래 어머니의 새로운 권위가 평등하게 정립되어야 할 것이다.

그리하여 21세기 한국 가족에서는 아버지와 어머니가 가사와 양육 등에서 역할분담과 함께 권위도 부부간에 평등하게 나누어 갖도록 구조화되어야 함을 특히 강조해두는 바이다.

⑥ 의사소통에서 부부평등

한국의 전통가족에서는 부부 사이의 의사소통이 남편으로부터 아내로 일방적으로 흐르는 남편지배형 의사소통이 대부분이었다.

오늘의 한국 가족은 부부 사이에 쌍방향의 상호 작용적 의사소통이 상당히 강화되었으나, 아직도 남편 중심의 의사소통 흐름이 더 많은 가족이 상당히 많다고 관찰된다.

21세기 한국 가족에서는 남편과 아내 사이의 의사소통이 상호 평등하게 이루어져야 할 것이며, 이를 통하여 양자간의 상호 존중 및 민주적 토론과 합의가 이루어져야 할 것이다. 가족 안에서 이루어지는 합의도 남편의 일방적·지배적 지시나 아내의 일방적 결행이 되어서는 안 되며, 사전에 남편과 아내가 모두 충분히 자기들의 의사를 서로에게 이해시키고 이를 존중하며 이에 대한 이성적인 토론을 거쳐서 합의에 도달하는 방식이 되어야 할 것이라고 생각한다. 21세기 한국 가족에서는 가족 안에서 부부간 평등과 민주적 관계의 급진전에 바탕하여 이러한 의사소통의 부부평등이 반드시 실현될 것이라고 전망된다.

⑦ 여가활용의 부부평등

21세기에는 우리나라의 경제적 소득이 증가하고 과학기술이 고도로 발전될 것이며, 이에 기초하여 일반적으로 근로시간이 단축되고 여가시간이 늘어나게 되리라고 예상된다.

이렇게 되면 21세기 한국 가족에서 여가활동은 무시할 수 없는 중요한 비중을 차지하게 될 것이다. 이 경우에 여가시간을 남편 중심으로 보내거나 또는 아내 중심으로 보냄으로써 어느 한편에 치우치는 것은 여가선용의 바람직한 방향이 아닐 것이다. 온 가족이 여가를 교육적·문화적으로 선용하면서 차원 높게 즐길 수 있도록 여가활용에서 부부간 평등과 가족적 여가활용 방안이 반드시 필요하다고 생각한다.

과거 한국문화의 특징들 가운데 하나는 여가를 지나치게 소비와 향락으로 낭비해버리는 경우가 많았다는 점이다. 한국문화에는 여가소비에 대한 합리적 문화양식이 절도 있게 정립되어 발전하지 못하였다고 볼 수 있다. 그 까닭은 그동안 한국인들이 너무 생산과 일에만 열중해왔기 때문이다. 그 결과 생산문화와 일의 문화는 매우 치밀하게 많이 발전하였다. 그러나 주어진 여가시간은 매우 짧았으며, 그 짧은 여가를 아무런 계획 없이 낭비해 버리거나 소비·향락에 빠지는 경향이 있어도 이를 별로 문제시하지 않았다고 볼 수 있다. 수준 높은 여가를 즐기고 이 속에서 삶의 활력을 되찾는다는 의미를 갖기에는 여가시간 그 자체가 너무 짧았기 때문이었다.

그러나 21세기에는 여가가 상당히 크게 늘어날 것이므로 이러한 여가활용의 낭비는 매우 불건전한 것으로 된다. 21세기 한국 가족은 여가활용에서 부부가 평등하게 매우 유용하고 문화적이며 교육적이고 건전한 여가활용 프로그램을 만들어서 온 가족이 여가시간을 유익하게 활용할 수 있도록 해야 할 것이며, 부부가 모두 공평하게 만족할 수 있는 여가문화를 하루속히 창조해낼 필요가 있을 것이다.

2) 부모·자녀관계와 부모의 할일

동양에서는 전통적으로 부모와 자녀의 관계는 부모가 자녀를 자애(慈愛)하고 자녀는 부모에게 효성을 바치는 관계로 여겨져 왔다. 또한 그 구실에 대해서는 이 규범에 따라 부모는 부모다워야 하고 자녀는 자녀다워야 한다는 말로 설명되었다. 이것은 현대어로 번역하면 부모는 부모의 역할을 다해야 하고 자녀는 자녀의 역할을 다해야 한다는 것으로 말할 수 있다.

한편 서양에서 처음으로 가족을 사회학적으로 중시해서 연구한 오귀스트 콩트는 가족의 부모·자녀 관계를, 부모는 자녀에게 헌신적인 애정으로 양육과 보호를 하고 자녀는 부모에게 감사하고 순종하여 종적으로 잘 융합된 공동체적 관계라고 설명하였다.

이러한 개념들은 비록 오래전에 설정된 개념이지만 부모·자녀관계의 일정한 본질을 지적하고 설명한 것이기 때문에, 21세기에도 그 방법과 내용에서만 더욱 합리적으로 변화할 뿐이지 본질은 크게 변하지 않는다고 말할 수 있다.

21세기 한국 가족의 부모·자녀 관계에서 자녀의 부모에 대한 관계는 다음 장 〈21세기 한국 가족의 '효'문화〉에서 상세히 다룰 것이므로 여기서는 먼저 부모의 자녀에 대한 관계를 집중적으로 다루기로 한다. 이때 주목할 것은 모든 학자들이 부모의 양육과 교육의 중요성을 매우 강조하여 설명하고 있다는 점이다.

21세기 한국 가족도 부모와 자녀의 가족관계에서 상당한 변화가 있을 것이라고 예견할 수 있다. 그 주요한 것으로는 특히 다음과 같은 점들이 주목된다.

첫째, 부모와 자녀의 관계에서 대화 방법의 중요성이 더욱 높아지고 모든 교육과 지도는 자녀와 대화를 통해서 이루어질 것이라고 전망할 수 있다.

둘째, 부모의 자녀에 대한 교육에서 자녀에 대한 이해가 더욱 중요한 비중을 차지할 것이라고 전망할 수 있다. 왜냐하면 21세기에는 사회의 변동속도가 더욱 빨라지고 컴퓨터 및 첨단 과학기술·기자재의 사용 범위가 더욱 확대하여 부모 세대와 자녀 세대의 격차가 끊임없이 발생되면서 시간이 경과할 것이기 때문이다. 변동속도가 이처럼 매우 빠른 시기에는 부모의 자녀에 대한 이해가 더욱더 중요성을 갖게 될 것이다.

셋째, 가정교육에서 아버지·어머니가 협동하여 구성하는 공동 교육체계가 더욱 발전될 것이라고 볼 수 있다. 특히 아버지의 자녀 양육과 교육에 대한 참여는 21세기에 더욱 증가하고 필요하게 될 것이라고 예견된다.

넷째, 21세기에는 가족 안의 민주적 관계가 급속히 진전됨에 따라 아버지의 권위가 상실된 가족이 다수 출현할 것이라고 예측할 수 있다. 이에 따라 아버지의 권위 유지와 회복이 어머니의 협조 아래 더욱 필요해질 것이라고 예견된다.

문용민 교수는 앞으로 한국 가족의 부모자녀관계에서 부모가 지켜야 할 세 가지 계명을 제시한 바 있는데, 이것은 상당히 좋은 참조가 될 것이다.

① 원칙에 엄격한 부모가 되라

현재 한국 가족에서는 아버지의 권위가 점점 사라지고 가족 내 가정교육의 원칙과 기준이 없어져서 아무런 규율도 없이 편한 대로 적응하는 생활방식이 교육되고 있는 것이 문제다. 부모가 부모인 한 반드시 가정교육을 실행해야 하고 이를 위해서 부모는 엄격해질 필요가 있다고 문용민 교수는 주장한다. 그는 부모가 그저 자기 편한 대로 이 세상을 살아가고 또 그렇게 자녀들을 가족 안에 방치해두면 아이들도 원칙과 규율을 갖지 못한 사람이 될 것이며, 나아가 그들로 구성되는 사회 역시 그렇게 되어 결국 모든 것들이 바람직하지 못하게 된다는 것이다.

② 자녀를 부모의 호강에 편승시키지 말라

21세기 한국 가족의 자녀들은 물질적 풍요의 상승과 함께 과소비에 관심을 갖거나 과소비 풍조에 마비될 위험을 지니고 있으므로 부모는 이를 방지할 필요가 있다. 자녀들이 어릴 때부터 부모가 가져온 소득에 의존해서 호강을 하는 관습과 관행을 떨쳐버리고, 부모의 소득수준과 관계없이 극히 제한된 소비로 자제하면서 재화창출 능력과 건전한 사회경제생활을 영위하도록 교육시켜야 그 자녀가 훌륭한 자녀로 성장하고 사회도 건전하게 된다는 것이다.

③ 어떠한 이유에서든지 체벌을 금하라

체벌은 많은 교육심리학자들의 연구결과에서 검증되는 바와 같이 벌로서 교육효과가 별로 없다. 자녀를 교육할 때 자녀의 바람직한 행동에 대해서는 칭찬과 보상을 아끼지 말고, 바람직하지 못한 행동을 할 때는 벌을 주는 것이 교육의 매우 중요한 방법이다. 그러나 벌은 대화에 의한 것이어야지 체벌에 의해서는 효과가 없다는 것이다. 특히 21세기에는 모든 면에서 사회적 민주화가 급진전될 것이기 때문에 체벌은 더욱 불필요하게 될 것이며, 이는 가족 안에서도 그러할 것이라 판단된다. 문용민 교수는 체벌을 금기하는 이유로서 다음과 같은 몇 가지를 들고 있다.

(1) 문제의 행동을 억제하는 체벌의 효과는 일시적인 것에 불과할 뿐이지 지속적 효과가 없이 반감만 불러일으킨다.
(2) 벌을 주는 사람의 적개심이나 감정적 응어리를 형성할 위험이 있다.
(3) 벌 받는 자녀는 문제의 행동을 억제하는 것이 아니라 벌 받는 장소나 부모를 피해서 문제 행동을 반복할 위험이 있다.

따라서 부모가 자녀에게 벌을 줄 때에는 체벌이 아닌 따뜻한 애정이 충만한 훈계 정도가 좋다는 것이다. 그 요령을 들면 다음과 같다.

첫째, 벌주는 부모와 벌 받는 자녀 사이의 신뢰감과 애정이 충분히 전제되어 있지 않으면 벌의 효과는 없다고 본다. 즉 부모와 자녀 사이의 신뢰와 애정이 충분히 형성되어 있다면 부모의 벌은 적절한 효과를 낼 수 있지만, 자녀들이 부모를 크게 신뢰하고 있지 않는 경우라면 그 벌은 부모에 대한 적개심과 반감만 북돋울 뿐이다. 따라서 벌은 그에 앞서 자녀에 대한 충분한 신뢰와 애정이 전제된 위에 첨가되어야 할 것으로 여겨진다.

둘째, 벌은 일관성 있게 그리고 계획을 세워서 자녀에게 주어져야 하며, 결코 좌절감이나 실망·절망·또는 감정의 폭발로써 주어져서는 안 된다고 본다. 벌 받는 자녀가 그 벌이 부당하다고 생각하거나, 일관성이 없다고 생각하거나, 또는 감정적인 벌이라고 조금이라도 느끼게 되면 벌의 효과는 없게 되는 것이다.

셋째, 벌은 명백한 이유와 함께 주어져야 한다. 부모는 언제나 자녀들에게 벌을 받아야 하는 이유를 자세히 설명해주어야 하며, 그렇지 않은 경우에는 엉뚱한 행동이 촉발될 우려가 있고 곡해될 소지가 있다고 판단된다.

홍기형 교수는 한국 가족의 부모·자녀관계 변화 추세에서 무엇보다도 아버지의 권위가 약화되거나 사라져가는 경향을 문제점으로 지적하고 있다. 그에 따르면 가족에서는 시대를 초월하여 아버지의 권위가 필요하고 자녀들은 그 권위에 의해 규율과 자제력의 교육을 받아야 한다는 것이다. 어떠한 조건에서도 아버지는 최소한의 권위를 가질 수 있도록 부부가 함께 노력해서, 그리고 어머니의 적극적인 협조 아래 양부모 교육체계를 수립해서, 아버지의 합리적이고도 냉철한 교육판단과 어머니의 애정으로 충만한 자녀교육이 동시에 이루어지는 것이 미래에도 가장 이상적이라고 그는 지적하고 있다. 21세기는 아버지의 권위를 상실한 이른바 부성실조(父性失調) 가족들이 많이 출현할 것인데, 이는 미래 가족의 교육적 기능에 큰 문제를 가져올 것이라고 그는 전망하고 있다.

홍기형 교수는 가정교육에서 부모의 책임과 역할을 다음과 같이 들고 있다.

(1) 자녀들의 자율적인 생활관습 형성
(2) 근면한 생활습관 육성
(3) 바람직한 사회성 개발과 지도
(4) 바람직한 친구관계 지도
(5) 질서 및 예절 교육 지도

⑹ 청소년기에 대한 이해와 지도
⑺ 자녀의 성 역할과 성에 대한 교육지도
⑻ 설득력 있는 훈계 방법에 의한 지도
⑼ 자녀들의 과잉욕구 통제와 자제 지도
⑽ 투철한 신념과 소신의 모범 제시에 의한 지도

박숙자·한미자 교수는 서울의 '좋은 아버지가 되려는 모임'이라는 시민 서클을 소개하고 있는데, 이 단체에서 정하여 실천하고 있는 〈좋은 아버지가 되는 20계명〉은 다음과 같다.

▷ **좋은 아버지가 되는 20계명**

1. 좋은 일로 대화하고 노부모님을 공경하라.
2. 똑같은 일로 두 번 야단치지 말라.
3. 자녀의 손을 잡고 문방구나 서점에 가보라.
4. 집안의 하찮은 물건도 가정의 문화유산임을 일깨우라.
5. 화가 난다고 자녀를 손으로 때리지 말라.
6. 집안에 문화적 기풍을 세우라.
7. 휴일이라고 놀러만 다니지 말라.
8. 자녀와 공동의 경험을 늘려 대화의 소재를 축적하라.
9. 남의 아이도 내 아이처럼 사랑하라.
10. 다 쓴 물건도 바꿔 쓰고 안 쓰는 물건은 재활용하게 하라.
11. 자녀가 스스로 판단한 의사를 존중하라.
12. 자녀가 좋아하는 책이나 어린이 프로그램을 함께 보라.
13. 자녀 앞에서 부부싸움을 하지 말라.
14. 한번 한 약속은 반드시 지켜라.
15. 자녀의 일을 스스로가 먼저 말할 수 있게 하라.

16. 공부하라는 말을 적게 하라.
17. 외제물품으로 자녀 앞에서 폼 잡지 말라.
18. 힘든 일에도 자녀를 참여시켜 협동심을 길러 주라.
19. 가족끼리 식사할 때 신문을 보지 말라.
20. 자녀 앞에서 새치기 하지 말라.

위의 20계명은 체계적 연구결과로 도출된 것은 아니지만, 시민들이 자발적으로 '좋은 아버지가 되기 위한' 모임을 만들고 실제 생활경험에서 20개의 '계명'을 만들었다는 점에서 참고가 될 것이라고 생각한다.
한편, 김태현 교수는 어머니의 책임과 역할에 대하여 이를 일반적이고 원칙적인 역할과 함께 가족주기별로 ①가족형성기, ②가족확대기, ③가족축소기를 나누어서 제시했는데, 이 또한 매우 유용하다고 판단되므로 여기에 소개한다.

(1) 올바른 자녀의 사회화와 자녀교육관 확립을 위한 일반 전략
  ㉠ 자녀에게 좋은 시범 또는 모델이 된다.
  ㉡ 공동의 가사일을 통한 협동심을 함양한다.
  ㉢ 부모를 존경하는 효는 강조하되 지배종속관계 맥락에서 강요하지 않는다.
  ㉣ 자녀가 갖고 있는 흥미와 경험을 중요시한다.
  ㉤ 창의성을 개발시킨다.
  ㉥ 자녀를 출생 시부터 능력 있는 인간으로 보고 자녀의 내면적 가능성을 믿는다.

(2) 가족주기별 어머니의 역할과 책임
  ① 가족형성기
    ㉠ 모체의 안정을 위해 남편과 종교나 도덕적 규범을 가지고

직접 정서적 면에서 대화한다.

ⓛ 출생가족으로부터 새로 형성한 자신의 가족을 독립시킨다.

ⓒ 태어날 아이를 위한 재정적 양육적 책임에 대해 남편과
상의한다.

ⓔ 태아와 좋은 대화를 계속한다.

ⓜ 자녀양육을 위한 거주 공간, 재정적 설계를 한다.

② 가족확대기

i. <u>자녀 신생아기 및 영아기(0~2세)</u>

ⓖ 기본적인 생활습관을 몸에 익히도록 지도한다.

ⓛ 어머니는 자신감을 가지고 영아를 돌보는 방법을 학습한다.

ⓒ 어머니의 언어모형의 수준을 높인다.

ⓔ 적절한 대소변 훈련을 시킨다.

ⓜ 성역할과 성예절 교육을 시킨다.

ii. <u>자녀 취학 전 유아기</u>

ⓖ 유아의 활동반경이 확대되어 감에 따라서 한정된 주거
공간을 재배치한다.

ⓛ 자녀의 또래집단과 원만한 관계 유지를 도모한다.

ⓒ 자녀가 선악을 구별하고 양심을 발달시키도록 지도한다.

ⓔ 텔레비전 시청이 자녀에게 유용한 자원이 되도록 지도
한다.

iii. <u>자녀 아동기</u>

ⓖ 자녀의 신체적 성장을 격려하고 자녀 스스로 신체적 조
정 능력을 키우도록 배려한다.

ⓛ 더욱 강력해진 또래집단과 신뢰관계를 형성하도록 지
도한다.

ⓒ 가족의 일원으로서 수행해야 할 역할과 책임을 인식시

킨다.

ⓡ 이전 단계에서 형성되기 시작한 양심·도덕·가치 등을
발전시키도록 지도한다.

ⓜ 학교생활에서 근면감을 발달시키도록 격려한다.

<u>iv. 자녀 청소년기</u>

㉠ 어머니와 자녀 상호간을 분리한다.

㉡ 자녀와의 생활에 적응한다.

㉢ 자녀에게 행동규율을 분명히 설정해주고 지키도록 한다.

㉣ 자녀의 실수·잘못에 대해 새로이 배울 수 있는 기회를
제공한다.

㉤ 자녀가 어려움이나 좌절을 겪을 때 극복할 수 있도록
격려한다.

㉥ 자녀를 다른 자녀와 경쟁적으로 비교하지 않는다.

㉦ 자녀의 생각과 관점을 존중한다.

㉧ 어머니의 생각과 감정을 자녀와 진지하게 대화한다.

③ 가족축소기

㉠ 어머니로부터 떠나가는 성인자녀의 독립된 생활을 인
정한다.

㉡ 자녀와 관련되지 않은 역할이나 사회활동을 추구한다.

이상은 자녀부모의 관계를 원칙적인 측면에서 논의한 것이다. 기본
적으로는 자녀가 결혼하고 독립하여 분가할 때까지 아버지는 최소한
의 권위를 유지하면서 자녀들에게 엄격한 원칙적 교육을 시행하고 정
신적인 교육의 지주가 되며, 어머니는 애정이 충만한 자상한 지도를
시행하면서, 아버지와 어머니가 양부모 교육체계를 구성하여 긴밀한
협조 아래 자녀들과 충분한 민주적 대화의 방법으로 가정교육이 이루

어져야 할 것이다. 바로 이것이 21세기의 부모·자녀관계의 핵심을 이루는 할 것이다.

3) 조부모·손자녀 관계

할아버지·할머니와 손자녀의 관계는 직계 혈연관계이면서 한 세대를 뛰어넘는 노년과 유소년의 관계이기 때문에 대체적으로 할아버지·할머니의 손자녀에 대한 혜택의 관계가 중심축을 이루게 된다.

21세기 한국 가족과 관련하여 조부모와 손자녀의 관계에서 지적되는 특징으로는 다음과 같은 점을 주목할 필요가 있을 것이다.

첫째, 21세기 한국 가족제도에서도 조부모는 손자녀에게 가정교육의 주교사 또는 보조교사의 관계와 역할을 수행하게 될 것이다.

한국 가족의 3세대 직계 확대핵가족인 제1모형에서는 손자녀에 대한 가정교육에서 교사의 역할은 부모뿐만 아니라 조부모도 함께 하게 된다. 따라서 3세대 직계 확대핵가족에서 손자녀는 부모와 조부모의 두 세대 교사의 교육을 통해 매우 풍부하고 매우 훌륭한 가정교육을 받을 수 있게 되는 것이다.

제2모형 가족에서는 조부모와 부모가 독립하여 별거하므로 조부모의 손자녀에 대한 가정교육의 역할은 보조교사의 역할을 주로 하게 된다. 그러나 이 경우에도 조부모의 손자녀에 대한 가정교육의 영향은 결코 적지 않다.

둘째, 21세기 한국 가족에서 조부모는 손자녀에게 사회생활의 '풍부한 지혜'를 가르쳐주는 교사의 역할을 할 것이다. 부모들은 아직 인생의 생활 경험이 짧고 극도로 분망한 사회활동의 절정기에 자녀를 낳아 교육시키므로 경험과 시간이 절대적으로 부족하여 자녀들에 대한 가정교육을 세심하고 체계적으로 하지 못하고, 스스로 깨닫지도 못하는 사이에 자녀들이 어느덧 다 성장해버리는 경우가 허다하다. 그러나 조부모는 풍부한 생활경험을 갖고 있으며 비교적 시간 여유가 있기 때문에, 손자녀에게 그동안의 인생살이 생활세계에서 터득한 '풍부한 지혜'를 손자녀에게 자연스럽게 스며들도록 교육시켜 주는 것이다. 세계 위인전들을 보면 뜻밖에 할아버지의 훌륭한 지혜교육으로 큰 인물이 된 경우를 많이 볼 수 있는데, 이는 바로 이 때문이라고 말할 수 있다. 조부모의 지혜가 살아있는 가정교육은 손자녀를 훌륭한 큰 인물로 만들어내는 역할과 관계가 있는 것이다.

셋째, 21세기 한국 가족에서 조부모는 손자녀들에게 '민족적 생활양식'과 '민족문화'를 가르쳐주는 스승의 관계와 노릇을 할 것이다.

21세기에 한국인들이 세계 속에서 존경을 받고 문화적 기여를 하면서 발전하려면 고유의 민족문화를 세계적으로 잘 발전시켜야 하며, 이를 위해서는 21세기의 주역으로 살아갈 손자녀 어린이들에게 민족적 생활양식과 민족문화를 체계적으로 교육시킬 필요가 있다. 조부모는 21세기에 이와 같이 절실하게 필요한 '민족적 생활양식'과 '민족문화'를 손자녀들에게 제대로 교육시키는 일을 하게 되는 것이다.

넷째, 21세기 한국 가족에서 조부모는 손자녀들에게 인간신뢰와 인간사랑의 가치관과 세계관을 심어주는 스승의 관계와 역할을 할 것이다. 조부모가 오랜 세월 온갖 고난을 극복하면서 생활하여 노년에 이르고, 이제 손자녀들을 애정으로 돌보면서 노년생활을 하고 있다는 그 사실 자체로부터, 손자녀들은 인생이 귀중한 것이고 인간생활이 사랑으로 충만할 수 있다는 긍정적 세계관과 인간관을 배워 세우게 되는 것이다. 따라서 조부모에게서 사랑의 가정교육을 받은 손자녀들은 건전한 세계관을 갖게 된다. 이 점에서 그러한 가정에서는 청소년 비행 문제가 거의 발생하지 않는다는 보고는 신뢰도가 상당히 높은 것이라고 볼 수 있다.

다섯째, 21세기 한국 가족에서 조부모는 손자녀의 인격 형성에도 하나의 모형으로서 영향을 끼치는 역할을 할 것이다. 3세대 직계 확대핵가족인 제1모형에서는 조부모가 부모와 함께 손자녀의 퍼스낼리티(인성) 형성의 모형으로서 직접적 영향을 끼치게 된다. 또한 조부모가 부모와 동거하지 아니하는 제2A형 가족에서도 조부모는 손자녀의 퍼스낼리티 형성에 간접적 영향을 끼칠 수 있다. 따라서 어떠한 가족 모형에서나 훌륭한 조부모는 손자녀의 훌륭하고 건전한 퍼스낼리티 형성에 상당히 큰 영향을 미친다는 사실에 주목할 필요가 있다.

여섯째, 21세기 한국 가족에서 조부모는 손자녀에게 무한대의 사랑을 베푸는 교육자의 관계와 역할을 할 것이다. 물론 가족은 애정과 정서의 공동체이고, 부모의 자녀에 대한 사랑은 지극하고 헌신적인 것이다. 특히 어머니의 사랑은 그러하다. 그런데 조부모의 손자녀에 대한 사랑은 어머니의 사랑에 못지않다. 이것은 할아버지 할머니가 되어 본 사람이 아니면 잘 알 수 없고 이해하기 어려운 것이다. 우리가 살아온 지난해들을 회고해보면 우리는 젊었을 때 너무 분망하게 자녀를 양육했기 때문에 사랑을 풍부히 표현할 겨를도 없었으며, 그 사이에 자녀들은 훌쩍 성장해버리고 말았다. 부모들은 자기의 자식들을 양육할 때 그 자녀들이 얼마나 사랑스러운지를 깨닫지도 못하는 사이에 세월을 놓쳐버리고 만 것이다. 그런데 우리가 조부모가 되어 보니 손자녀들을 양육하는 것이 자녀를 양육할 때보다 더한 사랑과 애정이 넘침을 깨닫고 스스로 놀라게 된다. 이것은 모든 조부모들이 공통으로 경험하면서 놀라는 점이다. 손자녀에 대한 조부모의 사랑은 조건이 없는 무한대의 사랑이라 할 수 있다. 그것은 어머니의 사랑에 버금가는 것이다. 조부모의 무한대의 사랑을 받으면서 성장하는 손자녀 어린이는 풍부한 정서와 사랑을 내면화하여 더욱 더 큰 인물로 자라나게 되는 것이라고 말할 수 있다.

일곱째, 21세기 한국 가족에서 조부모는 손자녀에게 가장 이해심이 높은 친구의 역할을 할 것이다. 부모는 자녀를 극히 사랑하지만 교육

목적상 자녀에 대해 엄격한 경우가 많을 수밖에 없다. 특히 아버지는 그러하다. 따라서 아버지는 때때로 자녀들에게 엄격한 꾸지람과 훈계를 하지 않을 수 없게 된다. 이에 비하여 조부모의 손자녀에 대한 사랑은 이해심이 높고 무조건적이며 무한대이기 때문에, 손자녀는 부모에게 꾸지람을 들은 경우에 피난처를 조부모에게서 찾게 되며 조부모의 사랑 속에서 꾸지람을 소화해낼 수가 있다. 손자녀들은 부모에게서 이해받지 못하는 가장 곤궁한 때에도 조부모에게는 이해를 받고 모든 문제를 의논할 수 있게 된다.

이러한 측면에서 조부모의 손자녀에 대한 관계는 가장 따뜻한 친구 관계라고도 할 수 있다. 조부모는 손자녀가 가장 어려울 때에 방문하여 의지하거나 위로 받는 최후의 피난처와 같은 역할을 할 수 있을 것이다. 조부모의 이러한 사랑을 받으면서 성장한 어린이는 따라서 가장 이해심이 높고 큰 사랑의 친구인 조부모로부터 인생과 사랑을 배워 다른 세계와 자기 또래에게도 큰 사랑을 베풀 수 있는 사람으로 성장하게 되는 것이다.

여덟째, 21세기 한국 가족에서 조부모는 가족의 정신적 구심점의 관계와 역할을 할 것이다. 한국 가족의 제1모형인 3세대 직계 확대핵가족에서는 더 말할 필요도 없고, 제2A형 2세대 핵가족에서도 별거하고 있는 조부모는 모든 가족 성원의 정신적 구심점의 역할을 하게 되리라고 전망된다. 그리하여 조부모의 구심력으로 말미암아 그 아래 온 가족들이 얼굴을 마주보는 접촉과 활발한 커뮤니케이션을 밀접히 행하게 되고 더욱 공고히 융합하게 되며, 가족공동체의 연대와 활동을 더 잘할 수 있게 될 것이다.

아홉째, 21세기 한국 가족의 조부모는 가족 안에서 발생할 수 있는 문제를 해결하는 조정자로서의 관계와 역할을 할 것이다.

가족은 공고히 융합된 공동체이기는 하나, 때때로 이 공동체 안에서도 불화나 갈등 같은 문제점이 발생할 수 있다. 이 경우에 조부모는 문제 해결의 조정자가 되어 갈등이나 문제들을 해결하고 가족을 원래 공고하게 융합된 공동체로 원상회복시킬 수 있는, 문제 해결의 매우 중요한 조정자의 구실을 훌륭히 할 수 있는 것이다.

이와 같이 21세기 한국 가족에서 조부모와 손자녀의 관계는 가정교육에 대해 매우 긍정적인 여러 가지 역할을 할 뿐만 아니라 가족 전체의 구심점으로서, 문제 해결의 조정자로서, 매우 중요한 구실을 하게 될 것이라는 점을 주목할 필요가 있을 것이다.

4) 고부관계

한국의 전통가족제도에서 가족관계의 가장 큰 문제점은 이른바 고부관계에서 찾아볼 수 있으며, 이는 주로 시어머니의 전제와 이를 말 없이 받아들여야 했던 며느리의 어려움을 중심으로 형성되었다. 이러한 고부관계는 그 구조적 원인으로서 가부장적 부계가족을 지적할 수 있으며, 권력배분 면에서는 전제권을 시어머니에게만 준 관습을 지적할 수 있다. 이 때문에 며느리에게 '시집살이'는 '벙어리로 삼년, 장님으로 삼년, 귀머거리로 삼년'을 산다는 인고의 세월일 수밖에 없었다. 이러한 고부관계는 전근대적이고 낡은 억압적 관행이었으며, 명백하게 잘못된 관습이었다.

과거에 이러한 고부관계의 관행이 존재했었다는 사실로 말미암아, 오늘날에도 '시집살이'란 젊은 새 며느리들에게는 두려운 것으로서 인식되고, 시부모와 동거하는 3세대 직계 확대핵가족의 형성을 기피하는 현상의 요인들 가운데 하나를 이루게 되었다. 그러나 이런 모든 양상은 과거의 이야기에 불과하다. 오늘날에는 이러한 시집살이의 관행은 거의 사라졌다고 보아도 지나친 말은 아닐 것이다.

반면에 최근에는 가족 안의 경제권을 장악한 며느리들이 일정 기간의 시집살이 뒤에는 오히려 시어머니를 경원시하거나 심지어는 시어머니를 학대하는 몇 가지 사례들도 보고되고 있는 형편이다.

그러나 한국 가족제도의 전통적인 고부관계와 '시집살이'의 사례나 또는 오늘날 극히 극소수의 시어머니를 경원시 또는 학대하는 사례는 모두 극단적인 것에 불과하며, 또한 잘못된 것임에 틀림없다. 21세기 한국 가족은 이러한 잘못된 관행을 극복하여 얼마든지 새롭고 바람직한 고부관계로 개선할 수 있으며 조정할 수 있음은 말할 나위가 없다. 이를 위해서는 고부간의 갈등이라는 문제의 원인을 정확하게 진단하고 그 조정에 대한 과학적이고 사회학적인 접근을 수행하는 것이 반드시 필요할 것이다.

첫째, 21세기 한국 가족의 고부관계에서는 가정관리권에 대한 권력배분의 원칙과 관습을 개선할 필요가 있다. 한국의 전통가족에서는 시어머니가 가정관리권을 모두 갖고 며느리는 이를 전혀 갖지 못했었다. 반면에 현대 한국가족의 3세대 직계 확대핵가족에서는 가정관리권의 배분은 가족에 따라 매우 다양한 것이 사실이다. 이 경우 주목할 것은 가정관리권을 행사하면서 발생하는 갈등 측면이다. 다시 말해서 가정관리권을 고부간 경쟁대상으로 둔 상태에서는 이를 둘러싸고 고부간에 대립적 관계가 조성될 가능성이 매우 크다는 사실이다. 그러므로 이를 근본적으로 해결해야 할 필요가 생긴다. 여기서 근본적 해결이라 함은 구조적·규범적·관습적 제도와 관행을 바꾸는 것을 말한다.

21세기 한국 가족의 3세대 직계 확대핵가족인 제1모형에서는 가정관리권을 일정한 수습기간(예 : 1년 후)이 지난 뒤에 새 며느리에게 모두 넘기고 시어머니는 그 이후에는 며느리의 자문 또는 고문역으로 물러앉는 새로운 권력배분비율을 제도화, 관습화하면 어떨까?

이러한 새로운 권력배분의 장점으로서는 다음의 몇 가지 점을 들 수 있다. 먼저 이러한 새로운 권력배분에서는 가정관리권을 둘러싼 고부간의 관계가 경쟁관계로부터 보완관계로 전환되는 장점이 있을 것이다. 며느리는 1년 내지 2년 뒤에는 스스로 가정관리권을 전유하게 되어 책임이 막중하게 되므로, 며느리 자신이 자발적으로 시어머니의 경험과 지혜를 학습하기 위해 노력하게 되며, 시어머니를 스승으로 극진히 모시게 될 것이다. 한편, 시어머니는 자기 가족과 가정을 위해 며느리를 수습기간에 최대로 잘 교육시키려고 정성껏 노력을 기울일 것이므로, 며느리를 자신의 제자로서 사랑하게 될 것이다. 그리하여 시어머니와 며느리의 관계는 상호 보완적, 상호 협력적 관계로 전환되고, 이러한 바탕 위에서 시어머니는 며느리에 대해서 며느리 겸 여생을 동고동락할 수제자로서 자애와 사랑을 베풀 것이며, 며느리는 시어머니에게 존경과 사랑을 바치게 될 것이므로 고부관계가 새로운 관계로 전환될 수 있다고 보는 것이다.

둘째, 21세기 한국 가족제도의 고부관계에서는 시어머니와 며느리의 역할 기대를 수정할 필요가 있을 것이다. 현재의 시어머니들은 그들이 젊은 시절에 '시집살이'를 한 경험이 있으므로 아무리 세상이 변했다 할지라도 그때에 준한 시어머니로서 크게 봉양을 받고 며느리는 자신에게 순종하리라는 역할기대를 갖게 된다. 한편 현대의 며느리들은 자기 자신의 중첩된 역할 가운데서 아내와 어머니의 역할에 비중을 두어, 남편과 어린 자녀들을 돌보는 일에 치중하고, 며느리로서의 역할 비중은 크게 줄여 이를 소홀히 하는 가치관을 갖고 있다. 이 역할기대의 격차와 상충에서 고부간의 갈등요인이 있다고 볼 수 있다.

21세기 한국 가족제도에서는 고부간에 일어나는 이러한 역할 기대의 차이에 대하여 양자가 다 함께 양보하면서 이를 조정할 필요가 절실하다고 할 것이다. 시어머니는 자기가 어려운 '시집살이'를 한 경험이 있다고 할지라도 이것을 자기 당대의 일로 끝내고 새 며느리에게는 이를 적용하지 않으며, 새로운 시대의 새로운 유형의 시어머니가 되겠다고 스스로 변화하여 적응할 필요가 있을 것이다. 한편 새 며느리는 서양식 교육과 서양식 가치관에서 탈피하여 한국식으로 좀더 며느리로서의 역할 비중을 높이고, 시어머니에 대한 효도와 공경, 봉양을 더욱 강화하는 스스로의 조정이 있어야 할 것이라고 보는 것이다.

셋째, 21세기의 한국 가족에서는 시어머니의 모성애와 며느리의 남편에 대한 애정에 대해 인식을 고쳐야 할 필요가 있을 것이다.

시어머니는 아들을 출산하여 양육하면서 자연적으로 온갖 애정을 모두 쏟아 부었으므로 아들에 대한 강한 모성애를 갖고 있는 것은 당연하다. 한편 며느리는 남편에 대하여 이성으로서의 강한 애정을 갖고 있다.

만일 시어머니가 자연적 모성애의 폭을 넓히어 차원은 전혀 다르지만 '내가 낳은 사랑하는 아들을 평생 사랑하고 반려자가 되어주는 젊은 여성이 얼마나 고맙고 대견한가'라고 생각한다면 사태는 정반대로 급선회할 것이다.

또한 며느리도 생각하는 방식을 바꾸어 '내가 사랑하는 남편을 낳고 길러 주었으며 나보다 더 내 남편을 사랑하는 어머니가 있으니 얼마나 감사하고 행복한 일인가'라고 생각하면 시어머니에 대한 감사와 애정이 절로 우러날 것이다. 그리고 시어머니에 대한 감사와 존경을 가진 관점의 전환 때문에 시어머니와의 관계가 적대관계가 아닌 보완관계로 설정될 것이다.

21세기의 한국 가족에서 시어머니는 며느리를 '딸'로 생각하는 의식과 관행을 만들어내고, 며느리는 시어머니를 남편의 어머니가 아니라 자기 자신의 친어머니이며 남편과 며느리 자신의 공동의 친어머니라는 의식과 관행을 만들어내고 강화하는 교육을 시행하며, 이를 제도화하여 가족을 더욱 공동체적으로 발전시키는 가족교육을 강화할 필요가 있을 것이다.

우리는 각종 매체의 프로그램에서 고부관계가 매우 원만하여 시어머니가 며느리를 진정 '딸'로 생각하고 사랑하며, 며느리가 또한 시어머니를 친정어머니와 마찬가지의 '친어머니'로 생각하고 경애하는 실제 사례들을 매우 많이 보고 있다. 21세기에는 바로 이러한 실제 사례들과 같은 유형의 고부관계를 더욱 확대하고 강화하도록 가족교육정책을 실행하여 제1모형가족을 더욱 확대 보급할 필요가 있을 것이다.

21세기 한국 가족에서 시어머니는 며느리에게 딸과 동일한 애정과 신뢰를 주고 며느리는 시어머니를 친정어머니와 다름없이 신뢰하고 경애하는 제2의 모녀관계를 설정하게 된다면, 고부관계의 여러 가지 문제들은 자동적으로 해결될 뿐만 아니라 새로운 유형의 고부관계가 설정되어 한국의 가족제도는 더욱더 공동체적으로 아름다운 가족제도로 발전하게 될 것이다.

21세기 한국 가족의 가족관계에서 새로운 유형의 고부관계를 설정하는 것은 바로 21세기에 한국 가족의 제1모형을 존속시키는 지름길이 될 것이라 말할 수 있다.

5) 친족관계

한국사회의 친족관계는 현재 가족법에 따라 선명하게 제도의 모습으로 나타나 있다. 광복 직후에 제정되어 몇 차례 개정된 친족법(親族法)에서는 친족의 범위를 8촌 이내의 부계혈족, 4촌 이내의 모계혈족, 남편의 4촌 이내의 모계혈족, 처의 부모, 배우자로 한정하고 있다. 그러나 그 뒤에 이것이 부계혈족 중심이고 모계 혈족과 차별을 두었다고 하는 일부의 비판으로 말미암아, 1990년에 가족법이 개정되었다. 개정된 가족법이 규정하고 있는 친족의 범위는 8촌 이내의 (부계)혈족, 4촌 이내의 (모계)혈족, 배우자로 한정하고 있다. 그러나 실제로 사회의 관습으로서 준행되고 있는 친족의 범위는 개정되기 이전이나 이후나 ① 8촌 이내의 부계혈족, ② 4촌 이내의 모계혈족, ③ 남편의 4촌 이내의 모계혈족, ④ 처의 부모, ⑤ 배우자로 되어 있는 것이 보통이다.

이러한 한국 가족의 친족제도는 21세기에 상당히 크게 변동·변화하리라고 예견된다. 왜냐하면, 가족과 친족에 대한 의식이 급속도로 변화하고 있을 뿐 아니라, 무엇보다도 친족을 구성하는 가족원의 자녀 수가 급속히 감소하여 친족을 만드는 단위요소의 계량적 수가 줄고 있기 때문이다. 바꾸어 말하면, 자녀들을 평균 두 자녀 또는 한 자녀만 낳음으로써 그 자녀들이 결혼한 뒤에 또 손자녀를 낳을 때 만들어지는 가족에서 친족으로 분화될 때 양적으로 크게 확대될 수 없기 때문이다. 예를 들어 한 가족이 한 자녀만 출산할 경우에 그 한 자녀는 형제가 없기 때문에 그들이 다시 성장하여 결혼한 뒤 자녀를 갖는 경우 삼촌도 없고, 고모도 없고, 이모도 없고, 사촌까지도 없게 될 것이기 때문이다. 즉, 자녀를 적게 갖는 방향으로 가족원 수가 감소하는 경향은 친족제도의 변화에 매우 큰 영향을 끼칠 것이라고 내다볼 수 있다.

21세기에 친족제도의 변동 방향에 대해서는 특히 다음과 같은 변화가 예견되고 주목된다고 할 것이다.

첫째, 친족의 규모가 크게 감소할 것이다. 21세기 가족에서는 두 자녀 낳기 또는 한 자녀 낳기가 성행할 것이므로, 21세기가 되고 시간이 경과하면 할수록 친족의 규모는 크게 줄어들어 어린이들을 기준으로 보면, 고모 또는 이모도 없고, 삼촌 또는 외삼촌도 없고, 심지어 사촌도 없는 어린이들이 많이 나타날 것이라고 예견된다. 따라서 전체 사회의 측면에서 보면, 가족의 중요성은 매우 커지는 반면, 친족의 규모와 중요성은 크게 약화될 것이라고 예견될 수 있을 것이다.

둘째, 원친(遠親)과의 친족의식 및 접촉적 교류는 크게 약화되고, 근친(近親)과의 친족의식 및 접촉적 교류는 여전히 지속될 수 있을 것이라고 예견된다. 친족의식에 대한 많은 조사보고서들이 시사하는 바와 같이, 도시가족에서는 원친을 친족으로 의식하는 경향이 두드러지게 줄어들면서 상호 작용과 교류도 상당히 축소되는 경향이 있는 반면에, 사촌 등 근친과는 도시생활 속에서 가족의 고립감을 극복하고 사회와의 공고한 연대를 강화하는 욕구로 말미암아 교류를 계속하거나 강화하고자 하는 경향이 보이는 점에서도 이를 유추할 수 있다. 따라서 근친과의 교류는 21세기에도 여전히 친족의식을 갖고 활발히 진행될 것이며, 근친을 중심으로 한 친족제도가 발전할 것이라고 내다볼 수 있다.

셋째, 친족의 의례적 기능은 관혼상제(冠婚喪祭) 의례 가운데에서 제사에서는 상당히 약화되고 결혼과 상례에서는 변함없이 지속될 것이라고 예견된다. 부계혈족을 중심으로 한 제사의례는 부계혈족의 비중이 상대적으로 약화되고 있고 또한 전통적 제사를 중시하지 않는 종교가 보급되는 상황과 관련하여 크게 약화될 것이라고 전망된다. 그러나 결혼과 상례는 친족들뿐만 아니라 친지들도 적극적으로 큰 규모로 참여하는 의례로서 작용하고 있기 때문에, 친족들은 제사에는 참여하지 못하는 경우에도 결혼과 상례에는 반드시 참여하는 방향의 친족의 의례적 기능의 변화가 지속될 것이라고 예견될 수 있다.

넷째, 친족 중에서 부계혈족관계는 상대적으로 약해지고 모계혈족과의 관계는 상대적으로 강화되어 양계적(兩系的) 친족제도의 방향으로 변화를 보일 것이라고 예견된다. 특히 근친 사이에는 양계적 친족제도의 방향으로 변화가 두드러질 것이고, 반면에 원친 사이에서는 부계적 친족의식과 개념이 여전히 존속할 것이라고 내다볼 수 있다.

다섯째, 21세기의 친족제도에서는 처가와 유대가 강화되고, 처계(妻系) 친족들과 관계와 교류가 증가할 것이라고 내다볼 수 있다. 모든 부분에서의 남녀평등 진전과 함께, 가족제도에서 모와 처의 지위와 권력이 커지면서 처가와 유대 및 처계 친족과 관계와 교류가 많아지고, 어린이들은(자녀들은) 친가와 외가를 거의 차별하지 아니하는 양계적 친족관계망 속에서 성장하게 될 것이라고 내다볼 수 있다.

여섯째, 21세기의 친족제도와 가족제도에서는 장모·장인 등 처가의 부모 또는 노인을 모시고 봉양하는 가족도 많이 증가할 것이라고 내다볼 수 있다. 양계적 친족제도의 발전뿐만 아니라 여권(女權)과 주부권의 두드러진 신장은 이러한 변화를 가져오고 더욱 촉진할 것이라고 예견할 수 있다.

일곱째, 동성동본 혼인금지의 제도와 관습은 크게 약화되거나 21세기에는 폐지될 것이라고 내다볼 수 있다. 동성동본 혼인금지의 제도는 주로 부계혈족 중심의 친족제도를 전체 씨족에 확대 적용한 것인데, 우리나라의 씨족제도는 성(姓)의 분화나 새 성씨의 창조를 관습상, 법률상 극히 제한하고 있기 때문에 한 씨족의 인구 범위가 대성(大姓)일 경우에는 매우 큰 것이 특징이다. 이러한 경우에는 동성동본 혼인금지의 제도와 관습은 그 씨족의 방대한 규모 때문에 도저히 유지될 수 없는 것이라고 볼 수 있다. 그 뿐만 아니라 부계 혈족의 친족의식 약화와 씨족의식 약화, 처계의 지위 및 권력의 상승과 병행하여 동성동본 혼인금지 제도와 관습은 21세기에는 더 이상 유지하기 어려워질 것이라고 예견된다.

21세기에는 원친과 친족의식은 약화될 것이 불가피할지라도, 근친과의 친족의식과 친족관계는 21세기의 시대적 환경에 적응하면서 근친 중심 친족제도로 더욱 합리적으로 수정되어 존속할 것이라고 내다볼 수 있다.

5. 21세기 한국 가족의 '효'

1) 한국 가족 '효'문화의 특수성

세계의 다른 수많은 가족제도와 비교할 때, 한국 가족제도에서 부모와 자녀간의 관계라는 측면은 가장 독특한 특성을 지니고 있다. 이것은 바로 '효'문화이다. '효'는 특히 유교문화 속에서 생활의 윤리이자 기초적인 규범으로서 강조된 것이었는데, 이것이 오랜 역사를 통하여 한국인의 문화와 생활양식 속에 깊숙이 뿌리 내린 결과, 이제는 한국문화 일반과 한국의 가족문화 속에서 가장 중요한 요소 가운데 하나로 자리 잡게 되었다. 오늘날 유교문화의 전체적 체계는 대부분 해체되었다 할지라도, 그 일부인 '효'문화는 그가 가진 장점과 긍정적이고도 순기능적인 가치 때문에, 시간을 넘어서 붕괴되지 않고 아직도 한국문화와 한국 가족문화의 일부로서 살아남았으며, 이러한 '효'문화의 바탕 위에서 아름답고 따뜻한 부모·자녀관계가 유지되어 오고 있는 것이다. 다시 말해서, '효'문화야말로 한국문화 일반과 한국 가족문화의 가장 큰 특징이자 장점임에 틀림없는 것이다. 외국인들이 한국 가족제도를 높이 평가하고 이를 부러워하는 이유 가운데는 바로 이 '효'문화의 내용과 특징도 포함되어 있다고 할 수 있다.

효는 원래 '자효(慈孝)'라고 하여 부모는 자녀에게 '자(慈)'를, 즉 인자함과 사랑을 베풀고, 자녀는 부모에게 '효(孝)', 즉 효도를 다하는 관계와 규범과 덕목으로 되어 있었다. 자녀에 대한 자애는 기본적으로는 자연스러운 본성에 기초하고 있기 때문에 인위로 강조하지 않아도 대부분 실천되는 경향이 있다. 우리나라 속담에 '사랑은 내리사랑'이라고 하는 것이 이것이다. 그러나 효는 자연적인 것인 동시에 사회적인 측면이 매우 강하기 때문에 교육과 규범으로 강조되지 아니하면 잘 실천되지 않는 경향이 있으며, 이 때문에 반드시 효에 대한 교육이 필요한 것이라고 말할 수 있다.

2) 한국 전통가족에서 '효'의 개념과 내용

'효'는 원래 유교에서 부모와 자녀의 관계에서 자녀의 부모에 대한 도덕적 규범을 설정한 개념이었다. 금장태 교수의 연구에 보면, 공자는 《논어》 등에서 '효'에 대해 다음 세 가지를 강조하였다.

① 부모에 대하여 공경하는 마음을 가질 것
이것은 부모를 단순히 봉양할 뿐 아니라 부모에 대하여 예로써 공손히 받들고 존경하는 마음과 태도를 갖는 것을 의미한 것이었다.

② 부모에게 염려를 끼쳐드리지 않을 것
이것은 신체(머리털에서 발끝까지)를 상하게 하거나 출입을 사전에 고하지 않아서 부모로 하여금 걱정을 하시게 하는 일이 없도록 함을 의미한 것이었다.

③ 부모가 생존해 계실 때뿐만 아니라 별세하셨을 때에도 상례와 제사를 예로써 모실 것

이것은 '효'가 부모 별세 뒤의 상례와 제례에까지도 연장됨을 의미한 것이었다.

유교의 '효' 사상은 증자(曾子)가 저술했다고 전해지는 《효경》(실제 저자는 불명)에 집약되어 있다. 《효경》에서 가장 강조하는 '효'의 내용은 다음과 같은 것이었다.

① 효도가 모든 덕(德)의 으뜸이고 근본이 된다는 것.
② 효도의 방법은 직접적으로 부모를 잘 섬기고 공경함이라는 것.
③ 효도는 간접적으로 자녀가 입신양명(立身揚名)하여 도를 행함으로써 부모를 기쁘게 해드리는 것도 포함한다는 것.

이러한 유교의 '효'사상은 한국에 유교와 유학이 도입됨과 동시에 뿌리내리기 시작하여 한국문화의 일부로 정착되었다. 예컨대 서기 372년에 설립된 고구려의 태학(太學)이나 신라의 국학(國學), 백제의 오경박사들의 교육에서 모두 중국의 5경 등 유학서적을 본격적으로 교육하기 시작하면서 '효'의 개념과 문화가 정착하였다. 그리하여 신라의 국학에서는 《논어》와 《효경》이 필수과목이 되고 화랑도의 훈육을 위한 〈세속5계〉에서는 '충'과 함께 '효'가 중심적 가치로 설정되었다.

비단 유교뿐만 아니라 삼국시대에 도입된 불교의 경전 번역에서도 '효'는 강조되었다. 불교경전인 《효자보은경》(孝子報恩經), 《효자목담경》(孝子目炎經) 등에서 그러하다.

고려시대에는 《명심보감》이 간행되었는데, 이 책은 한국인의 관점에서 중국의 유교 고전인 《논어》, 《맹자》, 《효경》 등에 서술되어 있는 '효'에 관한 설명을 뽑아 편집한 책이었다. 이 책은 그 뒤 조선왕조

말기까지 한국 학동들의 필수 교과서로 널리 읽히어 유교적 '효' 사상과 행동규범을 한국사회에 정착케 하는 데 큰 구실을 하였다.

　조선왕조시대에 들어오자 '효'는 '충', '열'과 함께 인간의 기본적 덕목으로서 왕조 정부가 적극적으로 가르치고 보급하였다. 세종 때에는 집현전에서 《삼강행실도》(三綱行實圖)를 간행하였는데, 조선과 중국의 충신·효자·열녀 35명을 뽑아 그 행적을 그림으로 그려 설명한 책이었다. 조정은 이 책을 전국에 보급하여 교과서로서 읽히도록 하였다. 중종 때에는 《이륜행실도》(二倫行實圖)가 다시 편찬 간행되었는데, 역시 교과서로서 전국에 보급하였다. 정조 때에는 다시 위의 《삼강행실도》와 《이륜행실도》를 합해 수정 증보한 《오륜행실도》(五倫行實圖)를 편찬 간행하여 전 국민의 교과서로 전국에 보급하였다.

　조선왕조시대의 성리학자들도 하나같이 '효'를 강조하고 교육하였다. 퇴계 이황(李滉)은 '효'를 선(善)의 으뜸으로 보아 "부모가 자녀를 사랑하는 것이 자(慈)이고 자녀가 부모를 잘 봉공하는 것이 효이다. 효자의 도리는 천성으로부터 나오는 것으로, 모든 선의 으뜸이 된다"고 강조하였다. 퇴계는 "부모를 섬기는 정성으로써 하늘을 받는 도리를 밝힌다"고 하여 '효'가 인간의 사회질서의 근원적 출발점임을 설명하고 강조하였다.

　율곡 이이(李珥)는 《격몽요결》(擊蒙要訣)에서, 오륜(五倫)을 풀어서 ①부자(父慈 ; 아버지의 자애), ②자효(子孝 ; 자녀의 효도), ③신충(臣忠 ; 신하의 충성), ④부부별(夫婦別 ; 부부의 역할 구별), ⑤붕우유신(朋友有信 ; 친우 사이의 믿음)으로 설명하면서, 오륜 가운데에서 핵심에 있는 것은 바로 '효'라고 강조하였다.

　이러한 교육에 바탕하여 조선왕조시대에는 '효'의 5대 원리로서 일반적으로 다음과 같은 내용이 강조되었다.

　① 부모에게 공순(恭順)할 것. 즉 부모를 언제나 공경하고, 부모에

게 항거하지 않으며 순종하는 것을 의미하였다.

② 부모에게 수종(隨從)할 것. 부모의 지도·지시·말씀을 잘 따르고 순종함을 의미한 것이었다.

③ 부모를 잘 부양(扶養)할 것. 노부모를 잘 봉양하고 경제적·물질적으로도 불편함이 없도록 함을 의미한 것이었다.

④ 부모를 안락(安樂)하게 할 것. 부모의 마음이 편안하고 즐겁게 해드림을 의미한 것이었다.

⑤ 부모의 제사(祭祀)를 잘 모실 것. 부모가 별세한 뒤에는 상례와 제사를 잘 지내고 남긴 가르침을 잘 지킴을 의미한 것이었다.

조선 후기 실학파는 이러한 '효'의 개념과 내용을 더욱 합리적으로 시대에 적합하도록 실제적으로 수정 발전시키려고 하였다. 다산 정약용(丁若鏞)은 인간사회에서 가장 중요한 덕목은 '효·제·자(孝·悌·慈)'인데, 그 가운데에서 가장 중요한 것이 '효'와 '제'라고 강조하였다. 그는 "부모를 잘 봉양하는 것을 '효'라 하고, 형제간에 우애하는 것을 '제'라고 하며, 자녀를 가르치고 기르는 것을 '자'라 한다"고 설명하면서, 그 중에서도 덕(德)의 근본이 되는 것을 '효'라고 지적하였다.

이런 한국 전통사회에서의 '효'의 강조와 교육 및 실천 장려는 천여 년 동안 내려오는 동안에 한국 전통사회와 전통가족 안에 문화화해 한 문화와 한국 가족제도의 특수성 가운데 하나로 되기에 이른 것이다.

3) 현대 한국 가족의 '효' 내용과 '효행'의 동기

현대 한국인들도 한국문화와 가족제도의 특수성 가운데 하나로서 '효'의 중요성을 대체적으로 잘 인식하고 있으며, '효행(孝行)'을 매우 높게 평가하는 사회적 가치관을 갖고 있음이 여러 사회학적 조사들에서 보고되고 있다.

최홍기 교수는 한 부부가 부모와 동거하면서 노부모에게 '효'를 행하는 3세대 직계 확대핵가족을 가장 바람직한 가족 형태라고 하였다. 성규탁 교수는 817명의 효행상 수상자에 대한 기록을 조사한 뒤, 효행상을 받은 현대 한국인이 갖고 있는 '효'의 이념으로서 다음의 8가지를 찾아내었다.

① 부모를 존경하는 것.
② 부모를 위해서 육체적 및 재정적으로 희생하는 것.
③ 부모에 대한 책임을 수행하는 것.
④ 부모의 은혜에 보답하는 것.
⑤ 부모를 중심으로 가족을 화합시키는 것.
⑥ 부모에게 동정심을 갖는 것.
⑦ 노부모를 극진히 부양하는 것.
⑧ 부모를 위해서 어렵고도 비상한 일을 수행하는 것.

성규탁 교수의 조사에 효행상을 받은 분들이 실제로 행한 효행의 내용을 다음과 같이 간추린 것이 있는데, 이것이 현대 한국 가족에서 실천되고 있는 '효' 문화의 모형이라고 여겨진다.

▷ **효행의 내용**

(1) 부모를 존경함
　　① 부모에게 각별한 경의를 표하며 공손하게 대함.
　　② 부모에게 진지하게 또 충심으로 대함.
　　③ 부모에게 특별하게 명예를 드리고 귀하게 여김.

(2) 부모에 대한 책임을 가짐

① 부친이 사망한 뒤 어머니를 잘 모심.

② 배우자(주로 남편)가 사망한 뒤 시부모를 잘 모심.

③ 부모를 잘 모시기 위해서 결혼을 늦추거나, 직장 또는 학교를 쉼.

(3) 부모를 희생적으로 보살핌

① 자신의 안락 또는 안전을 돌보지 않고 부모를 보살피는 데 헌신함.

② 노동으로 번 돈으로 부모의 의료비를 지불하거나 대가족을 부양함.

③ 와병 중인 부모를 간병하면서 신체장애인 배우자를 보살핌.

(4) 부모를 동정함

① 부모를 좀더 잘 섬기지 못함을 뉘우침.

② 허약하거나 신체장애를 가진 부모를 가엽게 여김.

③ 부모가 늙어감을 가엽게 여김.

(5) 가정을 화합시킴

① 부모를 중심으로 통합된 가족을 이룸.

② 부모와 다른 가족성원들 사이의 대화와 상호 교환을 촉진함.

③ 형제와 친족을 지원함.

(6) 다른 가족성원을 위해 하지 못한 일을 부모에게 효도를 함으로써 보상함

① 친정부모를 잘 모시지 못한 것을 보상하기 위해 시부모를 잘 모심.

② 죽은 배우자를 잘 섬기지 못한 것을 보상하기 위해 시부모를 잘 모심.

③ 다른 가족성원에게 잘 해주지 못한 것을 보상하기 위해 부모를 잘 섬김.

(7) 부모의 은혜를 갚음

　① 부모의 소원을 성취시켜드림.

　② 부모를 물질로써 즐겁게 해드림.

　③ 부모를 비물질적 방법으로 즐겁게 해드림.

(8) 종교적 가르침에 따라 효행을 함.

　① 유교의 가르침을 따름.

　② 불교의 가르침을 따름.

　③ 기독교의 가르침을 따름.

(9) 지역사회의 화합을 위해서 효행을 함.

　① 이웃 노인들을 위해 모금을 하거나 서비스를 제공함.

　② 청소년들에게 노인들과 조화된 인간관계를 갖도록 교육함.

　③ 자연환경을 보존하거나 교통안전을 증진함.

(10) 가족의 체면을 유지함

　① 부모나 가족을 욕되게 하지 않음.

　② 부모의 생일과 가족행사에 이웃 사람들을 초대해서 대접함.

　③ 사당이나 조상의 묘를 수리하거나 단장함.

(11) 가족의 영속을 도모함

　① 전쟁이나 천재지변으로 인해 분산된 가족들을 다시 모이게 함.

　② 가족의 영속을 염두에 두고 부모를 모시고, 조상을 숭배하며, 자녀를 양육함.

　③ 부모와 자녀의 명예를 높이거나 가족의 사회적 지위를 지켜 나감.

위의 성규탁 교수가 조사한 효행상 수상자의 효행내용은 현대 한국 사회에서 실제로 존재하는 것을 귀납적으로 추출한 것이기 때문에 매우 중요한 것이다. 위의 효행 내용은 비록 효행상을 받은 사람들의 것이기는 하나, 일반인들도 이것을 모형으로 하여 얼마든지 실행할 수 있는 것이며, 또한 일반인들도 이미 실제로 실행하고 있는 효행 내용이기도 한 것이다.

성규탁 교수는 현대 한국인의 효행상을 받은 사람들이 효행을 하는 이유와 일반인들이 효행을 하는 이유를 구분하여 조사했는데, 그 결과 먼저 효행상을 받은 분들은 효행의 이유를 다음과 같은 순서로 들었다.

1. 부모에 대한 존경
2. 부모에 대한 책임
3. 부모를 중심으로 한 가족의 화합
4. 부모 은혜에 대한 보답
5. 부모를 위한 희생

한편 일반인들은 효행을 하는 가장 중요한 이유를 다음과 같은 순서로 들었다.

1. 부모에 대한 사랑, 애정
2. 부모의 은혜에 대한 보답
3. 부모를 중심으로 한 가족화합
4. 부모에 대한 존경
5. 부모에 대한 책임감 의무감
6. 부모에 대한 희생

위에서 볼 수 있듯이 효행상을 받은 사람들의 효행 이유는 ① 존경, ② 책임감, ③ 가족화합, ④ 보은, ⑤ 희생의 순서이고 일반인들의 효행 이유는 ① 애정, ② 보은, ③ 가족화합, ④ 존경, ⑤ 책임감, ⑥ 희생의 순서로 되어 있다. 이를 통해서 알 수 있는 것은, 효행상을 받은 사람들은 존경심과 책임감이 특히 높아서 상을 받을 만큼 효행이 극진

했다는 점이며, 일반인들의 경우에는 ① 부모에 대한 애정과, ② 보은을 일차적 이유로 해서 평균적 효행을 하고 있다는 사실이다.

특히 주목할 만한 것은 "어떠한 경우에나 부모의 재산을 상속받기 때문에 부모를 부양한다"라고 하는 효행 이유는 전혀 나오지 않았다는 사실이다. 이는 매우 특이한 현상이라고 볼 수 있다. 한국 가족제도에서 부모에 대한 효는 부모의 재산과는 관계가 없는 별개의 것이다. 즉, 효는 가난한 사람이나 부자나 모두 재산과는 관계없이 행하는 한국인의 생활규범이자 한국 가족의 규범문화인 것이다.

4) '효'문화가 있는 가족제도와 없는 가족제도

한국의 가족제도는 이상과 같이 '효'문화가 중심 가치로 존재하고 지배하는 데 견주어 서양의 가족제도는 유교적 '효'문화가 없는 것이 근본적인 차이이다.

물론 서양의 가족제도에도 부모에 대한 사랑과 공경의 윤리가 없는 것은 아니다. 서양의 가족문화도 이것을 중세와 근대 초기에는 매우 강조한 시대가 있었다. 그러나 이것은 한국 가족제도의 '효'문화와는 차원이 다른 것이다.

'효'문화가 있는 가족제도에서는 부모에 대한 효도는 모든 가치와 도덕의 기본이고 중심이기 때문에 어떠한 고난의 경우에도 이 가치관은 최후의 방어선으로서 고수하려고 한다. 그러나 '효'문화가 없는 가족제도에서는 이러한 근원적 가치기준이 없기 때문에 이해관계에 따라 부모와 그 부속물을 가벼이 다룰 가능성이 언제나 존재하게 된다.

특히 천민(paria)자본주의 경제질서와 황금만능주의 가치관이 지배하고, '효'문화가 없는 사회에서는 부모의 재산을 탐내는 범죄까지 발생하는 일이 자주 있다. 또한 그러한 '효'문화가 없는 사회문화의 영향과 교육을 받으면서 한국 가족제도의 '효'문화 가치관을 잃어버린 경우에는 '효'문화가 없는 사회문화의 영향으로 부모의 재산을 탐내는 범죄까지도 발생하기가 쉬운 것이라고 볼 수 있다.

한국 가족의 '효'는 이러한 반인륜적 범죄가 자행되는 '효'문화가 없는 사회의 부모·자녀간의 관계규범과는 극히 대조적인 규범이다. 한국 가족제도의 '효'는 부모의 재산상속과는 전혀 무관한 한국인의 가족문화이며 윤리이다. 한국에서 극진한 '효행자'의 대부분은 부모의 재산상속을 기대할 수 없는 빈곤한 층에서 더 많이 나오고 있다는 사실을 볼 때 한국 가족제도의 '효'문화가 얼마나 높은 차원의 아름다운 문화인가 하는 것을 잘 인식할 수 있는 것이다.

5) 21세기 한국 가족의 '효'문화

21세기에도 한국 가족의 '효'문화는 잘 보존 발전시켜야 한국인들이 21세기에 행복하게 생활할 수 있고 또 한국사회가 세계에서 사람이 행복하게 살 수 있는 가장 훌륭한 사회로 발전할 수 있을 것이다.

이를 위해서는 현대 한국인들이 갖고 있는 '효'의 내용을 21세기 환경에 적응하도록 더욱 합리적으로 수정하여 잘 발전시키면서 가족성원, 특히 성장하고 있는 어린 자녀들에게 '효'의 가치항목들을 체계적으로 잘 교육시킬 필요가 있을 것이다.

첫째, 부모에 대한 존경과 애정을 간직하면서 자녀들에게도 '효'를 교육해야 할 것이다.

물론 부모들 가운데에는 사회적 존경을 받을 수 없는 분들도 있겠지만 가정적 존경과 애정을 받지 못할 부모들은 한국에 거의 없다. 왜냐하면 한국 가족의 부모들은 대부분이 사회적 공헌을 하지 못하는 경우에도 자기의 자녀와 가족들을 위해서는 평생을 다 바쳐 헌신적으로 희생해 오고 있기 때문이다. 따라서 사회적 존경과 가정적 존경을 구분하여, 가족성원들과 어린 자녀들에게 부모에 대해서 전 가족성원이 존경과 애정을 가지면서 이를 바치도록 교육할 필요성이 절실하다. 즉, 부모에 대한 존경과 애정이 충만하도록 스스로 효를 실천하고 자녀들에게 '효'의 개념과 내용들을 중심으로 하여 '효'문화를 교육하는 일이 매우 중요하다.

둘째, 부모의 은혜에 보답하는 것이 인간의 최소한의 도리임을 스스로 강조하고 자녀들에게 '효'문화를 교육할 필요가 있다.

부모의 은혜는 말 그대로 하늘과 같고 바다와 같아서 끝이 없는 것이다. 부모는 자녀를 출생하여 절대 보호양육이 필요한 기간부터 부모가 별세할 때까지 자녀에 대한 지극한 애정을 갖고 이를 양육하고 교육시키며 보살필 뿐 아니라 평생을 자녀를 위해서 희생하고 끝없는 관심과 애정을 갖는다. 여든 노부모가 예순 노자녀를 항상 걱정하여 보살피는 모습은 우리가 자주 볼 수 있는 일이다. 이러한 부모의 은혜는 자녀가 도저히 그대로 다 보답할 수 없도록 크고 무한한 것이다. 대체로 평범한 한국인들은 부모의 이 큰 은혜에 보답하지 못하고 그 대신 자신의 어린 자녀에게 자기가 받은 무한한 사랑을 쏟는 것이 보통이다. 그러나 이것만으로는 불충분하다고 지적하지 않을 수 없다. 자신의 부모에 대해서도 반드시 정성껏 은혜에 보답을 해야 하며, 또 이렇게 보은을 실천하는 것이 21세기의 합리적 생활에도 절대로 합당한 것임을 어린 자녀에게 교육할 필요가 있는 것이다.

셋째, 노부모에 대한 책임을 지는 생활양식을 제도화해야 할 것이다.

부모가 자녀를 낳아서 양육하고 교육을 시키며 평생 애정을 무한하게 쏟아 부었는데, 부모가 능력이 없게 되었을 때 부모를 부양하고 책임을 지는 것은 자식으로서 너무나 당연한 일이고 의무인 것이다.

이를 위해서는 21세기의 한국 가족모형을 처음부터 제1모형을 택하는 것이 현명한 일이라고 생각된다. 그러나 제2모형을 택하는 경우에도 부모가 능력이 없게 되거나 편부모가 되었을 때 이에 대한 적극적 대책이 자녀가족에게 반드시 준비되어 있어야 할 것이다.

부모의 은혜를 '빚'과 비유하는 것은 적합하지는 않다. 그러나 이해를 돕기 위해서 그렇게 비유한다면 부모가 자식에게 준 것은 무한대의 빚과 같다. 자식이 부모를 책임지고 노년에 봉양하는 것은 그 빚의 겨우 '일부'만을 보답하는 것이다. 하물며 부모를 노년에 책임지고 부양하지 않음으로써 '빚'을 하나도 보답하지 못해서야 어떻게 인간다운 도리와 삶을 살았다고 할 수 있겠는가.

부모가 자녀를 출산하여 양육하고 교육시키는 데 무한책임을 진 것과 같이, 자녀도 부모가 노인이 되면 그 봉양과 보살핌에 무한책임을 지는 것은 너무나 당연한 것이다. 이것이 바로 21세기 한국 가족제도의 커다란 특징이 되어야 할 것이다. 그리고 이러한 부모의 봉양과 보살핌에 대한 책임감과 의무감을 어린 자녀에게도 가정교육을 통해서 끊임없이 형성되고 교육시켜 주어야 21세기에 한국 가족의 '효'문화가 계속 보존 발전될 수 있으며, 한국의 가족생활과 한국사회 전체가 행복한 사회가 될 수 있는 것이다.

넷째, 부모를 중심으로 가족의 화합을 이루어야 할 것이다. '효'의 내용에는 본질적으로 부모의 마음을 기쁘게 하는 것이 포함되어 있다. 부모를 그 자손가족이 극진히 공경함으로써 가족공동체 안에서 발생할 수 있는 크고 작은 갈등을 처음부터 없앨 수 있다. 효는 부모님을 중심으로 하여 가족성원의 화합과 공동체적 단결을 더욱 탄탄히 하는 기능과 역할도 수행하는 것이다.

21세기에 한국 가족제도의 '효'문화를 발전시키는 것은 바로 한국 가족제도에서는 부모를 중심으로 한 가족의 공동체적 융합과 화합도 달성됨을 포함하는 것이다. 이렇게 되어야 21세기에도 한국인들이 전체 사회의 이익집단 속에서 활동하다가 바로 화합과 융합이 충만한 가족공동체 안에 돌아와서 온갖 긴장과 피로를 풀고 다시 활기를 얻게 되는 아름다운 가족제도를 영구히 보존 발전시키게 되는 것이다.

다섯째, 부모가 노년이 되어 자녀의 봉양이 필요할 때 자녀가 그 봉양과 보살핌에 약간의 희생을 하는 것을 당연한 것으로 교육시킬 필요가 절실한 것이다.

21세기의 한국 가족제도에서는 자녀가 노부모를 봉양하는 일이 설령 약간의 희생을 요구한다 하더라도 이를 당연한 '의무'로 생각하여 희생을 하는 것이 극히 합당하고 합리적인 것이라 교육하고 이를 제도화할 필요가 있다. 부모는 자녀를 위하여 평생을 희생하면서 노후에 이르렀는데, 그 부모의 자녀가 부모의 은혜에 대한 보답에서 약간의 희생을 감수하는 것은 21세기의 합리주의 속에서도 어느 면에서나 당연한 것이다. 특히 부모가 노년에 치매환자가 되었을 때에는 자녀의 희생적 봉사는 반드시 필요한 것이고 반드시 이를 감당하고 수행해야 하는 것이다. 물론 이는 고달픈 일이 될지 모르지만 그러나 그 기간은 자녀에 대한 부모의 희생 기간에 비하면 굉장히 짧은 것이라고 할 수 있다.

또한 21세기 한국의 가족정책은 부모를 모신 가족에 대하여, 이 약간의 희생(예 : 치매 노부모에 대한 봉양)에 대하여 사회적·국가적·의료적 보호정책과 지원을 수립하여 발전시킬 필요가 절실한 것이다.

21세기 한국 가족제도가 계속하여 세계 최고의 아름다운 제도로서 존속 발전하려면 우리는 이 '효'문화를 잘 보존하고 합리적으로 잘 발전시켜야 한다.

21세기에는 '효'문화가 없는 서양의 가족제도와 가족문화의 영향이 물밀듯이 한국사회에도 쏟아져 들어올 것이다. 만일 이 거센 물결 속에서 한국사회와 한국 가족이 '효'문화를 잃어버리면, 설령 한국사회가 아무리 물질적으로 풍요롭게 된다고 해도 한국사회는 행복하고 안정된 훌륭한 사회가 될 수 없을 것이다.

따라서 21세기에는 한국 가족의 '효'문화를 잘 보존 발전시키고 합리적으로 제도화하는 일이 매우 중요하다고 볼 수 있다.

6. 21세기 한국 가족의 가정교육

1) 가정교육의 중요성

21세기에도 한국 가족은 자녀들에 대한 일차적인 사회화(sociali-zation)의 장이고 일차적인 학교이다. 이 가족학교 속에서 부모는 최초의 교사인 것이다. 사회학을 창시한 오귀스트 콩트가 일찍이 가족이 일차적으로 '사회생활의 영원한 학교'(eternal school of social life)라고 극명하게 지적한 것은 21세기 한국에도 그대로 적용되는 것이라고 말할 수 있다.

물론 21세기 한국에서 가족만이 유일하게 중요한 교육의 장이 되는 것은 아니다. 학교와 사회가 가족과 함께 모두 교육의 장으로 그 기능과 중요성이 더욱 높아질 것이다. 즉 교육의 장으로서 가족·학교·사회는 그 역할을 각각 분담하면서 21세기의 사회화와 교육의 기능을 더욱 증대시킬 것이라고 내다볼 수 있다. 가족은 넓은 의미의 교육인 사회화를 통하여 퍼스낼리티(인성)의 형성과 기초적 생활교육을 담당할 것이고, 대체로 학교교육은 지식교육·집단생활교육 등을 집중적으로 담당할 것이며, 사회는 직업교육·생활훈련교육을 담당할 것이다. 이 가운데서도 교육의 맨 아래 바탕과 기초를 만드는 것은 가족의 가정교육임은 더 말할 필요가 없다.

우리 한국은 원래 가정교육을 매우 중시하는 전통을 갖고 있었다. 그러나 최근에는 수업성적 경쟁, 입시경쟁 때문에 '공부만 잘하면 다른 것은 못 해도 상관없다'는 식으로 오랫동안 자녀들의 성적 올리기와 입시경쟁에만 치우친 나머지 가정교육이 제대로 실행·실시되지 못하고 있다. 부모들 역시 자녀들을 매우 방만한 방임 형태로 교육시키는 경우가 많다고 비판 받고 있다.

21세기 한국에서는 가족의 가정교육 기능을 다시 강화하여 훌륭한 국민과 사회를 만들어 한국인들이 세계 속에서 발돋움하여 크게 발전할 수 있는 기초교육을 튼튼히 만들 필요가 절실하다.

가정교육의 분야를 편의상 몇 가지로 나누어 논의하기로 한다.

2) 언어의 가정교육

어린아이는 가족 안에 태어나서 처음으로 부모(특히 어머니)로부터 몸짓과 언어라는 상징을 학습하여 그 가족과 사회의 문화를 나누어 가짐으로써 그 가족과 사회의 일원으로 성장하게 된다. 가족의 언어교육으로서 특히 유의해야 할 점으로는 다음과 같은 것들이 지적될 수 있다.

(1) 바른 국어, 표준어, 정확한 발음을 가르칠 것

가족의 자녀에게 언어를 교육할 때 항상 바른 국어, 표준어를 가르치고 정확하고 명료한 표준발음을 가르치는 것은 매우 중요한 일이다. 21세기는 민주주의의 시대로서 토론문화가 지배하게 될 것이므로 정확한 국어와 정확한 발음의 표준어를 똑똑하게 구사해야 자녀가 21세기에 적합한 인재로서 뒤지지 아니하고 토론과 담론의 사회에서 잘 성장하여 크게 활동할 수 있을 것이다.

(2) 경어 사용을 가르칠 것

한국어는 존댓말이 발전된 언어이므로 어릴 때부터 경어를 교육시켜야 한다. 이는 21세기 민주주의와 커뮤니케이션 시대에 자녀를 환경에 잘 적응하도록 제대로 교육하는 것이 된다. 이를 위해 교사인 부모 자신이 상호 경어를 사용하는 것이 좋음은 더 말할 필요도 없다.

(3) 과격한 표현을 자제하도록 교육할 것

가족 안에서 자녀에게 언어교육을 하면서 가장 주의할 점 가운데 하나는 어린이가 사물의 표현을 과격하게 과잉표현(overstatement)하는 습관을 갖지 않도록 교육·훈련시키는 것이다. 예컨대 한국인들은 가벼운 일에 대해서도 관습적으로 '죽인다' '죽겠다' 등의 과잉표현과 과격한 표현을 남용하고 있는데, 21세기에는 반드시 이를 고쳐야 할 것이다. 이것이 얼마나 과잉표현인가 하는 것은 그 표현을 직역해보면 알 수 있다. 외국인들이 얼마나 놀라겠는가. 이와 대조적으로 자제된 표현(understatement) 습관을 어린이에게 길러주는 것은 어릴 때부터 언어생활을 우아하게 하도록 교육하여 어린이들이 21세기와 같은 세련된 커뮤니케이션 시대에 적합한 인간형으로 성장하도록 해줄 것이다.

(4) 욕설을 금지할 것

가족 속에서의 어린이 언어교육에서 가장 주의해야 할 것 가운데 또 하나는 어린이가 욕설을 사용하지 않도록 교육하는 것이다. 욕설 사용이 습관화되면 그 어린이는 사회에서 제대로 인정받지 못하게 되며 결국은 버림받게 된다. 욕설을 사용하지 않기 위해서는 먼저 부모가 욕설을 하지 말아야 하며, 가족 안에서 욕설이 나오지 않도록 특히 주의할 필요가 있을 것이다.

그리고 자녀의 언어교육을 돕기 위해서 부모가 가장 주의해야 할 금기사항 가운데 하나는 자녀 앞에서 부부싸움·언쟁을 하지 않는 것이다. 자녀들 앞에서 부부싸움·언쟁을 하면 언어교육의 기본틀이 망가지게 되어 언어교육 그 자체를 망치게 된다. 특히 욕설과 과잉표현이 난무하게 되어 자녀들의 언어교육은 붕괴되는 것이다.

최초의 교사인 부모가 가족문화를 통하여 자녀에 대한 언어교육을 시키는 가장 좋은 방법은 부부싸움·언쟁의 반대편에 있는 애정에 넘친 경어의 상호 사용이다.

최근 한국 가족의 어린이에 대한 언어교육에서 21세기와 관련하여 새로이 대두한 현상에 영어조기교육이란 것이 있다. 최근 서울을 비롯한 대도시에서는 정부의 세계화정책에 응하여 21세기에 대비한다는 이유로 취학 전 어린이에게 영어조기교육을 실시하는 붐이 일고 있다고 한다. 또한 초등학교 저학년 어린이들에게도 영어조기교육을 시키고 있는 가정이 대도시 지역에서 상당히 많이 확산되고 있다고 한다. 그러나 과학적으로 이러한 현상은 큰 문제점이 있다.

영어 등 외국어의 학습과정에는 획득(acquisition)과 학습(learning)의 두 가지 방법이 있다. 이 가운데에서 획득은 주변 생활환경이 외국어 사용권이어서, 예컨대 영어 사용 사회 속에서 생활함으로써 영어를 획득하여 알게 되는 것이다. 이 경우는 영어조기교육이 효과를 갖는다. 예컨대 외국에 1, 2년 체류하게 될 때 자녀들과 함께 생활하면 6개월도 안 되어 자녀들은 영어 생활환경 속에서 거의 완벽한 영어를 학습하여 돌아오게 된다. 이는 획득에 의한 것이다. 반면에 학습의 방법은 주위환경이 영어 사용권이 아닐 때 영어의 논리적 구조와 발음만을 학습하여 영어를 배우는 것이다. 우리나라의 환경이 바로 그러하다. 이 경우 논리적 사고가 아직 성장하지 아니한 어린이들의 영어조기교육은 거의 의미가 없다. 환경적으로는 한국어 사용이 지배적인데 영어는 단지 논리적으로만 학습되는 것이기 때문이다. 따라서 영어조기교육보다 학교에 입학한 뒤 논리적 사고력이 충분히 갖추어진 다음 영어를 조직적·체계적으로 정확히 가르치는 것이 훨씬 더 효과적인 것이다.

그 뿐만 아니라 초등학교·중학교에 정확한 발음의 영어를 가르칠 수 있는 영어권 출신 외국인 교사가 많지 않은 현재 우리나라의 교육조건 속에서 초등학교 고학년부터나 중학교 1학년부터 교육시켜도 충분한 영어교육을 조기교육으로 바꾸어 놓는 것은 문제가 많이 있다. 만일 이때 부정확한 발음과 악센트의 영어 교육이 이루어진다면, 그러한 교육을 받은 어린이는 평생을 부정확한 영어문장과 부정확한 영어발음을 간직한 채 살게 되는 것이다. 한국인들은 이를 잘 판별하지 못하지만 영어사용권의 사람들은 정확히 판별하고 이를 자기들의 문법구조와 발음과는 상당히 다른 일종의 외국식 사투리 영어로, 즉 한 단계 낮은 것으로 평가하게 되는 것이다.

그러므로 한국가족의 영어조기교육은 현 단계에서는 불필요한 것이고 또 성공하기도 어려운 것이다. 무엇보다도 먼저 해야 할 것은 우리의 어린이들에게 모국어인 한국어를 바르고 정확하게 가르치는 일이다. 그 뒤 어린이가 사고력이 충분히 성장한 다음 중학교 1학년 또는 아무리 빨라도 초등학교 고학년부터 영어를 가르쳐도 전혀 늦지 않으며 오히려 이것이 어린이를 더욱 훌륭하고 정확한 영어와 외국어 구사능력을 갖도록 만드는 구조인 것이다. 먼저 '한국어를 정확하게 구사할 줄 아는 한국인'이 확실히 된 다음에 한국인으로서 정확한 영어를 사용할 줄 알아야 21세기의 세계변화에 능동적으로 적응하여 활동하는 자주성을 가진 사람이 될 수 있을 것이다.

3) 윤리 · 도덕의 가정교육

가족은 그 자체가 고도의 윤리 · 도덕 공동체이며 또 가족 성원에 대한 가정교육은 윤리 · 도덕교육을 그 본질 가운데 하나로 하고 있다. 어린이와 가족 성원은 일차적으로 가정교육을 통하여 생활에 필요한 개인윤리 · 가족윤리 · 사회윤리를 학습하여 내면화한다. 그러므로 가정교육에서 어떠한 윤리적 · 도덕적 교육과 훈련을 시키는가 하는 것은 그 어린이와 가족뿐만 아니라 그 사회의 미래 윤리 · 도덕에도 직접적인 영향을 미치는 것이다. 가족의 윤리 · 도덕교육에서 특히 유의할 몇 가지 점을 강조하면 다음과 같은 점을 지적할 수 있다.

(1) 개인의 윤리적 품성교육을 강화할 것

이것은 개인윤리 · 개인도덕의 기초를 교육하기 위한 것이다. 예컨대 도산 안창호는 개인의 윤리적 · 도덕적 품성으로서 가장 중요한 덕목으로 ① 무실(務實), ② 역행(力行), ③ 정직, ④ 근면, ⑤ 용감 등을 들었다. 이러한 개인의 윤리적 품성들이 가정교육을 통하여 잘 길러지면 매우 훌륭한 인격체로 성장하여 모범적 인재로서 사회에 이바지할 수 있을 것이다.

다른 사람들에게 폐를 끼치지 않도록 노력하는 윤리의식을 갖도록 교육하는 것도 개인윤리의 품성 향상에 중요한 부분이 되어야 할 것이다.

(2) 효도와 우애 교육을 강화할 것

21세기 한국의 교육은 부모에게 효도하고 형제에게 우애하는 효제(孝悌)의 교육을 강화할 필요가 있다. 21세기에도 여전히 효도와 우애는 가족윤리의 가장 중요한 덕목의 하나가 될 것임에 틀림없다.

원래 효도는 부모의 자(慈)에 대한 자녀의 윤리이다. 따라서 부모가 먼저 사랑과 헌신으로써 자녀에게 온갖 애정을 쏟아 부으며 자녀에 대한 책임을 다하면서 자녀의 효도윤리를 교육할 필요가 있다. 전근대시대에는 이러한 효도를 잘못 이해하여 일부에서는 자녀에 대한 애정과 헌신이 없이 부모에 대한 자녀의 효도만을 강요해온 경우도 많이 있었다. 공자시대부터 오늘날까지 이러한 사실은 잘못된 것이라고 할 수 있다. 효와 자는 항상 한 쌍으로 존재했으며 분리되어 있는 것이 아니었다. 그러므로 21세기 한국 가족에서도 효도교육은 반드시 자녀에 대한 부모의 인자함과 애정이 충만한 가운데 교육할 필요가 있다. 형제 간의 우애를 기르는 경우에도 아우에 대한 형의 애정을 먼저 강조하고 전제하면서, 형에 대한 아우의 공경과 애정을 강조하여야 진정한 우애교육이 될 것임은 물론이다.

21세기에 한국 가족이 효(孝)와 제(悌)의 가족도덕을 21세기 사회체제에 적합하도록 잘 발전시키면서 가정교육을 실행하면 한국 가족은 21세기에도 애정과 융합이 충만한 가족제도가 될 것이며, 이러할 때 한국 가족은 전 세계 여러 나라 사람들이 가장 부러워하는 아름다운 가족제도가 될 수 있을 것이다.

(3) 공덕심 교육을 강화할 것

21세기 한국 가족의 사회윤리 교육에서는 먼저 공덕심 교육을 강화해야 할 것이다. 한국의 이전 윤리체계에서는, 특히 전근대시기의 윤리체계에서는, 개인윤리와 가족윤리는 상대적으로 크게 강조된 반면에 사회윤리·사회도덕의 측면이 상대적으로 덜 강조되어 온 점이 없지 않았다. 그러나 21세기 세계는 사회조직의 상호 의존성과 유기적 통합성이 더욱 강화된 특성을 갖게 될 것이고 사회의 중요성이 더욱 커질 것이다. 따라서 사회윤리로서 공덕심 교육이 없으면 어린이와 가족성원은 21세기 사회체제 변동에 능동적으로 적응하지 못하고 낙후되어 버릴 수도 있다.

공덕심 교육에서 가장 주의할 항목은 ①공공규칙의 준수, ②약속의 정확한 실행, ③질서 지키기, ④시간 엄수, ⑤깨끗한 환경 지키기, ⑥ 사회봉사 등으로, 이에 대한 교육이 21세기 한국 가족에서 특히 강조되어야 할 것이라고 볼 수 있다.

(4) 민주적 시민의식 교육을 강화할 것

21세기의 한국과 세계는 더욱 진전된 민주사회가 될 것이므로 민주적 시민윤리의 교육이 더 강화되어야 할 것이다. 민주주의가 규정하는 시민의 권리에 대한 교육과 함께 반드시 그에 수반하는 시민의 책임과 의무에 대한 교육이 필수적인 것이다. 또한 민주주의에서는 평등과 정의가 매우 중요한 윤리적 덕목이므로 이에 대한 가정교육이 어릴 때부터 이루어져야 할 것임은 물론이다. 한 서양 가족학자는 가족에서 이루어지는 정의의 교육을 강조하여 '정의의 학교로서의 가족'(family as a school of justice)을 주장하기까지 하였다.

가족의 윤리 · 도덕교육에서 가장 보편적이고 21세기에도 여전히 효율적이라 할 수 있는 방법은 상(칭찬) · 벌(꾸지람)을 분명하게 나누어 실행하는 것이다. 어린이가 윤리적 · 도덕적인 행동을 하는 경우에는 의식적으로 칭찬과 상을 주고, 비윤리적 · 비도덕적 행동을 할 때에는 분명하게 벌(꾸지람 등)을 줌으로써 어린이에게 명료한 도덕적 기준과 가치판단을 정립케 할 필요가 있다. 이 방법은 윤리 · 도덕심을 갖도록 하는 데 매우 효과적인 것이다.

4) 예절의 가정교육

21세기는 물질적으로 매우 풍부해지는 한편, 규범문화와 정신문화에 대한 관심도 대폭 증가하는 세기가 될 것이며, 그에 따라 예절이 더욱더 중요시되는 세기가 될 것이다. 21세기의 한국 가족에서는 예절

교육을 강화할 필요가 있다. 특히 다음과 같은 점이 강조되어야 할 것이다..

(1) 한국의 고유예절을 교육시킬 것

한국의 예절에는 존대어를 중시하는 한국언어 구조와 함께 고유한 요소들이 매우 많이 존재한다. 한국의 고유예절은 어린이가 가족 안에서 이루어진 사회화 과정에서 자연스럽게 학습하기도 하지만, 동시에 부모들이 의식적으로 예절교육을 시켜 어린이를 예의바른 인물로 성장하게끔 하는 것도 매우 중요한 교육이 된다. 특히 자녀를 다른 사람으로부터 환영 받고 큰 역할을 하는 훌륭한 인재로 성장시키고자 할 때에 한국전통의 고유예절을 교육하는 것은 매우 중요한 덕목 교육 가운데 하나로 기능할 것이다. 특히 다른 사람과의 반가운 인사 예절, 식탁 예절, 사회생활 예절 등은 매우 중요한 것이다.

또한 한국의 고유예절 중에서 간소화되고 합리화된 관혼상제의 의례와 예절을 성장하는 자녀들에게 교육시키는 것도 매우 좋은 고유예절 항목이 될 것이다.

(2) 서양, 다른 나라의 예절도 교육시킬 것

21세기는 국제적 교류가 전 지구·전 세계에서 활발하게 전개되는 세기이므로, 서양과 다른 나라들의 중요하고 바람직한 예절도 가정에서 교육시키는 것이 좋다고 생각한다. 서양과 다른 나라의 예절 중에 어떤 부분은 세계 공통의 것으로 여겨질 수 있는 예절들도 몇 가지가 있다. 이러한 예절들에 대해서는 한국의 예절과 함께 어린이들에게도 동시에 교육할 필요가 있을 것이다.

(3) 폭언과 거친 행동을 통제할 것

21세기는 한편으로 문화가 더욱 세련되면서도 다른 한편으로는 자유방임문화의 조건 속에서 폭력문화가 더욱 번성하고, 특히 서양의 폭력 영화 유입의 영향으로 어린이들 사이에 폭력과 거친 행동의 모방이 확산될 가능성이 큰 세기라고 말할 수 있다. 이러한 환경의 변화 속에서 21세기 한국 가족의 가정교육은 항상 폭력과 폭언을 배제하고 거친 행동을 통제하며 세련되고 예의 바른 생활을 하도록 어린이들을 교육시킬 필요가 있다. 특히 국제화시대에 밀물처럼 쏟아져 들어오는 서양의 폭력 영화, 폭력 비디오 등의 악영향으로부터 우리 한국의 어린이들을 보호하기 위하여 그에 대한 사전검열과 통제는 반드시 필요한 것이라고 말할 수 있다.

21세기 한국사회가 높은 삶의 질을 갖고 평화롭고 안전한 사회가 되기 위해서는 가정교육에서 폭력, 폭언, 거친 행동이 길러지지 않도록 세련된 예절교육의 실행이 반드시 필요한 것이다.

이러한 이야기가 있다. 이스라엘에서 한 고비(古碑)가 발굴되었는데 거기에 씌어 있는 고대문자는 무척 판독되기 어려운 것이었다. 많은 학자들이 심혈을 기울여 오랫동안 연구한 끝에 그 비문을 판독해보니 "요즘 아이들은 버릇이 없다"는 말과 아울러 '그렇게 버릇없는 아이들이 나오지 않도록 하기 위한 교훈'이 새겨져 있었다고 한다. 옛날부터 오늘날까지 기성세대는 항상 새로운 세대의 예절 바르지 못한 행동을 버릇없는 행동이라고 개탄해 온 듯하다. 그러나 여기서 말하는 예절교육은 이러한 의미의 버릇없는 행동을 방지하는 정도의 예절교육을 말하는 것은 아니다. 윤리·도덕·예절도 시대에 따라서 변하는 것이므로 다음 세대는 그전 세대의 윤리도덕을 그대로 답습할 수도 없으며 답습할 리도 없다. 윤리·도덕·예절도 변화한다는 엄연한 사실을 전제로 하고 그러한 변화를 받아들이는 속에서 지나치게 일탈된 윤리·도덕·예절의 횡행을 교육을 통해 미리 자발적으로 통제하고 자제케 함으로써 21세기 한국의 가족생활과 사회생활의 질을 세계에서 가장 품위 있고 풍요롭게 정립하여 발전시킬 필요를 특히 강조하는 것이다.

5) 민족문화의 가정교육

21세기 한국 가족의 가정교육은 민족문화, 즉 민족적 생활양식의 가정교육을 강화해야 할 것이다. 21세기의 제3차 세계체제에서는 국제교류가 매우 활발해지고 세계의 사회적 거리가 매우 좁혀지면서 외래문화가 삶의 모든 범위 안에 밀물처럼 쏟아져 들어올 것으로 예상되기 때문에, 한국 가족은 어린이들에게 민족문화 교육을 일찍부터 해야 할 상황에 놓여 있다고 볼 수 있다. 만약 이러한 민족문화 교육을 소홀히 하게 되면, 한국의 어린이들은 외래문화에 압도된 사회화 과정을 통해 성장하게 될 것이며, 그들의 자주성과 창조력은 크게 약화되고, 결국 21세기에 한국의 주인으로 발전해야 할 그들이 국적 없는 떠돌이 아이들로 전락하게 될 것이다. 따라서 이러한 위험을 미연에 방지하기 위해서는, 먼저 민족문화 교육을 크게 강화하면서 외래문화에 대하여 개방적 교류를 하도록 자주적이면서도 진취적인 교육을 시행해야 할 것이다. 이렇게 함으로써 한국의 자녀들은 자주적이고 창조적인 한국인으로서 정체성을 획득함과 동시에 세계 모든 인류와 협동하여 세계 속에서 한국과 인류를 평화롭게 발전시킬 수 있는 미래지향적 인성을 형성 발전시킬 수 있게 될 것이다. 21세기 한국 가족의 민족문화 교육에 대해서는 특히 다음과 같은 몇 가지 점을 강조하고 싶다.

(1) 애국심과 인류애 교육을 강화할 것

21세기에도 민족과 국가는 소멸되는 것도 아니고 국경이 없어지는 것도 아니며, 국가간의 경쟁이 없어지는 것도 아니다. 오히려 21세기의 WTO체제 아래에서는 선진국과 중·후진국 사이에 치열한 경쟁이 강화되며 사회적 다원주의(Social Darwinism)와 약육강식의 시대가 펼쳐질 개연성이 매우 크다. 그러므로 21세기 한국 가족의 가정교육은 이 점을 충분히 고려하여 애국심을 배양하는 교육을 강화해야 할 것이다. 그러나 이 애국심은 이기적 애국심이 되어서는 안 된다. 자녀들에게 교육해야 할 애국심은, 다른 나라들과 모든 인류가 다 함께 평화적으로 공동번영하면서 한국도 최선진국으로 발전하고 다른 나라도 선진국으로 발전하는 것을 도와주는, 개방적이고 인류애에 넘친 상호 보완적·전진적 애국심이 되어야 할 것이다.

이러한 측면에서 21세기 한국 가족의 민족문화 교육은 애국심과 인류애, 공동체에 대한 사랑을 다 함께 배양하는 기본적인 원칙을 지키는 방향으로 이루어져야 할 것이다.

(2) 민족예술교육을 실행할 것

최근까지 한국 가족의 가정교육은 어린이들에게 민족예술 교육을 잘 하지 않았다. 구체적 예를 들면 어린이들에게 음악을 많이 가르치고 있지만, 그 내용은 대부분 동요와 서양 노래가 거의 전부이고, 한국의 민요나 국악은 거의 가르치지 않는다. 한국의 민요는 어린이들이 성장하는 과정에서 가정 밖의 사회에서 획득(acquisition)해서 배울 뿐이다. 그러나 이것은 큰 문제라고 본다.

21세기 한국 가족의 가정교육은 어릴 때부터 자기 나라의 민요·국악·창가·민족무용 등 민족예술(때로는 민족체육과 민족무술 등까지)도 반드시 가르쳐야 할 것이다. 왜냐하면 이러한 어린 시절의 민족예술교육을 통해서 자녀들은 성장한 뒤에도 자기민족의 문화와 예술을 깊이 이해할 수 있게 되고, 민족적 자주성과 창조성을 가진 한국인으로 더 크게 성장할 수 있기 때문이다.

(3) 한국 위인 이야기를 교육할 것

최근까지 한국 가족의 가정교육은 행동모범으로서 위인을 이야기할 때 지나치게 서양 인물들을 위주로 하여 보여주는 경향이 있었다. 물론 서양 위인들의 삶 속에서 자녀들은 훌륭한 교훈과 모범을 얻을 수 있을 것이다. 그러나 한국의 역사 속에도 그들 못지않은 훌륭한 선조들이 많이 있다. 또한 바로 그 한국 위인들의 희생과 영웅적 행동으로 말미암아 현재의 우리다움이 존재할 수 있다는 사실을 생각한다면, 위인에 대한 교육 속에는 무엇보다도 한국역사의 위인들을 자녀들에게 먼저 모범으로 예시하고 교육할 필요가 있는 것이다. 이를 통해서 자녀를 주인의식이 있고 자주적이며 실천적인 한국인으로 키울 수 있으며, 어린이의 때 묻지 않은 영혼에 인생의 커다란 모범으로서의 한국 위인의 상(像)을 새길 수 있게 될 것이다.

또한 21세기 한국 가족의 가정교육은 한국역사상의 위인들을 이야기로 가르침으로써 동시에 한국역사교육도 실행하는 것이 되어 민족문화와 민족역사의 가정교육이 함께 이루어질 수 있을 것이라고 본다.

(4) 한국의 의식주 문화를 교육할 것

최근 한국 도시가족의 큰 추세 가운데 하나는 의(衣), 식(食), 주(住)생활 전반에 걸쳐서 서구화가 급진전되고 있다는 점이다. 특히 어린이들의 경우에 옷도 서양식 옷만 입고, 음식도 피자와 햄버거 같은 서양 음식을 훨씬 더 선호하고(김치나 된장국 같은 한국의 전통음식을 그다지 좋아하지 않으면서), 또한 주생활도 아파트나 침대와 같은 서구화된 양식에 길들여지는 현상이 일반화하고 있다. 한국의 고유한 민족적 의·식·주 생활문화를 일상화하면서 이에 보조적으로 서양의 의·식·주 문화가 가미 교류된다면 별 문제가 아니겠으나, 그렇지 않고 한국의 고유한 의·식·주 생활문화를 외면하면서 우리의 전통적 생활양식을 전혀 가르치지 않은 채로 서양화가 진전된다면 이는 주객이 전도된 현상이라고밖에는 달리 설명할 수가 없다. 만약 이러한 추세가 계속된다면 21세기에 한국과 한국문화는 서양화의 그늘 속에서 자신의 고유한 특성을 상실한 채 창조적인 발전을 이룩하지 못할 것이며, 단순한 모방적 생활문화로 전락하면서 침체될 위험이 있다. 다시 말해서 언제나 서양의 뒤를 쫓아가는 후진적·종속적 문화가 될 위험이 있는 것이다.

그러므로 21세기 한국 가족의 가정교육은 어릴 적부터 한복도 명절 때에는 때때로 입히고, 어릴 때부터 한국 음식을 성활화하도록 가르치며, 아파트에서도 안방 등을 한국식으로 만들어 한국인의 주생활 일부를 어린이에게 교육시키면서, 한국의 의·식·주 생활문화를 어린이들에게 일찍부터 교육할 필요가 있다. 이렇게 하면 21세기에 한국의 고유한 문화적 유형을 유지하면서 이를 세계적인 선진문화로 발전시킬 수 있을 것이다.

(5) 박물관 교육을 자주 할 것

21세기 한국 가족의 민족문화 교육을 실행하는데 지나칠 수 없는 또 하나의 중요한 사항은 바로 살아 있는 역사의 생생한 교육장인 박물관 교육이라고 할 수 있다. 부모가 자녀들을 국립중앙박물관·국립미술관 등을 비롯하여 각종 박물관과 미술관에 데리고 가서 민족문화 교육과 민족역사 교육을 실제 유물을 관람하면서 교육할 필요가 절실하다.

박물관은 민족문화유산의 정수를 모아서 전문가들에 의해 체계적으로 분류하고 학문적으로 정확한 해설을 하면서 전시해 놓았기 때문에, 어린이들은 박물관 교육을 통해서 자신의 민족문화와 민족역사를 체계적으로 배울 수 있을 뿐 아니라, 민족문화와 민족역사에 대한 높은 자부심을 자연히 자신도 모르는 사이에 갖게 되면서 훌륭하게 성장하게 될 것이다.

(6) 세계문화의 다양성을 교육할 것

21세기 한국 가족의 가정교육은 한국 민족문화가 세계 여러 민족들의 다양한 문화들 가운데 하나이며, 그 가운데에서 풍부한 독창성을 가진 찬란한 민족문화임을 교육할 필요가 있다. 세계 각 민족문화의 다양성을 어린이들에게 교육하는 것은 넓은 세계와 그 안에서 독특한 삶의 모습으로 살아가고 있는 여러 민족들의 다양함을 인식하도록 해 주는 것이다. 바로 이러한 고차원적 인식이 바탕이 된 이후에야 비로소 우리 민족문화 교육은 참된 의미를 더욱 높일 수 있을 것이며, 그 시야가 자주적인 동시에 세계적 수준에서 개방되어 있는 바탕을 갖출 수 있을 것이다. 이는 바로 세계 각 민족문화의 다양성과 한국 민족문화의 독창성이 어느 하나 모자람 없는 균형적 조화를 이루도록 교육되어야 한국 민족문화에 대한 진정한 긍지와 자부심을 키울 수 있다는 사실을 알려주는 것이라고 말할 수 있을 것이다.

6) 성에 관한 가정교육

21세기의 한국에는 WTO체제의 문화개방에 따라 물밀 듯이 밀려오는 서양문화의 압도적 영향으로 성의 문란이 커다란 문제가 될 위험이 있다. 또한 이와 병행하여 청소년들의 성 문란과 비행 문제가 대두될 위험성도 있다. 최근 통계에 따르면 한국에서 1년 동안 버려지는 아이[棄兒]는 3만여 명이 된다. 그런데 이의 대부분은 미혼모나 불륜·부정에 의한 출산아인 경우라고 보고 되어 있다. 벌써 성 문란의 부정적 영향이 한국사회에 나타날 뚜렷한 조짐이 보이고 있는 것이다.

21세기 한국 가족의 가정교육은 이러한 추세에 대비하여 자녀들에게 건전한 성에 관한 과학적 지식과 윤리적 지식을 교육할 필요가 절실하다고 할 것이다. 이 점과 관련하여 특히 다음과 같은 점들을 유의해야 할 것이다.

① 성에 관한 의학적 교육을 실행할 것
② 건전한 성에 관한 윤리적 교육을 실행할 것

③ 정절의 귀중함에 대한 교육을 자녀들에게 실행할 것

④ 성 문란 문화에 대한 비판 교육을 실행할 것

⑤ 불륜과 성적 부정에 대한 비판 교육을 실행할 것

⑥ 포르노 비디오를 어린이들이 보는 것을 엄금할 것

성에 관한 자녀의 가정교육에서 21세기에 가장 주의해야 할 것은 서양과 일본의 퇴폐적 성문화가 외국제 만화와 비디오를 통하여 자녀들에게 침투해서 자녀들의 정신세계를 황폐화시키는 것을 막는 일이다. 이를 위해서는 어머니뿐만 아니라 아버지의 엄격한 가정관리와 가정교육 실행이 중요하다. 부모는 건전한 성의 지식을 자녀에게 적절히 교육하면서, 퇴폐적 성문화의 범람과 침투로부터 자녀들을 보호하는데 매우 큰 관심을 가지고 엄격한 교육을 시킬 필요가 있는 것이다.

7) 인생관·세계관 교육

21세기 한국 가족의 가정교육은 자녀들의 인생관·세계관이 형성되는 초기에 기초를 만들어주어야 할 것이다. 이를 위해서 특히 다음과 같은 점을 유의할 필요가 있을 것이다.

(1) 인본주의적 인생관·세계관을 배양할 것

21세기는 물질문명과 과학기술문명, 황금만능주의가 더 강화되어 급진전될 개연성이 매우 높다. 이러한 세계적 추세에서 우리 한국만 제외될 것이라고는 생각할 수 없다. 이러한 객관적인 상황 속에서 한국인들이 21세기에 행복하게 생활하기 위해서는 물질과 과학기술, 화폐(황금)만능사상을 넘어서서 인간을 가장 귀중하게 생각하고 인간의 생명과 존엄성에 최고의 가치를 두는 인본주의적 인생관·세계관을 갖는 것이 중요하며, 또한 가정교육에서도 이러한 가치관과 인생관·세계관을 교육해야 할 것이다.

(2) 생활의 지혜를 중시하는 인생관·세계관을 교육할 것

21세기의 세계는 한국을 포함하여 전 세계가 과학적 지식과 기술을 매우 중시하는 세기가 될 것이다. 이러한 세계적 추세 속에서 물론, 과학적 지식과 기술을 학습하고 이를 중시해야 하지만, 이와 함께 사회생활의 마찰과 갈등을 해소하고 애정이 충만한 협조적 생활양식을 가질 수 있도록 생활의 지혜를 발견하여 중시하는 인생관·세계관을 교육할 필요가 절실하다고 할 수 있다. 이러한 생활의 지혜는 일반적으로 말해서 부모로부터 자녀들에게로 전수되는 것이 가장 바람직하다고 볼 수 있다. 삶의 연륜이 녹아 있는 부모들의 풍부한 경험은 자식에게 혹은 손자에게 따뜻한 애정을 동반한 풍요로운 지혜의 원천이 될 수 있으며, 그러한 의미에서 가족끼리의 유대와 상호 작용이 바로 생활의 지혜를 자연스럽게 터득하는 일차적인 경험의 장(場)을 제공하는 것이다.

(3) 과학적 인생관·세계관을 배양할 것

21세기에는 과학적 지식과 기술이 더욱 중요한 역할을 하는 세기가 될 터인데, 이에 대비하여 과학적 인생관·세계관을 정립하지 못하고 비과학적 인생관·세계관에 의지해서 이 시대를 소화하여 살려고 하면 많은 어리석은 일이 일어날 수 있다. 구체적으로 예를 들면, 최근에 성행하고 있는 풍수지리에 대한 경도, 운명철학에 대한 경도, 점복 등 미신에 의존하는 행동 등은 그 전형적인 예라고 할 수 있다.

몇 가지의 예를 더 들자면, 60층이 넘는 고층 빌딩을 지으면서 그 정초식과 낙성식에는 먼저 돼지머리를 올려놓고 반드시 고사를 지내야 안심하는 인생관·세계관도 있다. 또 심지어는 최근에 무궁화 2호

우주선을 발사하면서도 이것이 고장 나지 않도록 돼지머리를 놓고 고사를 지내고자 하였으나, 외국에는 이러한 전통이 없으므로 당연히 삶은 돼지머리를 구하지 못하자 그 대신에 돼지를 바비큐해서 고사를 지냈다는 웃지 못할 에피소드도 있다. 그야말로 외국인들에게는 단순히 미개한 측면으로밖에는 비추어지지 않을 이러한 비과학적 인생관·세계관을 한국의 우수한 과학자들까지도 갖고 있는 것이다.

21세기 한국의 가정교육에서는 아예 이러한 비과학적 인생관·세계관이 의식 속에 스며들어서, 이러한 비과학적 행동을 하지 않아도 불안을 느끼지 않도록 처음부터 과학적 인생관·세계관을 교육시킬 필요가 절실하다고 할 수 있다.

(4) 적극적 능동적 사고와 행동의 인생관·세계관을 배양할 것

21세기는 전 세계의 모든 민족들이 더욱 활발하게 국제적 교류와 접촉을 하는 시대이기 때문에 한국 가족제도의 가정교육에서도 적극적·능동적 사고와 행동의 인생관·세계관을 교육할 필요가 절실하다고 할 것이다. 이를 위해서 어린이들에 대한 과보호는 반드시 폐지해야 할 금기사항이다. 어린 시절의 과보호가 그 사람의 일생을 통하여 매사에, 특히 경쟁적인 상황 속에서 그를 얼마나 무기력하게 만들어놓고, 반면에 약간의 과소 보호가 그 사람을 얼마나 적극적이며 능동적으로 만드는가 하는 예로서 저자는 다음과 같은 이야기를 적고 싶다.

지금으로부터 약 30여 년 전만 해도 한국사회에는 딸과 아들에 대한 차별적 대우가 지배적이었다. 간단히 말하면 아들에게는 과대 보호, 딸에게는 과소 보호가 행해졌던 것이다. 예컨대 아들들은 학교에서 돌아오면 어머니가 손수 냉장고를 열고 식사를 차려주는 것이 보통이었다. 반면에 딸은 학교에서 돌아오더라도 어머니가 식사를 차려주는 일이 없이 본인이 직접 차려먹어야 했으며 설사 밥을 한 끼 굶는 경우가 있다손 치더라도 딸에게는 그다지 큰 관심을 갖지 않는 것이 보통이었다. 이러한 어린 시기를 지나서 이들이 성인이 되고, 그리고 자신들의 인생을 스스로의 힘으로 개척해야 하는 시기가 도래했을 때, 과대 보호를 받으며 자란 아들과 과소 보호를 받으며 자란 딸은 그 태도에서 커다란 차이를 보여주었다. 즉, 이 세대가 결혼한 뒤 외국에 나가서 생활한 것을 보면 한국의 남성들은 외국에서 상당 부분 소극적이고 생활능력이 약하며 적극적·능동적 사고가 부족하고 행동이 당당하지 못한 경우를 많이 보았다. 그러나 한국의 여성들은 외국에 나가서 당당하게 그 나라의 외국 여성들과 어깨를 나란히 하면서 어울려 살고 자기의 주장을 적극적으로 표현하고 관철하는 것을 자주 볼 수 있었다. 이것은 어떠한 요인 때문일까? 우리가 가정교육에서 30년 전까지는 아들을 과보호하고 딸을 과소 보호했기 때문에 아들은 수동적으로 사고하고 행동하게 되었으며 딸들은 적극적으로 사고하고 행동하는 인생관·세계관을 갖게 된 것이라고 볼 수 있지 않을까? 물론 오늘날에는 이러한 차별은 거의 사라졌다고 볼 수 있다.

이제 21세기에 한국의 모든 가족들은 아들·딸 가리지 않고 자신의 자녀들에 대한 과보호를 폐지하고 스스로 적극적·능동적 사고와 행동을 하는 인생관·세계관을 갖도록 교육해야 할 것이다.

(5) 협동주의적 인생관·세계관을 배양할 것

21세기의 세계체제는 한국을 포함하여 전 세계에서 경쟁이 더욱 치열해지고 더욱 이익사회화할 전망이 뚜렷하다. 이러한 상황에서 한국 사회가 정이 있고 서로 도우면서 따뜻하게 살 수 있는 사회가 되기 위해서는 사회성원들이 협동주의적 인생관·세계관을 가져야 할 것임은 물론이다.

이를 위해서는 21세 한국 가족의 가정교육이 자녀들을 어릴 때부터 협동주의적 인생관·세계관을 갖도록 교육할 필요가 절실한 것이라고 말할 수 있다.

8) 지적 능력개발의 가정교육

최근 한국 가족의 가정교육은 자녀들의 지적 능력을 개발하는 데 총력을 기울여왔다고 말할 수 있다. 또 많은 서적들과 논문들이 한국 가정교육의 이러한 측면을 비판하면서 가정교육 부재를 개탄하고 있는 것을 읽을 수 있다. 그러나 이것은 가정교육을 제대로 실행하지 않고 거의 전폐하다시피 하면서 불균형적으로 지적 개발에만 치중해왔다는 점에서 문제로 지적되는 것일 뿐이지, 지적 능력 개발 그 자체가 문제인 것은 아니라고 할 수 있다. 지적 능력 개발에 계속해서 힘쓰면서 이와 더불어 인성교육을 소홀히 하지 않는다면 이는 바로 가장 바람직한 교육내용의 조합이 될 수 있을 것이기 때문이다.

따라서 21세기 한국 가족의 가정교육은 자녀들의 지적 능력 개발에 큰 비중을 두어야 할 것임은 물론이다. 이와 관련하여 반드시 참고해야 할 사항으로서 다음과 같은 것들을 들 수 있다.

① 자녀들의 표출적 능력뿐 아니라 잠재적 능력을 발견하여 개발하도록 할 것
② 창의적 사고력을 개발하도록 할 것
③ 논리적 추리력을 개발하도록 할 것
④ 독립적 사고를 발전시키도록 할 것
⑤ 발전지향적 사고를 개발하도록 할 것
⑥ 미래지향적 사고를 개발하도록 할 것
⑦ 개방적 사고를 발전시키도록 할 것

21세기는 특히 컴퓨터와 과학적 사고가 지배하는 세기이므로, 지적 능력 개발도 이와 관련되도록 배려할 필요가 있을 것이다. 예컨대 어린 시절의 장난감부터 어린이용 컴퓨터를 갖고 놀게 하는 등 자녀들에

게 21세기의 지적 환경에 어릴 적부터 적응하여 친숙하게 만드는 것
도 어린 자녀들의 지적 능력 개발에 도움이 될 수 있을 것이라고 본다.

　한국 가족에서 자녀들의 지적 능력 개발을 위한 가정교육은 오늘날
가정교육의 중심이 될 만큼 많은 노력과 투자가 계속되어 왔다. 그 결
과 이에 대한 논문들과 책들이 많이 발표되어 있으므로, 여기서는 이
주제에 대한 설명은 여기서 멈추기로 한다.

7. 21세기 한국형 합리적 가족공동체의
보전과 발전

1) 21세기 세계문명 속의 한국 가족제도

하버드 대학의 정치학 교수 사뮤엘 헌팅톤(Samuel P. Huntington)은 세계 문명권의 세부(하위)체계를 7개로 나누어 보면서 21세기의 문제로서 두 문명권의 충돌을 예견하여 논의한 바 있다. 21세기에는 문명들 사이의 충돌이 가장 큰 세계문제라는 시각이다. 이러한 거시적 세계문명사의 관점은 세계체제의 대변동기에는 반드시 출현하는 관점이기도 하다.

21세기에 세계 각 문명권이 '충돌'할지는 알 수 없지만, 틀림없이 최소한 '경쟁'할 것임은 내다볼 수 있다. 21세기 문명 일부인 '가족'에 대해서도 문명권 사이에 큰 격차가 현저하게 나타날 수 있을 것이다. 헌팅톤이 충돌이 가장 심각할 것으로 논의한 3대 문명권—기독교 문명권, 회교 문명권, 유교 문명권—의 가족제도를 우리의 방식으로 고찰해 보기로 하자.

첫째로, 서유럽과 미국 등 기독교 문명권도 21세기 초까지는 기독교 교리의 영향 아래 비교적 건전한 가족제도를 유지·발전시켜 왔다. 일부일처제도의 발전은 특히 획기적인 것이었다고 볼 수 있다. 그러나, 그 뒤에는 개인주의와 향락주의가 가족제도 안에 침투해 들어가는 것을 막지 못하고 방임한 결과 21세기 말에는 '가족해체'라는 문명의 위기를 맞게 되었다. 기독교 문명권에서는 대수롭지 않은 일에 개인·개성과 이익·향락을 내세우며 툭하면 이혼을 하고 '정절' 개념은 이미 사라져 버리고 말았다. 이혼율은 이미 3분의 2에 육박했으며, 혼외 출산율이 3분의 1에 달하였다고 이 지역의 사회조사들이 보고하고 있다.

이러한 '가족해체' 속에서 가장 큰 고통을 받으면서 성장하는 자녀세대들은 가족 밖에서 발생한 긴장을 가족 안에서 다 해소하지 못하고 또 항상 애정과 정서의 부족·결핍에 시달리어, 이미 성인사회에 만연한 마약에 쉽게 빠져들게 된다. 한편 마약어 빠져들면 자신과 사회를 망칠 뿐만 아니라, 먼저 마약 구입 비용을 마련하기 위한 폭력과 범죄가 만연하기 쉽다. 오늘날 서양 도시들에 만연한 인류사상 유례없는 마약·폭력·범죄·에이즈 등의 궁극적 원인에는 높은 이혼율과 사생아 출생률로 통계에 잡히는 '가족해체'가 도사리고 있는 것이다.

이러한 현상에 직면하자 일부 서양 사회학자들은 아예 '가족'의 개념과 본질을 새로이 바꾸어서 정의하고자 제안하기도 한다. 그들은 예컨대, 이제 가족은 더 이상 공동체로서 유니언(union)이나 게마인샤프트(Gemeinschaft)가 아니라고 하면서, 이제 가족은 결사체·이익사회로 변질했으며, 어소시에이션(association)이나 게젤샤프트(Gesellschaft)로 이행하는 중간 위치의 사회단위로 보아야 한다고 주장하고 있다.

반면에 다른 일부 서양 사회학자들은 서양사회에 만연한 '가족해체'

현상을 사회병리현상 가운데 하나라고 진단하면서, 서양사회와 서양문명의 건전한 발전을 위하여 더 늦기 전에 '가족해체' 현상을 방지하기 위한 적극적 사회정책을 채택하여 실시할 것을 주장하고 있다. 한국 가족제도 등 동양의 가족제도를 높이 평가하고 부러워하는 학자들은 대체로 이 흐름에 속해 있다고 할 수 있다.

둘째로, 중동·아랍 지역의 회교 문명권 가족제도는 회교 교리의 강력한 영향 아래 아직도 다분히 중세적·전근대적 요소를 온존시킨 가족제도를 유지·발전시키고 있다. 아내를 4명까지 인정하는 일부다처제도나, 여성의 외출을 엄격하게 제한하고 종파에 따라서는 외출 때에 다른 사람들의 얼굴을 볼 수 없도록 차도르를 쓰게 하는 것 등은 중세적 관습의 유제(遺制)라고 말할 수 있을 것이다.

이 회교 문명권의 가족제도에서는 이혼이란 상상도 할 수 없는 일이며, 합법적으로 인정되지도 않는다. 남편과 부인의 정절은 엄격히 지키도록 규제받고 있고, 특히 부인의 정절은 생명과 같이 귀중한 것이어서, 부인이 정절을 잃는 경우에는 곧 합법적으로 죽음이 그를 기다리도록 엄격하게 장치되어 있다. 사회 분위기기 이러하므로 부인이 길거리에서 아는 남자와 인사를 하거나 말을 나누는 것은 금기로 되어 있다. 회교의 교리와 회교 문명의 관습에 따라 극단적인 종교적 퓨리터니즘이 가족제도를 지배하고 있는 것이다.

21세기에는 이러한 회교문명의 가족제도도 상당한 변동을 겪게 될 것이다. 선각적 여성들과 남성 자유주의자들의 저항운동 움직임이 있으므로, 여성의 얼굴에 차도르를 씌우는 것 등을 비롯한 여성에 대한 지나친 억압제도들은 21세기에 대부분 철폐될 것이라고 예견할 수 있다. 21세기에는 일부다처제도도 폐지되거나 수정될 것이라고 전망된다.

그러나, 21세기에 회교 문명의 가족제도 안에 서양식 이기주의나 향락주의가 침투하여 이혼율이 높아지고 '가족해체'를 유인할 요소가 생기고 또 많아지리라고는 전혀 생각하지 않는다. 21세기 회교 문명권의 가족제도는 중세적·전근대적 요소는 대부분 청산하겠지만, 가족제도가 보존되고 가족의 종교적 퓨리터리즘이 회교 교리에 의거하여 여전히 지배할 것이라고 전망된다.

그러므로 21세기의 회교 문명권은 서양식 이기주의와 향락주의·퇴폐주의가 가족제도 안에 침투하여 '가족해체'를 전반적으로 유발할 가능성은 전혀 없다고 내다볼 수 있다. 반대로 21세기에 회교 문명권은 지금보다 크게 합리화된 근대적 가족제도에 매우 건전하고 청결한 가족제도를 갖고 유지하리라고 예견된다.

셋째로, 한국·중국·일본·베트남·인도 등 동양 문명권의 가족제도는 19·20세기의 온갖 도전에 응전하여 적응하면서도 공동체(유니언 또는 게마인샤프트)로서 가족의 본질적 원형을 비교적 잘 보존하고 있으며, '가족해체'의 위험도 아직 심각한 것은 아니다. 동양 문명권의 현 가족제도는 위기에 처한 서양 기독교 문명권의 현 가족제도와 회교교리를 바탕으로 한 회교 문명권의 현 가족제도 양극단 중간에 위치하고 있는 것으로 간주되고 있다.

동양문명의 가족제도 중에서도 중국·한국·일본·베트남 등 유교 문명권의 가족제도는 세계의 많은 학자들로부터 그 문제점과 함께 가장 높이 평가받고 주목받고 있는 가족제도이다. 우교 문명권의 가족제도 가운데에서도 사회학자들은 한국의 가족제도를 가장 높이 평가하는 경향이 있다.

한국의 가족제도는 부부간의 평등과 모권(母權)에서 중국·일본·베트남의 가족제도보다 훨씬 합리적이며 선진적이라고 관찰되고 있다. 물론 한국의 가족제도에도 아직 부인에 대한 약간의 차별과 가부장제도의 유제가 때때로 남아 있는 경우가 보이기도 한다. 그러나, 한국 가족에서 아내들은 확고한 경제권과 모권을 갖고 남편과 평등한 위치에서 가족생활을 주도하며, 주인으로서 가정을 관리하고 있다. 이 측면에서 한국의 가족제도와 일본의 가족제도를 비교해 본 서양 사회학자들이 한국 가족을 일본가족보다 부부관계에서 훨씬 평등한 이상적 모형의 가족제도라고 지적하고 있는 것은 적절하다고 말할 수 있을 것이다. 현재의 상태에서 실재하고 있는 가족제도 가운데에서는 한국 가족제도가 세계에서 가장 바람직한 아름다운 가족제도라고 볼 수 있는 것이다.

그렇다면 21세기에도 한국 가족제도는 가장 이상적인 가족제도로서 인류사회의 바람직한 가족제도의 모형이 되고, 한국인들에게 큰 행복을 주는 제도로 발전할 수 있을까? 그것은 한국인들의 선택에 달려 있다고 볼 수 있다.

2) 21세기 한국 가족제도의 합리적 발전

한국인들이 만일 지금 한국 가족제도의 세계문명사적 장점을 정확히 이해하여 이를 더욱 발전시키고 단점은 수정하거나 폐기하면, 한국의 가족제도는 21세기에도 세계 최고의 가족제도로서 한국인의 행복을 보장하고 전 세계 사람들이 부러워하는 제도로 존속·발전될 것이다.

현재까지는 밀려들어오는 일부 향락주의와 이기주의 대두에도 한국인들은 서양식 향락주의와 이기주의의 침투를 완강히 거부하고 있다. 한국인들은 가족을 하나의 공고한 '공동체', '유니언', '게마인샤프트'로서, 가족 성원 상호간의 자기희생적 사랑과 헌신이 충만한 공동체로서 유지하려고 노력하고 있다.

현재 한국 가족제도는 일반적으로 부모에 대한 공경과 봉양, 남편의 아내에 대한 사랑과 헌신, 아내의 남편에 대한 사랑과 헌신, 부모의 자녀에 대한 사랑과 헌신, 자녀의 부모에 대한 감사와 사랑과 헌신. 형제자매간의 우애와 헌신 등이 이해관계를 완전히 초월한 하나의 자기희생적 공동체인 '가족'에 하나로 융합되어 있다. 한국 가족제도에서는 아직도 누나가 동생을 대학에 보내기 위하여 자기의 진학을 포기하고 직장에 나가 일하면서 동생의 학자금을 조달할 수 있으며, 큰형이 동생을 대학에 보내기 위하여 자기를 희생할 수도 있고, 또 형을 대학에 보내기 위하여 동생이 희생적 노동을 할 수도 있다. 이러한 일은 아직도 현재의 한국 가족제도에서는 자주 볼 수 있는 일이다. 그러나, 이러한 희생적 사랑과 융합은 한국 가족제도를 제외하고는 다른 나라, 특히 서양 가족제도에서는 거의 볼 수 없는 일이며, 또 오늘날의 서양 사람들은 이렇게 공고하게 융합된 가족공동체의 문화를 이해하지도 못하는 것이다.

아직도 한국의 가족은 성원의 개인적 이해를 넘어서서 자기를 희생하면서도 가족공동체 전체와 다른 가족 성원들을 애정과 헌신으로 도와서 하나로 융합되는 진정한 공동체의 원형을 유지하고 있다고 볼 수 있다.

21세기 세계 체제의 변동 속에서도 한국인들이 서양식 이기주의·향락주의·퇴폐주의·성문란 등의 가족 내 침투를 완강하게 막으면서, 한국 가족제도의 공동체적 장점들을 계속해서 보존하고 수정·발전시켜 나간다면, 한국인들은 계속하여 세계에서 가장 행복한 가족제도를 갖게 될 것이다. 그 뿐만 아니라 한국 가족제도에서 때때로 비판되어온 가족이기주의의 단점을 불식시킨다면, 21세기에 한국 제도는 세계에서 가장 아름다운 가족제도로서 한국인에게 큰 행복을 주고 전 세계의 부러움을 살 것이다.

그러나, 한국인들이 21세기에 WTO체제를 타고 더욱 물밀 듯이 밀려올 서양식 이기주의·향락주의·퇴폐주의·성문란 등의 가족 내 침투를 막지 못한다면, 한국도 서양과 마찬가지로 '가족해체'의 병리현상을 겪게 되고 이혼과 사생아와 마약, 폭력, 범죄가 범람하는 사회로 변하고 말 것이다.

서양이 과학기술 부문과 산업경제 부문에서 한국보다 앞섰다는 이유 때문에, 서양문명은 모두 선진적이라고 생각하는 사람들이 매우 많다. 그리하여, 그들은 서양문명이 포함하고 있는 병리현상과 후진적인 것마저 선진적인 것으로 착각하는 경우가 허다하다. 또한 그들은 한국이 서양 선진국보다 과학기술과 산업경제에서 뒤떨어졌다는 이유로 가족제도도 뒤떨어진 것으로 착각하는 경우가 허다하다.

그리하여 이러한 흐름의 한국인들은 한국의 선진적 제도이며 아름다운 제도인 한국 가족제도의 장점을 보지 못하고, 서양의 병든 이혼행위, 이기주의, 퇴폐주의, 향락주의를 마치 선진국의 병이니까 병도 선진적인 것인 양 한국 가족제도에 끌어들이는 위험한 행동을 할 가능성이 크다.

21세기에 우리가 건설하려고 하는 한국은 행복한 선진문화국가이고 선진민주사회이다. 그것은 물질적으로 고소득 국가만을 의미하는 것이 아니다. 우리가 21세기에 1인당 국민소득이 5만 달러에 달하게 되고 미국·독일·일본을 따라잡고 추월한다 가정하더라도, 만일 그 사회에 '가족해체'가 수반되어 국민의 3분의 2가 이혼하고 우리 자녀들이 애정에 굶주려서 마약과 폭력과 범죄에 시달린다면, 그것이 어떻게 행복한 선진문화사회가 되겠는가?

그러나 만일 우리가 아름다운 합리적 공동체로서 한국 가족제도를 잘 보존하고 합리적으로 더욱 발전시키면서 국민소득을 미국·독일·일본 등 최선진국의 수준을 능가한다면, 21세기에 한국은 전 세계에서 사람들이 가장 행복하게 애정의 공동체에서 생활하는 행복한 최선진 문화국가와 최선진 민주사회가 될 것이다. 그리고 그 속에서 생활하는 한국인들은 가장 행복한 사회에서 사는 국민으로 될 것이며, 한국인들은 그들의 아름다운 가족공동체 문화를 전 세계에 수출하고 알려주려고 노력하게 될 것이다.

8. 21세기 한국형 가족제도와
공동체문화 발전을 위하여

1) 한국 가족제도가 걸어온 길

우리가 21세기에 건설하려고 하는 나라와 사회는 경제와 과학기술 분야에서 최선진 사회·일류국가만이 아니다. 여기에 더하여 사회문화적·도덕적으로도 최선진 사회를 만들어서, 21세기에는 한국인들이 높은 삶의 질을 향유하면서 행복하게 살 수 있는 건전한 최선진 사회를 건설하려고 하는 것이다. 이를 위해서 우리는 제3차 세계체제(WTO체제)의 도전 속에서도 한국 가족제도의 아름다운 장점을 수호하고 21세기의 급격한 사회변동에 적합하도록 이를 더욱더 합리적으로 발전시킬 필요가 절실하다고 할 것이다.

한국의 가족제도는 한국인들이 겪었던 20세기의 격변기에 온갖 고난과 위기를 극복함과 동시에, 이를 새로운 도약의 계기로 전환시켜온 근원적 제도이며 힘이었음을 이미 보여주었다. 일본 제국주의의 침략과 식민지 착취, 한국전쟁 등으로 정치·경제·사회·문화 질서가 총체적으로 와해되다시피 했을 때, 한국인들은 공고한 가족공동체의 힘으로 민족문화와 민족적 생활양식을 지키면서 질서를 유지하고 생존을 보장하였을 뿐만 아니라, 나아가 새로운 삶의 기회를 개척하려고 노력하였다.

또한 한국의 가족공동체는 본격적인 자본주의 산업화와 고도 경제성장이 진행되는 시기에도 아름다운 장점을 잃지 않고 순기능을 잘 수행해왔다. 산업화와 자본주의의 급속한 발전도 한국 가족제도의 공동체적 장점을 메마르게 만들지 못한 것이다.

한국의 가족공동체는 시련과 급변이라는 급속한 산업화의 기간에도 한국사회의 마르지 않는 애정의 큰 샘물이었다. 한국사회가 겪은 시련을 고려할 때, 한국사회를 아직도 정서와 애정이 넘치고 인정이 풍요한 사회로 유지하고 있는 것은 한국 가족공동체의 애정 배양의 기능 덕택이라고 할 수 있다.

또한 한국의 가족공동체는 부모와 가족성원의 헌신적 교육열을 바탕으로 자녀에 대한 희생적 교육투자를 계속함으로써 성장하는 세대의 교육수준과 지식수준을 높였으며, 본격적인 자본주의 산업화와 경제성장이 진행된 시기에는 교육투자를 통한 인적 자본(human capital)을 형성하여 고도성장을 가능케 하는 힘의 원천이 되어 주었다.

또한 한국의 가족공동체는 그 경제적 기능을 잘 수행하여 거의 모든 산업분야에서 핵심적 생산·경영조직으로서의 기능도 수행하였다. 어려운 시기일수록 가족과 그 공동체 성원들이 생산의 책임자로 기능과 역할을 수행하였고, 가족이 소비의 공동체적 주체가 되어 결과적으로 가족 성원을 부양하고, 결과적으로는 사회를 부양한 것이다.

또한 한국의 가족공동체는 국가와 기업과 사회를 대신하여 사회복지·사회보장의 기능을 매우 훌륭하게 수행해 왔다. 한국의 가족은 가족성원 가운데 장애나 불우한 처지에 빠진 성원이 발생하는 경우 가장 따뜻한 애정을 가지고 가장 완벽하게 그를 보호하고 부양해왔다. 또한 한국 가족제도의 독특한 '효' 문화에 기반하여 노부모에게 가장 큰 존경과 애정을 가지고 노부모를 받들고 공양하여왔다.

한국 가족제도가 가진 '효' 문화는 감사와 존경과 애정을 응집하여 결정한 한국의 독특한 가족문화로서 매우 차원 높은 선진적 가족문화이며, 또 이 '효' 문화는 가족을 애정과 정서가 넘치는 애정공동체로 발전시켰을 뿐만 아니라, 노부모에 대해서는 가장 완벽한 복지제도로서도 기능해 왔다. 한국 가족이 '효'문화를 갖고 노부모를 가족 안에서 감사하고 공경하며 봉양하는 것보다 더 완벽한 복지가 이 지구상에 어디 또 있겠는가? 아무리 훌륭한 노인복지제도를 고안할지라도 '효' 문화를 가진 가족제도 안에서 이를 발전시켜 감사와 공경과 애정이 충만한 한국 가족의 복지기능과는 비교가 되지 않을 것이다.

또한 한국의 가족공동체는 정서적 지지 및 안식처의 기능을 매우 잘 수행하여 한국인들을 끊임없이 재활성화해 왔다. 한국인들은 가족 밖의 이익사회(Gesellschaft)에서 일하고 활동하면서 발생하고 쌓인 여러 갈등과 긴장과 스트레스를 가족공동체 안에서 해소하고 다 처리하며 위안과 위로를 얻어서, 다시 가족 밖의 이익사회에 나가서는 원기왕성하게 활동해온 것이다. 한국사회가 감내하기 힘겨운 수많은 역사적 시련을 겪는 가운데서도 한국인들이 굴하지 않고 낙천적으로 도전에 응전하며 따뜻한 정서와 인정을 풍부히 간직하고 생활해온 것은 그 근저에 가족공동체의 정서적 지지와 안식처의 기능이 큰 힘이 되어 준 것이었다.

물론 한국의 가족제도가 이 과정에서 전적으로 순기능만 수행하고 역기능이 전혀 없었던 것은 아니었다.

한국의 가족은 가족중심적으로 당면한 과제를 해결하려다가 '기능적 과부하'가 되는 경우가 있었으며, 때때로 '가족이기주의'라는 역기능이 나타나기도 하였다. 예컨대 한국인들이 가족이기주의에 빠지는 경우에는 가족성원 하나하나가 이익사회 속의 타인과 벌이는 경쟁에서 승리하도록 모든 수단과 방법을 동원해 지원하지만, 사회성원으로 수행해야 하는 공동체적 의무와 역할에 대해서는 무관심한 면이 있었던 것이다. '가족이기주의'의 이러한 태도는 공정한 경쟁 질서를 깨뜨리고 시민사회의 공정성 확립을 어렵게 만드는 작용을 해오기도 하였다. 또한 가족이기주의는 씨족주의 잔재와 함께 한국의 정치문화에 연고주의의 핵심적 토양으로 작용해서 공정한 민주적 정치질서의 발전을 가로막기도 하였다. 한국의 가족이 가족이기주의에 빠지는 경우에는 현대사회의 공정하고 합리적인 정치적·사회적·경제적 조직원리의 정착과 발전에 장애가 되기도 했던 것이다.

한편 한국사회의 가족중심주의는 불가피한 사정으로 정상적 가족을 갖지 못하거나 가족이 없는 사람들을 소외시키고 그들에게 편견을 갖는 경우도 있었다. 소년·소녀 가장 가족, 편모·편부 가족, 무자녀 노인 가족, 장애인 가장 가족 등에 대한 한국사회의 보살핌과 복지제도의 부족은 크게 반성해야 할 일인 것이다.

또한 한국사회는 정상적 가족에 대해서도 가족제도의 안전성을 보장하기 위한 물질적·심리적·교육적 여건 조성과 대책에는 게을리하면서 개인·국가·사회 모두가 자기의 과제와 짐을 모두 한국 가족에게 지우는 기능적 '과부하'를 시행해왔다. 한국 가족은 가족성원들 개개인이 사회에서 성공을 하도록 하기 위해 전 가족이 총동원해서 공동체적으로 물심양면의 지원을 다하고, 사회와 국가도 한국 가족의 그러한 기능과 역할에 의존해서 인력과 자원을 조달해 발전하는 과정에서, 가족이 너무 많은 고통과 희생을 당하여 역설적으로 빈 껍질만 남는 현상이 나타나기도 하였다.

한국의 가족은 과부하된 과제와 기능을 수행하기 위하여 가장은 세계 최장 시간의 근무에 묶여 쉼 없이 뛰어왔으며, 주부는 온갖 집안살림을 맡아 쉼 없이 일해 왔다. 과부하된 온갖 과제들을 모두 해결해가면서 오직 자녀들의 훌륭한 교육과 성장을 위해 헌신해 온 것이 한국 가족의 모습이었다.

국가의 정책과 사회문화적 환경도 결코 과부하된 한국 가족의 짐을 덜어주는 편이 아니었다. 예컨대, 한국의 도시공간은 가족이 함께 즐길 수 있는 여가시설을 거의 갖추지 못한 반면에 성인·청소년을 가리지 않고 퇴폐·향락을 부추기는 갖가지 유흥업소들로 가득 차 있기도 하다. 다양한 사회문화적 모임들도 가족을 배제한 개인적 참여를 요구하는 것이 대부분이어서 가족성원들이 주말에도 뿔뿔이 흩어지는 현상도 많이 나타난다. 일부 사업체의 고용 관행에는 임금과 교환조건으로 근로자의 총체적 헌신을 요구하며, 이를 위해 가정생활은 어느 정도 희생될 수 있지 않느냐는 생각들도 여전히 갖고 있는 경우가 있다. 국가의 정책도 가족의 자체적 부양의무와 역할을 꾸준히 강조하고 있지만, 막상 사회복지·노동복지·의료보건·문화·주택 등에 관련된 사회정책을 입안하고 시행할 때에는 시민들의 가족 부양과 가정생활을 적극적으로 보호하고 지원하려는 의지가 부족한 경우가 허다하다.

2) 한국 가족제도가 걸어갈 길

이러한 상황에서 제3차 세계체제(WTO체제)의 개방 바람을 타고 서양의 사회병리적인 '가족해체'와 퇴폐·향락문화가 물밀듯이 한국사회에 밀려오고 있다. 만일 한국의 가족제도가 이에 휩쓸리고 압도당하여 사회병리에 감염되어서 '가족해체' 현상이 일어나고 퇴폐·향락주의가 가족 안에까지 침투해 들어온다면, 한국은 수많은 과제들을 해결하면서 최선진국이 되기는 어려울 뿐 아니라, 최선진국에 도달하기 전에 병든 '퇴폐향락'문화와 '가족해체'로 한국사회는 주저앉아버릴 것이다.

21세기의 전 세계적 무한경쟁과 퇴폐·향락문화의 침투에 응전하면서 한국사회가 사람들이 행복하고 건전하게 생활할 수 있는 최선진 문화사회로 크게 발전하기 위해서는, 21세기에 한국 가족과 공동체문화를 더욱 건전하고 건강하게 발전시켜야 한다. 한국의 가족제도가 20세기에 한국 민족의 시련을 극복하는 근원적 제도와 힘이 되어 준 것처럼, 21세기의 세계체제 도전에 대해서도 국가·시민사회·기업과 긴밀하게 협력하면서 그 순기능과 역할을 더 잘 수행하여야 한다. 그래야 우리는 한국사회를 건전하고 행복한 최선진 국가와 최선진 문화사회로 크게 발전시킬 수 있다.

특히 우리는 한국 가족제도의 가장 중요한 특징 가운데 하나인 '효(孝)' 문화를 21세기에도 잘 보존하고 시대에 적합하도록 잘 발전시켜서 21세기의 공동체적 가치로 확립시키고 발전시킬 필요가 절실한 것이다. '효' 문화의 보존·계승·발전은 21세기 노인인구의 급증에 따른 노령화시대에 한국 가족제도와 한국사회를 세계에서 가장 아름답고 인정이 넘치는 최선진 문화사회로 만들어줄 것이다. 그리고 전 세계 인류가 한국 가족제도를 계속 세계 최고의 바람직한 제도로 부러워하게 될 것이다.

또한 한국의 가족제도는 21세기에 여성의 사회참여 증대를 지원하는 방향으로 발전될 필요가 절실하다고 할 것이다. 21세기의 치열한 국제경쟁에서 승리할 수 있는 사회구조의 하나는, 인구의 절반이 되는 여성의 재능과 활력을 적극적으로 사회에 투입시키는 것이다. 이를 위해 민주적 가족문화와 종합적 가족복지가 정착되도록 가족정책을 발전시킬 필요가 있다.

한국 가족은 21세기에도 높은 교육열을 계속 유지 발전시키면서, 시대에 적합하고 건강한 사회와 건전하고 훌륭한 인재를 육성하도록 해야 할 것이다. 이를 위해 자녀에 대한 가정교육을 대폭 강화하고 개혁해야 한다. 그러므로 21세기 한국 가족의 가정교육은 본문에서 지적한 바와 같은 개선을 해야 할 뿐 아니라 학교교육, 사회교육과 긴밀한 연계를 더욱 강화해야 할 것이다.

　21세기에 한국인들이 전 세계적으로 높은 평가를 받고 있는 한국 가족제도를 외부로부터 오는 퇴폐·향락주의와 가족해체 추세로부터 방어하여 수호할 뿐만 아니라 시대에 적합하도록 한국 가족제도의 장점을 더욱 합리적으로 발전시킨다면, 한국은 경제와 과학기술에서 최선진국이 되는 경우 가장 행복한 삶을 누릴 수 있는 건강한 최선진 문화사회를 이룰 수 있을 것이다. 또한 이 21세기 합리적인 건전한 한국형 가족제도의 존속과 발전을 사회제도적 원동력으로 하여 한국의 전체 사회가 전 세계 속에서 더욱더 건전하게 비약적으로 발전하게 될 것이다. 이를 위해서 한국인 개인과 가족 그 자신들이 노력해야 함은 물론이고, 국가와 시민사회와 기업들도 친(親)가족적인 사회정책노선을 확립하고 적극적인 점진적 가족정책·사회정책을 실시해야 할 것이다.

참고문헌

강성진(1993), 〈음식물 쓰레기의 감량 및 재활용방안 연구〉, 한국소비자보
　　호원 연구보고서.
강희숙(1987), 〈통계자료에 의한 이혼고찰〉, 서울대학교 보건대학원 석사
　　학위논문.
경제기획원 조사통계국(1984), 《인구동태통계》; 《인구동태신고에 의한 집계》.
──── (1990), 〈1989년도 인구동태 신고결과〉, 《한국인구학회지》 제13권 1호.
경제정의실천시민연합(1993), 〈유리병 재활용 활성화 방안에 관한 연구〉.
고영복·한경혜·강대근 외, 《열린사회와 가족》('94 세계가정의 해 기념
　　세미나 자료 I), 유네스코 한국위원회·한국여성개발원.
고재영(1988), 〈1년 도시 폐기물 국토 황폐화〉, 《월간 소비자》 95, pp. 28~31.
공세권·박인화·조애제 외(1987), 《한국 가족구조의 변화 — 가족생활주
　　기 조사를 중심으로》, 한국인구보건연구원.
공세권·조애제·김진숙 외(1990), 《한국 가족의 기능과 역할 변화》, 한국
　　보건사회연구원.
공세권·조애제·허미영(1995), 《가족결손의 유형별 특징과 가족 정책의
　　접근방안》. 한국보건사회연구원.
교육부(1994), 《유치원 현황》.
권숙표(1994), 〈현대산업사회와 환경문제〉, 아산사회복지사업재단 제5회
　　사회윤리 심포지엄 자료집, 《현대 산업사회와 환경문제》, pp. 15~36.
권태환·김태헌·최진호(1995), 《한국의 인구와 가족》, 일신사.
권태환·신용하(1977), 〈조선왕조시대 人口推定에 관한 一試論〉, 《동아문화》
　　14집.
김경동(1980), 《현대사회와 인간의 미래》, 평민사.

김귀곤(1994), 〈자연환경 파괴와 보존〉, 아산사회복지사업재단 제5회 사회
　　윤리 심포지엄 자료집, 《현대 산업사회와 환경문제》, pp. 318~336.
김동배(1992), 〈지역사회 노인복지 서비스의 개선방안, 재가노인복지의 발
　　전방향〉, 제3회 노인복지세미나.
김두헌(1989), 《한국가족제도연구》, 서울대학교출판부.
──── (1986), 《한국가족제도연구》, 서울대학교출판부.
김성수(1990), 〈환경문제 해결을 위한 여러 가지 시도〉, 《월간 소비자》
　　119, pp. 24~26.
김성숙(1990), 〈개정가족법의 내용과 문제점〉, 《여성연구》 제26호.
김수연·김득성(1993), 〈부부의 응집 및 적응과 의사소통의 관계— 순환모델
　　의 곡선성 대 선형성〉, 《한국가정관리학회지》 11권 2호, pp. 30~39.
──── (1994), 〈맞벌이 부부의 응집 및 적응이 역할갈등에 미치는 영향〉,
　　《대한가정학회지》 제32권 3호, pp. 121~134.
김순옥 외(1995), 〈가족이기주의 행동에 대한 사회인구학적 변인과 가족주
　　의 가치관의 영향〉, 《한국가정관리학회지》 제13권 2호, pp. 68~77.
김영모(1990), 《한국가족정책연구》, 한국복지정책연구소출판부.
김응석·이상헌·김승권·류성은(1993), 《농촌가구의 구조적 특성과 가족
　　부양체계》, 한국보건사회연구원.
김일철(1989), 《한국사회와 재구조화과정》, 서울대출판부.
김점님(1993), 〈쓰레기의 자원화〉, 《월간 소비자》 149, pp. 43~45.
김정옥(1995), 〈가족 스트레스, 가족 체계유형, 가족 복지와의 관계 분석〉,
　　《대한가정학회지》 제33권 3호, pp. 101~112.
김주숙(1989), 《친족 상속법 — 가족법》, 법문사.
──── (1994), 《한국 농촌의 여성과 가족》, 한울아카데미.
김진균(1984), 〈한국의 교육문화에 대한 사회학적 접근〉, 《한국사회변동연
　　구 I》, 민중사.
김진희(1988), 〈부모-청소년 자녀간 의사소통과 가족 응집성 및 적응성과
　　의 관계〉, 이화여자대학교 대학원 석사학위논문.
김태현(1981), 〈한국에 있어서의 노인부양에 관한 연구〉, 고려대학교 대학
　　원 박사학위논문.

──── (1994), 《노년학》, 교문사.

김태현·유은희(1989), 〈노인복지 상담제도에 관한 연구〉, 정무장관(제 2 실) 정책자료.

김채윤(1985), 〈사회계층의식의 변화와 전망〉, 《사회과학과 정책연구》 7/3.

노영주·서동인·원효종 역(1995), 《가족관계와 의사소통》(제 2 판), 도서출판 하우.

노융희(1994), 〈세계질서와 환경문제〉, 아산사회복지사업재단 제 5회 사회윤리 심포지엄 자료집, 《현대 산업사회와 환경문제》, pp. 37~62.

마이클 앤더슨 지음, 김선미·노영주 역(1994), 《1500~1914 서구 가족사의 세 가지 접근방법》, 한울아카데미.

민재성(1983), 〈노령화 사회를 대비한 사회보장대책〉, 《핵가족화와 노년복지》, 한국인구보건원.

민하영(1992), 〈청소년 비행 정도와 부모자녀간 의사소통, 가족의 응집성 및 적응성과의 관계〉, 《한국아동학회지》 제13권 1호, pp. 112~124.

박명규(1984), 〈일제하 자작농 創定계획에 관한 고찰〉, 《한국학보》 제37집.

박미혜(1993), 《사회학자들이 본 남성과 여성》, 한울아카데미.

박병호·이선자·박순일 외(1995), 《삶의 질 선진화와 가족정책》, 1995년도 학술대회 '가족정책토론회'.

박상옥(1970), 〈이혼의 사회학적 고찰〉, 《사회학연구》 제 8 권, 이화여자대학교 사회학과.

박숙자(1994), 〈여성과 노동시장〉, 여성한국사회연구회 편, 《여성과 한국사회》(개정판), 사회문화연구소.

박숙자·손승영·조명덕·조은 편역(1995), 《가족과 성의 사회학—고전사회학에서 포스트모던 가족론까지》, 사회비평사.

박숙자·한미라(1995), 〈가족과 지역사회〉, 여성한국사회연구회 편, 《한국가족문화의 오늘과 내일》, pp. 379~404.

박영신(1978), 《현대사회의 구조와 이론》 제 5, 6장, 일지사.

──── (1992), 〈한국사회학의 사회학적 역사〉, 《사회학 이론과 현실인식》 제11장, 민영사.

박재간(1989), 〈노인소득보장을 위한 장단기 대책, 노인문제종합방안수립

을 위한 분야별 연구〉, 정무(제2실)장관

박충선(1995), 〈조기퇴직자의 가족적 지원과 대처방안〉, 한국 노년학회 '조
  기퇴직과 장·노년기의 위기문제' 세미나 발표문.

박현숙(1980), 〈갈등가정과 이혼가정이 자녀의 인성에 미치는 영향〉, 성균
  관대학교 석사학위논문.

배경숙(1988), 《여성과 법률》 제1편 제2장, 박영사.

백경미(1987), 〈소비자의 에너지소비절약행동 및 관련요인에 관한 연구〉,
  서울대학교 석사학위논문.

법원행정처(1993), 《사법연감》.

변화순(1987), 〈한국의 이혼율 변동에 관한 사회인구학적 변인고찰〉, 《한
  국인구학회지》 제10권 2호.

변화순(1994), 〈공동체적 삶을 향한 가족〉, 《열린사회와 가족》.

보건사회부(1994a), 〈1994년도 보육사업지침〉.

───── (1994b), 〈1994년 보육사업추진계획〉(미간행).

서동인·정현숙·유은희 외(1994), 《한국 도시 가족의 부부문제 연구》, 한
  국가족상담·교육연구소 개소 1주년 기념 학술 세미나 연구보고서
  제 1 권(통권 제 1 호), 한국가족상담·교육연구소.

서병숙(1991), 《노인연구》, 교문사.

───── (1994), 〈건전 가정 육성을 위한 실천적 과제—가정의 기능적 측면
  에서의 접근〉, 한국가정관리학회 1994년도 학술대회 자료집.

서정희(1986), 〈환경문제 측면에서 본 소비자 행동에 관한 연구〉, 서울대학
  교 석사학위논문.

성규탁(1995), 《새시대의 효》, 연세대학교출판부.

손봉숙(1993), 〈북한의 여성 : 그 삶의 현장〉, 공보처.

송호근(1994), 《열린시장 닫힌정치》, 나남.

신미경(1992), 〈늘어만 가는 쓰레기〉, 《월간 소비자》 136, p. 40.

신용하(1995), 《21세기 한국과 최선진국 발전전략》, 지식산업사.

신창현(1992), 〈외국의 환경보전운동 움직임〉, 《월간 소비자》 136, pp. 31~35.

안기회(1994a), 〈신한국건설과 환경정책〉, 아산사회복지사업재단 제 5 회 사
  회윤리 심포지엄 자료집, 《현대 산업사회와 환경문제》, pp. 256~265.

──── (1988a), 〈폐기물의 자원화 및 재활용〉, 《월간 소비자》 95, pp. 24~27.

──── (1988b), 〈환경보전운동에의 소비자의 참여의 필요성〉, 《월간 소비자》 101, pp. 26~30.

안선영(1994), 〈가족의 응집력 및 적응력과 권위유형, 성역할태도와의 관계 연구〉, 《대한가정학회지》 제32권 2호, pp. 79~93.

안양희(1987), 〈고등학교 남학생가족의 기능적 특성과 정신건강과의 관계 ─서컴플렉스 모형을 이용하여〉, 연세대학교 대학원 박사학위논문.

안향림(1980), 〈이혼치료〉, 《사회사업학회지》 2권.

양옥남(1994), 〈여성의 사회화〉, 여성한국사회연구회 편, 《여성과 한국사회》(개정판), 사회문화연구소.

양옥승(1994), 〈한국의 영·유아 보육현황과 발전방안〉, 《여성연구》 43, pp. 141~236.

──── 편(1991), 《탁아연구》, 양서원.

──── 편(1993), 《탁아연구 II》, 양서원.

양옥승·김영옥·김현희 외(1995), 〈각국의 탁아제도 비교연구〉, 청삼아동문제연구소 연구보고서.

양장일(1993), 〈자원남용의 실태와 환경파괴〉, 《월간 소비자》 149, pp. 38~40.

엄하정(1993), 〈환경오염 감소와 관련된 주부의 관리행동,〉 서울대학교 석사학위 논문.

《여성신문》 1989년 9월 12일자.

여성한국사회연구회(1990), 《자본주의 시장경제와 혼인》.

──── 편(1990), 《한국가족론》, 까치.

──── 편(1995), 《가족과 한국사회》, 경문사.

──── 편(1995), 《한국가족문화의 오늘과 내일》, 사회문화연구소.

오경자(1993), 〈생활속에서 본 자원남용 사례 및 제안〉, 《월간 소비자》 149, pp. 40~42.

오석락(1994), 〈한국 환경규제의 현황과 과제,〉 아산사회복지사업재단 제 5 회 사회윤리 심포지엄 자료집, 《현대 산업사회와 환경문제》, pp. 212~225.

오선영·이숙(1993), 〈도시저소득층 취업모의 자녀 위탁 실태 및 탁아서비스에 관한 요구조사〉, 《대한가정학회지》 93, pp. 141~157.

울산 YMCA 사회문제부(1988), 〈가정 쓰레기 처리, 주부들 더 관심가져
    야〉,《월간 소비자》 95, pp. 32~34.
유명진(1988), 〈수질개선을 위한 소비자의 실천방안〉,《월간 소비자》 101,
    pp. 31~34.
유순덕(1987), 〈Circumplex Model에 입각한 한국의 임상가족과 일반가족의
    비교연구〉, 연세대학교 대학원 석사학위논문.
유영주(1994), 〈건강한 가족을 위한 가족원의 역할〉, 한국아동학회 1994년
    도 추계학술대회 자료집.
유재현(1993a), 〈지속가능한 사회건설의 주역은 시민이다〉, 경실련 환경개
    발센타, pp. 34~39.
──── (1993b), 〈우리의 환경, 우리 손으로〉, 경실련 환경개발센타.
이가옥(1992), 〈노인소득보장 정책〉,《2000년대를 향한 노인복지 정책》, 한
    국보건사회연구원.
──── (1994), 〈한국노인보호시설정책〉, 한국노년학회 국제학술세미나.
──── 외(1989), 〈노인가구의 구조적 특성에 관한 연구〉, 보건사회연구원.
──── 외(1992), 〈노인가정봉사원 사업의 확대방안, 재가노인 복지의 발전
    방향〉.
이가옥·김형수·권중돈 외(1989),《노인단독가구 실태에 관한 연구》, 한
    국인구보건연구원.
이가옥·서미경·고경환·박종순(1994),《노인생활 실태분석 및 정채과
    제》, 한국보건사회연구원.
이광규(1986),《한국가족의 사적 연구》, 일지사.
──── (1991),《한국의 가족과 종족》, 민음사.
이만갑·빈센트 브란트(1979), 〈한국의 지역사회개발 ─ 4개 새마을부락의
    사례연구〉, 유네스코 한국위원회.
이상곤(1992), 〈경제의 양적 성장과 환경문제〉,《월간 소비자》 136, pp. 24~26.
──── (1994), 〈지속가능한 개발을 위한 경제전략,〉 아산사회복지사업재단 제5
    회 사회윤리 심포지엄 자료집,《현대 산업사회와 환경문제》, pp. 83~96.
이순형(1994),《정치사회화 ─ 사회인지와 현실참여》, 서울대학교출판부.
이승무(1991), 〈세계 각국의 폐기물 자원화〉,《월간 소비자》 4, pp. 20~25.

이시재(1994), 〈환경보전과 시민의 역할〉, 아산사회복지사업재단 제5회 사회윤리 심포지엄 자료집, 《현대 산업사회와 환경문제》, pp. 349~361.

이　옥(1993), 〈도시지역 방과후 탁아 프로그램 제공을 위한 기초 조사 연구〉, 양옥승 편, 《탁아연구 II》, 양서원, pp. 7~32.

이윤숙(1990), 〈노인과 성〉, 《노인문제 논문·논설집》, 교학사.

이윤숙 외(1989), 〈노인의료보장 및 건강관리를 위한 장·단기 대책〉, 《노인문제 종합수립을 위한 분야별 연구》, 정무장관(제2실) 정책자료.

이윤호(1991), 《한국 청소년 비행론》, 법문사.

이장성(1976), 〈우리나라 이혼제도에 관한 실증적 연구 ― 이혼실태 분석과 제도적 모순을 중심으로〉, 연세대학교 석사학위논문.

이정덕·김태련·장현섭 외(1995), 《 ’94 세계 가정의 해 기념세미나 주제 모음집》, 보건복지부.

이정우·김명자·계선자(1993), 《결혼과 가족관계》, 숙명여자대학교출판부.

이태영(1981), 《한국의 이혼율 연구》, 한국가정법률상담소 연구자료 총서 I, 한국가정법률상담소.

──── (1987), 《한국의 이혼율 연구 II(1977~1986)》, 한국가정법률상담소.

이화사회학 연구회 편(1994), 《일상의 삶 그리고 복지의 사회학》, 사회문화 연구소출판부.

이화숙(1990), 〈개정가족법상 재산분할 청구권의 신설의 의의와 과제〉, 《여성연구》 제26호.

이효재(1991), 《가족과 사회》, 경문사.

──── 편(1988), 《가족연구의 관점과 쟁점》, 까치.

이후자(1988), 〈이혼으로 인한 모자가족의 문제와 그 보호대책에 관한 고찰 ―자녀교육과 보호제도를 중심으로〉, 중앙대학교 대학원 석사학위논문.

임용우(1984), 〈가족체제유형과 청소년의 부적응행동과의 관계,〉 서울대학교 대학원 석사학위논문.

임형진(1993), 《현대한국과 종속이론》, 서울대학교출판부.

장경섭(1993), 〈가족·국가·계급정치〉, 《한국 근현대 가족의 재조명》, 한국사회사연구회 논문집 제39권.

장현섭(1993), 〈한국사회는 핵가족화하고 있는가〉, 《한국 근현대 가족의
　　　재조명》, 한국사회사연구회 논문집 제39권.
전귀연(1995), 〈가족체계유형이 청소년의 적응에 미치는 영향〉, 《한국가정관
　　　리학회지》 제13권 1호, pp. 99～113.
전귀연·최보가(1993), 〈청소년이 지각한 가족응집성, 가족적응성 및 가족
　　　체계유형이 부모-청소년기 자녀관계에 미치는 영향〉, 《대한가정학회
　　　지》 31권 3호, pp. 157～174.
전준우(1991), 《가족복지론》, 홍익.
정　용(1992), 〈환경오염물질과 건강〉, 《대한가정학회 45차 추계학술대회
　　　발표논문집》, pp. 1～17.
정진성(1988), 〈생활폐기물의 효과적 처리〉, 《월간 소비자》 101, pp. 38～42.
정진영(1993), 〈한국의 이혼실태와 이혼가정 자녀들의 문제에 관한 연구〉,
　　　《한국아동복지학》 창간호, 한국아동복지학회.
조강래(1988), 〈대기오염방지와 소비자의 실천방안〉, 《월간 소비자》 136,
　　　pp. 36～39.
조병환(1992), 〈우리나라의 환경정책〉, 《월간 소비자》 136, pp. 36～39.
조성숙(1994), 〈가족의 자녀교육〉, 여성한국사회연구소 제4회 심포지움
　　　'한국 가족문화의 오늘과 내일' 발표 논문.
조익창(1988), 〈버리면 쓰레기 모아두면 새로운 자원〉, 《월간 소비자》 95,
　　　pp. 35～37.
조정호(1975), 〈이혼제도의 사적 배경에 관한 연구〉, 《영남대학교 논문집
　　　(사회과학편)》 제9집.
주강현(1993), 〈풍습으로 본 북한의 주민생활〉, 공보처.
차명희(1986), 〈문제가족 II〉, 아산사회복지사업재단 제7회 복지사회 심포
　　　지움 '현대사회와 가족' 발표 논문.
차승환(1993), 〈환경법령상의 자원절약제도〉, 《월간 소비자》 149, pp. 30～34.
채재석(1989), 《한국인의 사회적 성격》, 개문사.
최규련(1994), 〈가족체계유형과 부부간 갈등 및 대처방안에 관한 연구〉,
　　　《한국가정관리학회지》 제12권 2호, pp. 140～152.
최성재(1992), 〈노인복지의 사회적 서비스 정책〉, 《2000년대를 향한 노인

복지정책》, 한국보건사회연구원.

최성재·윤정혜·조소영 외(1994), 《복지국가와 가족》, 한국가족학회 주최 '세계 가정의 해' 기념학술발표대회, 한국가족학회.

최연실(1993), 〈청소년기 자녀가 지각한 가족체계 유형과 가족 내 심리적 거리〉, 《한국가정관리학회지》 제11권 1호, pp. 159~175.

최연실·옥선화(1987), 〈사회경제적 지위에 따른 결혼만족도와 결혼안정성에 관한 연구〉, 《한국가정관리학회지》 제5권 2호, pp. 83~97.

최재석(1981), 《한국가족의 해체에 관한 연구》, 한국정신문화연구원.

—— (1990), 《현대가족연구》, 일지사.

—— (1991), 《한국가족제도사연구》, 일지사.

최재석 교수 정년퇴임기념 논총 간행위원회 편(1991), 《한국의 사회와 역사》, 일지사.

최홍기(1975), 〈한국호적제도사연구〉, 서울대학교 대학원 박사학위논문.

탁아연구모임(1994), 〈세계의 탁아제도 세미나 자료〉.

통계청(1986), 《인구 및 주택 총조사》.

—— (1991), 《혼인·이혼 통계 작성 결과》(인구동태신고에 의한 분석).

—— (1992), 《한국의 사회지표》.

통계청(1993), 《사회의 지표》.

—— (1993), 《인구주택 총조사》.

—— (1994), 《경제활동 인구연보》.

한경혜(1993), 〈이혼여성의 문제점과 적응과정에 관한 연구〉, 《여성연구》 제11권 4호.

한국보건사회연구원(1986), 《한국가족구조의 변화》.

—— (1990), 《한국가족의 기능과 역할변화》.

—— (1991), 《인구정책 30년》.

—— (1991), 《한국가족의 기능과 역할변화》.

한국여성개발원(1991), 《여성백서》.

—— (1992), 《가족의식에 관한 한국과 일본의 비교연구》.

—— (1993), 《초·중등학교 교육과정에 나타난 남녀역할 연구》.

—— (1993), 〈환경과 여성의 역할〉, 여성개발원 연구보고서.

─── (1994), 《여성관련 사회통계 및 자료》.

한국가족학연구회 편(1993), 《가족학》, 도서출판 하우.

한국가족학회 편(1994), 《현대가족과 사회》, 교육과학사.

─── 편(1995), 《한국 가족문제─진단과 전망》, 하우.

한국여성단체협의회 소비자보호부(1990), 〈서울시 주부들의 생활실태에 관한 조사〉, 《여성》 276, pp. 6~15.

한남제(1991), 《미국의 가족제도》, 경북대학교출판부.

─── (1990), 《한국 현대가족 연구》, 일지사.

한상욱(1992), 〈우리나라 자원사용 실태와 대책〉, 《월간 소비자》 136, pp. 27~30.

한상진(1991), 〈빈곤문제〉, 고영복 편, 《현대사회문제》, 사회문화연구소.

한정자(1992), 〈여성 리더쉽 개발을 위한 성 역할 고정관념의 극복〉, 《여성과 리더쉽》, 한국여성개발원.

현두일(1973), 〈노인문제에 관한 연구〉, 《건대학술지》 제16집.

호경찬(1993), 〈자원절약을 위한 일본의 노력〉, 《월간 소비자》 149, pp. 35~37.

홍두승(1992), 〈중산층의 성장과 사회변동〉, 한국사회학회·한국정치학회 편, 《한국의 국가와 시민사회》, 한울.

Cynthia Fuchs Epstein(1970), *Options and Limits in for Professional Careers*, Berkley : University of California Press.

Ellen Galinsky(1986), "Family Life and Corporate Policies", Michel Yogman and T. Berry Brazelton(eds), *In support of Families,* pp. 121~138.

James A. Sweet and Larry L. Bumpass(1990), *American Families and Households*, New York : Russell Sage Foundation.

Jessie B. Shirley(1982), *The Future of Mariage.* 2nd ed. New Haven : Yale University Press

John Cuber and Peggy Harroff(1986), "Five Types of Marriage", Arlene Skolnick and Jerome H. Skolnick(eds), *Family in Transition*, 5th ed, Boston : Little, Brown and Company, pp. 263~274.

Marvin B. Sussman and Suzanne K. Steinmetz(1988), *Handbook of Marriage and*

Family, New York and London : Plenum Press.

Michael W. Yogman and T. Berry Brazelton(1986), *In Support of Families*, Harvard University Press.

Michele Barrett and Mary McIntosh(1991), *The Anti-Social Family,* 2nd ed, London : Verso.

Stephen R. Marks(1989), "Toward a System Theory of Marital Quality", *Journal of Marriage and the Family,* Vol. 51, No. 1, pp. 15∼26.